Marga Kreckel

Macht der Väter – Krankheit der Söhne

Fischer Taschenbuch Verlag

Geist und Psyche
Herausgegeben von Willi Köhler
Begründet von Nina Kindler 1964

3.–4. Tausend: Oktober 1997

Originalausgabe
Veröffentlicht im Fischer Taschenbuch Verlag GmbH,
Frankfurt am Main, März 1997

Gesamtherstellung: Clausen & Bosse, Leck
Printed in Germany
ISBN 3-596-13305-X

Inhalt

Vorbemerkung

Von der ersten Vorahnung bis zum gedruckten Manuskript durchlebt ein Buch viele Hoch- und Tiefphasen. Und natürlich gibt es während der einzelnen Etappen unterschiedliche Begleiter, die den Weg ebnen helfen, als Gesprächspartner bereitstehen oder auf Irrwege hinweisen.

Die ersten Wegbereiter waren zwei Personen, ohne die die Voraussetzung für dieses Buch, die Psychiatrische Tagesklinik Nürnberg, nie entstanden wäre: der leider bereits verstorbene Chefarzt der Nürnberger Psychiatrie, Dr. Manfred Fleischmann, und der damalige Gesundheitsreferent der Stadt Nürnberg, Dr. Egon Bauer. Nur mit ihrer aktiven und manchmal auch passiven Unterstützung konnte ich die Psychiatrische Tagesklinik am Städtischen Klinikum Nürnberg aufbauen und das Konzept einer psychotherapeutischen Behandlung für Patienten mit schizophrenen Psychosen verwirklichen, auf das sich dieses Buch stützt.

Aber wie immer steht und fällt jedes Konzept mit der Qualität und dem persönlichen Engagement der Mitarbeiter. Im Falle der Tagesklinik war das Engagement besonders groß: Im gemeinsamen Einsatz bewältigte der »harte und stabile Kern«, bestehend aus Dr. Konrad Ruff, Gisela Igl-Ruff, Inge Pregler, Reinhard Anderl und mir, die Schwierigkeiten der verschiedenen Auf- und Ausbauphasen, die keinem Projekt erspart bleiben.

Dabei halfen uns nicht zuletzt die Patienten; denn sie gaben uns – durch das Vorbild ihres eigenen Kampfes mit der Krankheit – immer wieder neue Kraft. Ihnen gilt mein ganz besonderer Dank. Von jedem einzelnen habe ich persönlich so viel gelernt, daß es mir ein Bedürfnis war, die individuellen Biographien und Therapieverläufe festzuhalten und das so erworbene Wissen weiterzugeben.

Jede Veränderung – ob persönlich oder institutionell – braucht jedoch auch eine tragfähige Kontinuität: Diese kam für mich von meinem Mann, Prof. Dr. Reinhard Kreckel, der über die ganzen Jahre stets als Gesprächspartner und selbstloser Ratgeber zur Verfügung stand. Dies galt insbesondere auch für den Buchbeginn, zu dem er mich vorsichtig drängte, und für die spätere Erarbeitung des Manuskripts.

Doch man braucht auch Korrekturen von ganz außen: Ich hatte das Glück, daß Prof. Dr. Werner Mangold und Edmund Budrich schon sehr früh Fassungen der ersten Kapitel lasen und mich auf wesentliche Aspekte hinwiesen. Um das immer umfangreicher werdende Manuskript machten sich besonders Dr. Henri Paucker, Dr. Margaret Blasche sowie der leider vor kurzem verstorbene Dr. Ulrich Schneider verdient.

Wenn Leser und Leserinnen also einen persönlichen Gewinn aus manchen inhaltlichen Aspekten ziehen sollten, so hängt dies mit vielen Personen zusammen. Der Prozeß des Dia- und Multilogs ist zudem nie abgeschlossen: Deshalb hoffe ich auf Reaktionen aus dem Leserpublikum; vielleicht tragen sie zu neuen Forschungsimpulsen bei?

Einführung

»Meine Geschichte ist nicht angenehm, sie ist nicht süß und harmonisch wie die erfundenen Geschichten, sie schmeckt nach Unsinn und Verwirrung, nach Wahnsinn und Traum wie das Leben aller Menschen, die sich nicht mehr belügen wollen.«
Hermann Hesse, Demian[1]

Macht der Väter – Krankheit der Söhne: Warum interessiere gerade ich mich für dieses Thema? Wie so oft, hat auch hier der Zufall eine Rolle gespielt; denn während meiner psychotherapeutischen Ausbildung lag mir die Vater-Sohn-Problematik genauso fern wie den meisten wissenschaftlich und praktisch arbeitenden Psychologen, Psychoanalytikern und Psychiatern. Dann kam meine erste Praktikumstätigkeit in einer psychiatrischen Klinik und damit folgendes Erlebnis:

Ein junger Patient, 21 Jahre alt, mit der Diagnose Schizophrenie[2], lag seit zwei Tagen unansprechbar im Wachsaal der Klinik. Niemand hatte bis jetzt vermocht, ihm ein Wort zu entlocken. In meiner damaligen Unbefangenheit fragte ich, ob ich es versuchen dürfe. Dem wurde zugestimmt. Ich setzte mich also neben das Bett des Patienten und schlug ihm vor, mit mir – falls er wolle – im Arztzimmer zu sprechen. Er stand auf, und wir gingen schweigend in diesen Raum. Er stellte sich – den Rücken mir zugewandt – ans Fenster. Nach einiger Zeit preßte er hervor: »Ich habe wohl nie gelernt, zu kämpfen.« Das Schweigen war gebrochen.

Im späteren Verlauf erzählte mir der Patient viel von seiner Lebensgeschichte und seinen aktuellen Nöten. In anschließenden Gesprächen mit seinen Eltern, die von erfahrenen Kollegen geführt wurden, kam folgendes Familiengeheimnis zutage:

Der Großvater väterlicherseits hatte in einem Zornesausbruch seine eigene Frau, also die Großmutter, erschlagen. Dies wurde zwar nie aktenkundig, die Kinder der Familie waren jedoch Mitwisser. Der Sohn, also der Vater des Patienten, empfand Jähzorn und unbeherrschte Aggression als gefährliches Erbgut innerhalb der Familie. Er kontrollierte seine eigenen Aggressionen geradezu perfekt und wurde so zum korrekten, etwas hölzernen Beamten.

Bei seinem einzigen Sohn verfolgte er mit Argwohn jegliche Äußerung von Unbeherrschtheit, Wut und Zorn. Als während der Adoleszenz die typischen Konflikte zwischen Sohn und Vater anfingen, erstickte der Vater jeden jugendlichen Protest mit seiner ganzen väterlichen Gewalt. Dem gefährlichen großväterlichen Erbe mußte – so schien es ihm – von Anfang an der Nährboden entzogen werden. Der Sohn lernte in einer solchen Familienatmosphäre natürlich nie, Konflikte auszutragen, nie sich zu behaupten, nie zu kämpfen. Während seiner Bundeswehrzeit brach er psychisch zusammen.

Ich habe diesen Patienten leider aus den Augen verloren. Aber die intuitive Einsicht, daß psychische Erkrankungen von männlichen Patienten mit ihrer Beziehung zum Vater zusammenhängen können, verdanke ich dieser kurzen Begegnung. Während meiner späteren Tätigkeit als Psychotherapeutin und Leiterin einer Psychiatrischen Tagesklinik[3] drängte sich das Vater-Sohn-Problem immer mehr in den Vordergrund. Es erwies sich in der konkreten Arbeit häufig als Schlüssel zum Verständnis des Patienten und führte immer wieder zu dramatischen Besserungen des Gesundheitszustands.

Allerdings konnte ich kaum Literatur zu Rate ziehen. So entstand der Entschluß, selbst die Wissenslücke – wenigstens teilweise – zu füllen: Ich begann, die eigenen psychotherapeutischen Erfahrungen sorgfältig zu dokumentieren, Videoaufzeichnungen zu transkribieren sowie alles einschlägige Material zu sammeln und auszuwerten. Das Produkt dieser Erfahrungen, das vorliegende Buch, versteht sich als ein Plädoyer dafür, psychisch erkrankte männliche Patienten zunächst einmal als Söhne zu sehen, und zwar nicht nur als Söhne ihrer Mütter, sondern vor allem als Söhne ihrer Väter.

Was aber wissen wir über die Väter? In der Fachliteratur der letzten 50 Jahre taucht der Vater nur als Randfigur auf. So gibt es psychoanalytische Lehrbücher, in denen das Stichwort »Vater« überhaupt nicht vorkommt, und das, obwohl Sigmund Freuds wissenschaftliche Orientierung als eine ausgesprochen männliche bezeichnet werden kann.[4] Dafür finden wir in den Sachregistern mannigfaltige Variationen des Stichworts »Mutter«: »Mutter, -bild, -bindung, -liebe; Mutter-Kind, -Beziehung, -Forschung, -Interaktion, -Einheit.«[5] Ist der Vater denn in der zweiten Hälfte des 20. Jahrhunderts so unbedeutend geworden, daß sein Einfluß auf seine Kinder nicht mehr analysiert werden muß? Die Alltagserfahrung spricht dagegen. Väter bestimmen immer noch die »Keimzelle der Gesellschaft«, die Familie. Daß die größeren »Zellverbände« bis hin zur Nation fest in Männer- und somit auch in Väterhand sind, ist ein Gemeinplatz.

Vielleicht werden die Väter deshalb nicht erforscht, weil sie so selbstverständlich die Herren im Hause sind? Die Herren, die Herrscher, die Führungspersönlichkeiten dieser Welt waren seit alters her unnahbar. Erst in unserer respektlosen Reporterdemokratie wurden auch sie zum Gegenstand näherer Betrachtungen. Für die meisten Nicht-Reporter galt jedoch schon früher und gilt noch heute, daß der gebührende Abstand gewahrt wird. Generell werden dem eigenen Herrscher die besten aller Motive und die größten aller Fähigkeiten unterstellt. Man ist ja von ihm abhängig. Zu viel, allzuviel Menschliches über den Herrscher zu wissen könnte verunsichern. Da geht dann leicht der Glaube verloren, daß der Herrscher, der Vater »es schon für uns richten wird«.

Läuft dennoch bei den »Schutzbefohlenen« etwas schief, so wird die Verantwortung zunächst bei den Untergebenen gesucht, in der Familie, also bei der Mutter. Der Familienvater hat aus seiner übergeordneten Warte, zum Beispiel mit Problemen der Kinder, wenig zu tun; er trägt die Gesamtverantwortung. Nur wenn das ganze System zusammenbricht, ist auch er betroffen.

Genau das ist aber der Fall, wenn ein Mitglied der Familie schizophren wird. Beim Ausbruch einer derartigen Krankheit kann sich auch der Vater nicht mehr neutral, über dem Alltäglichen schwebend, verhalten. Das ist einer der Gründe, warum ich glaube, daß das Phänomen »Vater« von diesem Dreh- und Angelpunkt aus thematisierbar wird. Denn aufgrund meiner langjährigen psychotherapeutischen Erfahrung weiß ich, daß es erforderlich ist, den Vater »aus der Reserve zu locken«, um ihn kennenzulernen. Leider ist dies oft erst in einer Familienkatastrophe möglich.

Warum ist aber – trotz dieser offensichtlichen Vaterrelevanz – die psychoanalytisch-psychologische Forschung auf dem väterlichen Auge blind? Bis auf wenige Ausnahmen, wie zum Beispiel den Psychoanalytiker Peter Blos[6], der sich während seines ganzen Berufslebens mit der Psychotherapie männlicher Jugendlicher befaßte, konzentriert sich die Fachliteratur auf die Mutter. Praktisch alle theoretischen Ansätze über pathogene Entwicklungsmöglichkeiten beim Kind gehen von der Mutter-Kind-Beziehung aus. So zählt die bekannte Schweizer Psychoanalytikerin Alice Miller folgende krankmachende Konstellationen und die in diesem Zusammenhang bekanntgewordenen Forscher auf: »Mangel an Nähe und Empathie (Kohut), die Schwierigkeiten in der Trennungs- und Annäherungsphase (Mahler), das Verschlingen, bzw. der Entzug der Zuwendung bei Autonomieversuchen (Masterson), die Ermangelung einer haltenden Mutter (Winnicott) oder des mütterlichen Reizschutzes (Khan), die Abwesenheit des Vaters usw.«[7] Selbst bei Alice Miller kommt der Vater lediglich unter dem Schlagwort »Abwesenheit« zur Sprache, unter ferner liefen sozusagen, ohne Angabe eines Autors. Alle anderen Themenkomplexe befassen sich dagegen implizit oder explizit mit der Mutter.

Trifft die in jüngster Zeit immer wieder zu vernehmende Klage über die Absenz des Vaters jedoch den Kern? Oder ist der geflügelte Satz: »Nie da, aber immer das letzte Wort« nicht viel bezeichnender? Die neuere Sachliteratur[8], in der Väter zum Thema gemacht werden, beschäftigt sich fast ausschließlich mit dem »nie da«. Die Auswirkungen des »immer das letzte Wort« bleiben unerwähnt, unerforscht. Und dennoch ist dieses »letzte Wort« gängige Familienerfahrung. Es ist auch die Erfahrung der in diesem Buch analysierten schizophrenen Söhne.

Dieses »immer das letzte Wort«-Haben-müssen hat unser aller Geschichte bestimmt, im Guten wie im Bösen. Denkt man an das Böse, an die letzten zwei Weltkriege, so ist es erstaunlich, daß der Einfluß dieser physisch und psychisch verkrüppelt heimkehrenden Männer auf ihre Kinder nie anerkannter Gegenstand der Wissenschaft geworden ist[9]. Statt sich diese gezeichneten Väter und die Qualität ihrer Beziehung zu ihren Kindern anzusehen, wurde bereits kurz nach dem Zweiten Weltkrieg der Begriff der »schizophrenogenen Mutter« aufgegriffen. Der Schweizer Psychiater Luc Ciompi sieht dies folgendermaßen: »Seit Frieda Fromm-Reichmann 1948 beiläufig von einer ›schizophrenogenen Mutter‹ gesprochen hatte, suchten Psychoanalytiker und Familientherapeuten den Schlüssel zum Verständnis der Zusammenhänge zwischen innerpsychischem und familiärem Geschehen lange Zeit fast ausschließlich in der Mutter-Kind-Beziehung.«[10] Aber auch Ciompi zieht aus dieser Einsicht nicht die Konsequenz, sich nun dem Vater zuzuwenden. Vielmehr wurde er zum Systemtheoretiker, der die Familie als Ganzes betrachtet. Innerhalb dieses Systems konzentrieren sich allerdings seine Fallbeispiele weiterhin fast ausschließlich auf die Mutter-Kind-Beziehung.

Es ist schon eine beachtliche »Kulturleistung«, den Vater durch wissenschaftliche Nichtbeachtung von jeder Verstrickung, von jeder Mitwirkung bei pathogenen Entwicklungen seiner Kinder freizusprechen.[11] Dabei waren die Kriegs- und Nachkriegsväter alles andere als heile Persönlichkeiten. Zwar haben die Studenten der 68er Zeit die Väter mit ihren *Taten*[12] konfrontiert. Für die entstandenen und bleibenden psychischen Schädigungen ihrer Väter und für deren Einfluß auf ihre eigene Entwicklung fehlte ihnen – als direkt Betroffenen – allerdings noch die innere Distanz.

Diesen Zusammenhang festzustellen blieb zur damaligen Zeit einigen selbstkritischen Vätern vorbehalten. Sie haben jedoch ihr Wissen nur in einer vertraulichen Atmosphäre preisgegeben: So erzählte mir im Jahre 1968 ein Vater, daß er Angst habe, durch Zufall in eine Demonstration zu geraten. Er habe nämlich als 17jähriger während des Zweiten Weltkrieges gelernt, Menschen mit der bloßen Hand zu töten. Dies habe er auch bei der Partisanenbekämpfung anwenden müssen. Nun befürchte er, daß er in einer bedrohlichen Lage dieses »Körperwissen« reflexartig anwenden könne.

Vieles haben Männer im Krieg »gelernt und erlebt«, was nicht nur potentielle Auswirkungen auf Fremde, sondern auch auf ihre eigene Familie hatte. Aber erst bei den Vietnamveteranen wurden auch psychische Deformationen ernst genommen. Die Folgen dieses Kriegs auf die beteiligten amerikanischen Soldaten konnten in einer Zivilgesellschaft – im Gegensatz zum zerstörten Nachkriegsdeutschland – nicht mehr versteckt werden. Die physischen und psychischen Schädigungen waren unübersehbar. Es gab Therapieprogramme; nicht allen konnte geholfen werden. Erst vor kurzem sah ich eine amerikanische Fernsehdokumentation über Vietnamveteranen: Die gefilmten

Männer sind als überzeugte Kämpfer in den Krieg gezogen; als menschliche Wracks sind sie zurückgekommen. Seit ihrer Rückkehr können sie menschliche Gesellschaft nur noch in kleinen Dosen ertragen. Sie leben in Wäldern, ziehen im Wohnmobil durch das Land (mit und ohne Familie), sind über lange Phasen vollkommen unansprechbar, versuchen sich und andere vor ihren zum Teil nicht mehr kontrollierbaren Aggressionen zu schützen. Und das viele Jahre nach Ende dieses Krieges!

Fest steht jedenfalls, daß nicht nur Mütter ihre Kinder prägen; Väter beeinflussen deren Entwicklung mindestens genauso nachhaltig. Daß Vätern bei der Entwicklung des männlichen Kindes eine besondere Rolle zufällt, ist wiederum Allgemeinwissen.

Dieser Vater-Sohn-Beziehung wende ich mich in diesem Buch zu: Grundlage dafür sind insgesamt 119 Therapieverläufe männlicher Patienten; 73 Patienten mit einem Durchschnittsalter von 30 Jahren waren an einer schizophrenen Psychose erkrankt. Die Studie konzentriert sich ausschließlich auf die Krankengeschichten und Videoaufzeichnungen aus Einzel-, Gruppen- und Familiengesprächen [13] dieser 73 Patienten.

Zur Erhöhung der Anschaulichkeit wird neben den persönlichen Zeugnissen der Söhne und Väter auch auf literarische Werke zurückgegriffen, denn große Schriftsteller haben schon lange auf Zusammenhänge gedeutet, denen Therapeuten und Wissenschaftler eher aus dem Weg gingen. Was für Künstler zu einer inneren Notwendigkeit wurde, war für sie ein zu schmerzhafter Prozeß, nämlich sich mit der eigenen Vaterbeziehung auseinanderzusetzen. So ist James Joyce nur einer von vielen, die sich in ihrem ganzen Schaffen den Vater thematisiert haben: »*I go back to you, my cold father, my cold mad father, my cold mad feary father*« sind die letzten Gedanken seines Lebenswerks. Für den Psychiater Udo Loll versinnbildlicht dieser »schmerzliche Ruf eines der größten Genies unserer Kultur nach den Armen des Vaters (...) das ganze Elend der patriarchalen Bindung.« [14] Und er fügt hinzu: »In der Kultur des Vaterrechts ist der Vater ein Tabu. Durch die Wirkung dieses Tabus wird seine Bedeutung und Macht garantiert. (...) Die patria potestas, die unbeschränkte väterliche Gewalt über die Familie, ist keineswegs gefährdet oder gar ausgestorben, sie hat lediglich ihr Antlitz gewandelt und versucht uns glauben zu machen, daß sie damit verschwunden sei.« [15]

Auch meine gesammelten Dokumente liefern reichhaltiges Material für den tiefgreifenden, oft entwicklungshemmenden Einfluß des Vaters auf seinen Sohn. »Das letzte Wort« versuchen praktisch alle Väter der hier analysierten Patienten zu behalten; nicht umsonst habe ich deshalb dieses Buch »Macht der Väter – Krankheit der Söhne« genannt. Insgesamt werden drei miteinander verbundene Problembereiche untersucht, die alle in der psychologisch/psychoanalytischen sowie psychiatrischen Theorie und Praxis ein Schattendasein führen, nämlich

1. der zentrale Einfluß der *Väter* auf die psychosexuelle Entwicklung ihrer *Söhne*,
2. die wenig beachtete Phase der *Adoleszenz*, die nach meinen Forschungsergebnissen ein beträchtliches *schizophrenogenes Potential* birgt und
3. die notwendigen Voraussetzungen für eine erfolgversprechende *Psychotherapie schizophrener Psychosen*.

Diese inhaltlichen Schwerpunkte werden in neun Kapiteln Zug um Zug entwickelt:

– Ausgangspunkt ist die kulturelle Verankerung der Vater-Sohn-Problematik, deren Sogwirkung sich selbst große Erneuerer wie Sigmund Freud nicht entziehen konnten (Kapitel I).
– Vor diesem Hintergrund ist ein Männerideal entstanden, mit dem auch heute noch jeder werdende und gewordene Mann konfrontiert ist (Kapitel II).
– Wie innerhalb dieses Männlichkeitsbildes die Vaterrolle entworfen und gelebt wird, ist Inhalt von Kapitel III.
– Während der Phase der Adoleszenz kommt es zwangsläufig zum Konflikt zwischen dem erwachsenen Mann, dem Vater und dem werdenden Mann, dem Sohn (Kapitel IV).
– Dieser Konflikt kann sich existentiell zuspitzen, wenn der Vater keinen ihm ebenbürtigen Mann neben sich dulden kann (Kapitel V).
– Wird dieser Konflikt nicht gelöst, so kann sich der Sohn innerlich nicht vom Vater lösen. Der Weg in ein gesundes Erwachsenenleben bleibt ihm versperrt. Diese Konstellation birgt die Gefahr einer späteren schizophrenen Erkrankung (Kapitel VI).
– Der Ausbruch der Schizophrenie und die durchlebte Krankheit werden in Kapitel VII geschildert.

- Die theoretischen Zusammenhänge zwischen gescheiterter Adoleszenz und späterer schizophrener Erkrankung sind Inhalt von Kapitel VIII.
- Daß eine Schizophrenie allerdings kein Lebensschicksal sein muß, sondern daß gerade Söhne, deren zentrale Störungen mit Adoleszenzkonflikten zusammenhängen, psychotherapeutisch erfolgreich behandelt werden können, ist der Inhalt von Kapitel IX.
- Mit Überlegungen zu den Auswirkungen der inneren Ablösung des Sohnes auf den Vater schließt das Buch.

Kapitel I Vater – Sohn
Kultureller Hintergrund und klinische Realität

Wie ein Vater seine Kinder liebt,
so liebt der Herr die,
die ihn fürchten.
(Ps. 103,13).

Die Macht der Väter ist keine neue Erfindung; sie hat eine jahrtausendealte Geschichte. Väter und Söhne existieren nicht losgelöst von der Vätertradition: Vaterrechte und Vaterpflichten, Sohnesrechte und Sohnespflichten sind durch unseren historisch gewachsenen kulturellen Hintergrund mitgeprägt. Allerdings wird das Ausmaß dieser Prägung oft ignoriert. Es ist daher sinnvoll und notwendig, sich unsere Vätertraditionen genauer anzusehen.

1. Abraham und seine Söhne Ismael und Isaak

Was wir heute unter Vater und Väterlichkeit verstehen, verdanken wir zum großen Teil dem jüdisch-christlichen Kulturerbe. So werden die Vätergeschichten des Alten Testaments im allgemeinen als die elementare Grundlage menschlicher Gemeinschaft angesehen: Die Abrahamerzählung (Gn. 12–25) regelt das Verhältnis der Eltern zu den Kindern, die Jakob-Esau-Erzählung (Gn. 25–36) das Verhältnis des Bruders zum Bruder und die Joseph-Erzählung (Gn. 37–50) das Verhältnis mehrerer Glieder der Familie zueinander. »Was Abraham und Sara, Abraham und Isaak, Jakob und Esau, Joseph und seinen

Brüdern geschah, geschieht in unbegrenzten Variationen weiter von einer Generation des Volkes zur nächsten.«[1] Doch welches Vaterbild wird uns durch die jüdisch-christliche Tradition überliefert? Sehen wir uns die Vater-Eigenschaften unseres menschlichen Urvaters Abraham einmal genauer an.

Obwohl die Abrahamgeschichte allgemein bekannt sein dürfte, wird der Leser die einschlägigen Bibelstellen bisher kaum unter der Perspektive »Abraham, das Vatervorbild« betrachtet haben.

Abraham und seine Frau Sara waren, zum Kummer von beiden, bis ins hohe Alter kinderlos geblieben. Als Sara die durch die Natur gegebenen Grenzen auf sich zukommen sah, sprach sie zu Abraham:

»Der Herr hat mir nun einmal Kinder versagt. So gehe denn zu meiner Magd; vielleicht, daß ich durch sie einen Sohn bekomme« (Gn. 16,2).

»Und Hagar gebar dem Abraham einen Sohn, und Abraham nannte den Sohn, den Hagar ihm geboren hatte, Ismael. Abraham war sechsundachtzig Jahre alt, als Hagar ihm den Ismael gebar« (Gn. 16,15–16).

Ismael wuchs und gedieh. Als er 14 Jahre alt war, wurde Sara, die Frau Abrahams, schwanger:

»Abraham war hundert Jahre alt, als ihm sein Sohn Isaak geboren wurde« (Gn. 21,5).

Wie verhielt sich nun der Urvater Abraham seinen beiden Söhnen gegenüber? Damit Ismael, der Sohn der Magd, nicht das Erbe mit seinem rechtmäßigen Sohn Isaak teilen müsse, verstieß er ihn und dessen Mutter Hagar. Er schickte beide mit einer kleinen Wegzehrung in die Wüste und überließ sie ihrem Schicksal. Aber auch für seinen »rechtmäßigen« Sohn, Isaak, setzte er sich nicht ein, als er von Gott den Befehl erhielt, ihn zu opfern. Vielmehr leistete er Gott blinden Gehorsam, als dieser zu ihm sprach:

»Nimm deinen Sohn, deinen einzigen, den du lieb hast, den Isaak, und gehe hin ins Land Moria und opfere ihn daselbst als Brandopfer« (Gn. 22,2). Und als alle Vorbereitungen getroffen waren, »streckte Abraham seine Hand aus und ergriff das Messer, um seinen Sohn zu schlachten« (Gn. 22,10).

Läßt man diesen Teil der Abrahamerzählung, die – wie gesagt – ein Vorbild für die Eltern-Kind-Beziehung sein soll, auf sich wirken, so ist man mit einer Ungeheuerlichkeit konfrontiert. Denn obwohl sich

Abraham sehnlichst einen männlichen Nachkommen und Erben gewünscht hatte,

- verstößt er Ismael, den er 14 Jahre lang als seinen Einzigen »geliebt« hatte und ersetzt ihn durch einen »Besseren«, den »Rechtmäßigen«.
- Aber auch Isaak, den Rechtmäßigen, hätte er ohne Widerspruch geschlachtet, um Gottes Segen zu erlangen.

Warum hat Abraham Gott nicht geantwortet: Hör mich an, ich bin über 100 Jahre alt, ich habe zwei Söhne gezeugt, ich habe das Leben bereits reichlich genossen, nimm mein Leben, verschone das meines Sohnes Isaak! Statt dessen nimmt er das Lob Gottes entgegen:

»Ich schwöre bei mir selbst, spricht der Herr: weil du das gethan und deinen Sohn, deinen einzigen, mir nicht vorenthalten hast, darum will ich dich segnen« (Gn. 22,16–17). Und der väterliche Segen trug reichliche Früchte: »Dies ist die Zeit der Lebensjahre Abrahams, die er gelebt hat: 175 Jahre; dann verschied er. So starb Abraham in schönem Alter, alt und lebenssatt« (Gn. 25,7–8).

Dieses Vaterbild ist offensichtlich nur für Väter nachahmenswert. Ihnen wird ein schönes Alter, eine breite Lebensfülle beschert. Die Söhne dagegen sind solchen Vätern hilflos ausgeliefert. Gott-Vater hat immer recht; denn im Alten Testament haben wir es mit einer Vater-Religion zu tun, bei der es »um Gehorsam gegenüber der Tora, dem Gesetz des einen Gottes, dem allein und ausschließlich Verehrung und Gehorsam gehören. Es geht um Gottesfurcht, um Dankbarkeit für die Gnade Gottes, um Kampf- und Opferbereitschaft.«[2]

2. Gott-Vater und sein Sohn Jesus

Allerdings wird im Neuen Testament, dem Ausdruck der neuen Sohnes-Religion, der Sohn noch weniger geschont als im Alten Testament. Jesus bleibt kein physischer und psychischer Schmerz erspart. Dabei war die Ankündigung seiner Geburt so verheißungsvoll:

»Dieser wird groß sein und Sohn des Höchsten genannt werden, und Gott der Herr wird ihm den Thron seines Vaters David geben, und er wird König sein über das Haus Jakobs in Ewigkeit, und seines Königreichs wird kein Ende sein« (Luk. 1,32–33).

Bald allerdings entfaltet sich das, was der Theologe von Wedel[3] als »die unerwiderte Liebe zum Vater« beschreibt. Von Wedel identifiziert sich – im Gegensatz zur Mehrzahl seiner theologischen Kollegen – mit dem Sohn, Jesus, und nicht mit dem Vater, Gott. Für ihn gibt es »nichts Erschütternderes im Neuen Testament als die unerschütterliche Hoffnung, den Vater zu erreichen, und es ihm bis zum Äußersten recht zu machen«.[4]

Das Staunen über die Leidensbereitschaft Jesu wird von den Umstehenden der Kreuzigung geteilt:

»›Er hat auf Gott vertraut, der helfe ihm jetzt heraus, wenn er ihn liebhat‹. Er hat ja gesagt: Ich bin Gottes Sohn« (Matt. 27,43). Aber Gott-Vater hilft nicht: »Um die 9. Stunde aber schrie Jesus laut auf: ... Mein Gott, mein Gott, warum hast du mich verlassen?« (Matt. 27,46).

Das wird so von den Evangelisten Matthäus und Markus überliefert. »Der spätere Lukas streicht diesen Todesschrei und läßt Jesus statt dessen rufen: ›Vater, in deine Hände befehle ich meinen Geist.‹ Das ist der gehorsame Sohn, und noch gehorsamer wird er von Johannes, dem späteren Evangelisten, geschildert. Der johanneische Christus schreit nicht, sondern spricht die erhabenen Worte: ›Es ist vollbracht.‹«[5]

Im Neuen Testament opfert Gott-Vater, wie uns von Kindesbeinen an gelehrt wurde, seinen eigenen Sohn, um »die Welt zu erlösen«. Dies ist für Christen so selbstverständlich[6], daß sie sich nicht zu denken, geschweige denn zu fragen trauen, warum denn Gott, der Allmächtige, die Welt nicht selbst erlöst hat, statt seinen Sohn den grausamsten aller Tode sterben zu lassen. Denn noch bei der Taufe Christi hatte Gott-Vater verkündet:

»Du bist mein geliebter Sohn, an dir habe ich Wohlgefallen gefunden« (Luk. 3,22).

Wurde der Abraham des Alten Testaments nur geprüft, ob er auch zum nahezu Äußersten bereit wäre – das wirklich Äußerste wäre sein eigenes Leben gewesen –, so verlangt Gott-Vater dieses Äußerste im Neuen Testament von seinem einzigen, »geliebten« Sohn. Für andere Religions- und Kulturgemeinschaften ist, so wurde mir immer wieder gesagt, das Ungeheuerliche dieser Glaubensbotschaft schwer zu begreifen.

Die aufwühlende Wirkung dieser Lehre auf sensible Menschen ist gerade bei Personen mit psychischen Problemen zu beobachten: So findet die Jesus-Tragödie in vielen Wahnvorstellungen schizophrener Söhne ihren Niederschlag. Generell zieht sich das Herrscher-Opfer-Erlöser-Motiv wie ein roter Faden durch die in diesem Buch untersuchten Patientenbiographien. Bereits die exemplarische Falldarstellung im letzten Teil dieses Kapitels bietet dafür reiches Anschauungsmaterial.[7]

3. Laios und sein Sohn Ödipus

Während in der jüdisch-christlichen Tradition das »Recht« immer auf seiten des Vaters ist, der Sohn also geopfert wird, darf in den Sagen des griechischen Altertums der Machtkampf zwischen Vater und Sohn noch thematisiert werden. Die wesentlichen Elemente dieses Machtkampfs, die auch noch heute den Untergrund vieler Vater-Sohn-Beziehungen bilden, möchte ich mit Hilfe des Ödipus-Mythos aufzeigen. Ich habe diesen Mythos gewählt, weil ihm in unserem Jahrhundert durch die sich entwickelnde Psychoanalyse ein meines Erachtens sinnentstellender Zwang angetan wurde: Aus dem Machtkampf zwischen Vater und Sohn wurde die sexuelle Begierde des Sohns nach der Mutter. Dazu jedoch mehr bei der Behandlung der Lebenstragödie von Sigmund Freud im nächsten Abschnitt[8]; hier zunächst der vollständige Mythos, wiedergegeben nach Robert von Ranke-Graves[9], um dem Leser Gelegenheit zu geben, sich selbst ein Bild zu machen.

Laios, der Sohn des Labdakos, heiratete Iokaste und regierte über Theben. Bekümmert über seine Kinderlosigkeit, befragte er im geheimen das Delphische Orakel. Dieses verkündete ihm, sein scheinbares Unglück sei ein Segen, denn das Kind, das Iokaste ihm gebären würde, würde sein Mörder werden. Da verstieß er Iokaste, ohne ihr den Grund seines Entschlusses anzugeben. Dies verärgerte sie so sehr, daß sie ihn trunken machte und ihn, sobald die Nacht herabgefallen war, in ihre Arme lockte. Als sie neun Monate später von einem Sohn entbunden wurde, entführte ihn Laios aus den Armen der Amme, durchbohrte seine Füße mit einem Nagel und band sie zusammen. Dann setzte er ihn auf dem Berg Kithairon aus.

Ein korinthischer Schafhirt fand ihn und nannte ihn Oidipus, weil seine Füße von den Nagelwunden entstellt waren. Dann brachte er ihn nach Korinth, wo zu dieser Zeit König Polybos regierte. Dieser nahm ihn an Sohnes Statt an.

Eines Tages äußerte ein korinthischer Jüngling Oidipus gegenüber spöttisch, daß er nicht im geringsten seinen vermeintlichen Eltern ähnlich sei. Da wandte sich Oidipus an das Delphische Orakel und fragte, was ihm die Zukunft wohl bringen würde. »Weg von diesem Schreine, Elender!« rief die Pythia voller Abscheu aus. »Du wirst deinen Vater töten und deine Mutter heiraten!« Da Oidipus Polybos und Periboia liebte und davor zurückschreckte, Unglück über sie zu bringen, beschloß er sofort, nicht mehr nach Korinth zurückzukehren.

Doch im Engpaß zwischen Delphi und Daulis traf er durch Zufall Laios, der ihm in strengem Ton befahl, einem Höherstehenden den Weg freizumachen. Dazu muß aber erklärt werden, daß Laios in einem Wagen fuhr und Oidipus zu Fuß ging. Oidipus antwortete, er erkenne nur die Götter und seine eigenen Eltern als Vorgesetzte an. »Um so ärger für dich!« rief Laios aus und befahl seinem Wagenlenker Polyphontes weiterzufahren. Eines der Räder verletzte Oidipus am Fuß. Darauf tötete er, vom Zorn hingerissen, Polyphontes mit seinem Speer. Dann warf er Laios, der sich in die Zügel verwickelt hatte, auf die Straße und peitschte auf das Gespann ein, so daß es Laios zu Tode schleifte.

Laios war auf dem Wege zu einem Orakel gewesen, um zu erfahren, wie er Theben von der Sphinx befreien könnte, die vor den Toren der Stadt lagerte und jedem Vorbeiziehenden ein Rätsel aufgab. Die, die das Rätsel nicht lösen konnten, verschlang sie auf der Stelle.

Oidipus, der sich nach dem Morde an Laios Theben näherte, löste das Rätsel. Er befreite dadurch die Stadt und erhielt dafür Herrschaft und Hand der verwitweten Königin, seiner Mutter Iokaste. Aus dieser Verbindung gingen Eteokles, Polyneikes, Antigone und Ismene hervor.

Nach Jahren des Glücks wird Theben plötzlich von Seuche und Mißwuchs heimgesucht. Um Abhilfe befragt, fordert das Delphische Orakel, den Mörder von Laios zu bestrafen. Als die von Oidipus vorgenommene Untersuchung die Wahrheit aufdeckt, erhängt sich Iokaste. Oidipus beraubt sich des Augenlichts und wird von seinen Söhnen aus dem Land gewiesen.

In diesem Mythos stellen Laios und Ödipus eindeutig die Hauptfiguren dar. Gelesen werden kann die Sage sowohl aus der *Perspektive des Sohnes* als aus der Perspektive des Vaters. Die *erste Sichtweise* wird auf klarsichtigste Weise von Alice Miller vertreten:

»In der Tragödie von Sophokles bestraft sich Ödipus mit Blindheit, indem er sich die Augen aussticht. Obwohl er in Laios seinen Vater nicht erkennen konnte, obwohl Laios für dieses Nichterkennen verantwortlich war, obwohl dieser ihn bei ihrer Begegnung zum Zorn provoziert hatte, obwohl er Jokaste gar nicht begehrte, sondern dank seiner Klugheit, die ihm half, den Orakelspruch zu lösen und Theben zu retten, zu ihrem Mann bestimmt wurde, obwohl Jokaste, seine Mutter, ihren Sohn an den Schwellfüßen hätte erkennen können, scheint bis heute niemand an der Beschuldigung des Ödipus Anstoß genommen zu haben. Es war schon immer selbstverständlich, daß Kinder für das, was man ihnen antat, die Verantwortung zu tragen hatten; und es war wichtig, daß diese Kinder auch noch im Erwachsenenalter nichts von diesen Zusammenhängen merken durften.«[10]

Aus der *Sicht des Vaters*[11] geht es dagegen um die Machtfrage. Wer bleibt am Leben: Er oder ich? Wer bleibt Herrscher: Er oder ich? Analysiert man den Ödipus-Mythos unter dem Machtaspekt, so rükken bestimmte Knotenpunkte der Sage in ein ganz neues Licht. Um dies zu verdeutlichen, werde ich die zentralen Stellen thesenartig zusammenfassen. Sie bilden zugleich die Grundlage für das, was ich später als das *Machtmodell der elterlichen Erziehung* herausarbeiten werde: Die Anfangselemente des Mythos 1–4 weisen gewisse Parallelen zur Abrahamerzählung auf; Punkte 5–7 thematisieren den Machtkampf zwischen dem jugendlichen Ödipus und seinem Vater; Thesen 8–10 schließlich stellen das Erwachsenenalter und die Selbstaufopferung von Ödipus dar.

Vorgeschichte

1. Der Vater wünscht sich sehnlichst einen Stammhalter, einen Nachfolger.
2. Gleichzeitig fürchtet er um sein Leben, seinen Thron.
3. Also verstümmelt er den Sohn und setzt ihn schutzlos aus. Er überantwortet das Kind dem sicheren Tod.
4. Der Sohn wird – wie durch ein Wunder – gerettet.

Kampf

5. Auf dem Höhepunkt seiner jugendlichen Kraft begegnet Ödipus seinem alten Vater.
6. Der Vater, an Herrschen und Siegen gewöhnt sowie mit Wagen und Fahrer gerüstet, provoziert den Sohn.
7. Der Stärkere besiegt den Schwächeren (zu einem früheren biographischen Zeitpunkt wäre der Vater der Stärkere gewesen).

Folgen des Kampfes

8. Mit Klugheit löst der Sohn das Rätsel der Sphinx. Er erhält dafür das Königreich und die Hand der verwitweten Königin.
9. Er zeugt vier Kinder und regiert Theben.
10. Als er erfährt, daß er seinen Vater getötet hat, blendet er sich selbst.

Die Begegnungen des Vaters mit dem Sohn sind dadurch gekennzeichnet, daß der Vater ausschließlich auf sein Wohl bedacht ist. Er will der Beherrschende bleiben. Dafür liefert er seinen Erst- und Einziggeborenen dem Tod aus. Dafür riskiert er den Tod eines Mannes in der Blüte seiner Jahre. Die Frage: Er oder ich? ist für Laios omnipräsent. Ihm gebührt das Recht des Ersten, des Mächtigen.

Ödipus, als König von Theben, kämpft dagegen weder um seinen Thron noch um sein Recht. Er ist der ewige Sohn, der sich selbst zum Opfer, zum *Kranken*, Abhängigen macht bzw. machen läßt. Durch die eigene Blendung nimmt Ödipus die Schuld des Vaters auf sich: Er schont mit seiner Selbstaufopferung den Vater. Dabei zieht Ödipus die Aufmerksamkeit der Hörer und Leser so weit auf sich, daß die Verbrechen des Vaters vollkommen übersehen werden.[12]

4. Jakob Freud und sein Sohn Sigmund

Den Vater zu schonen und sich dafür selbst zu opfern ist nicht nur den Heiligen Schriften oder griechischen Mythen vorbehalten. Selbst Sigmund Freud, einer der besten Kenner menschlicher Seelentiefen, hat seine treffendste – und wie sich herausgestellt hat, auch zutreffende – Einsicht aufgegeben, um seinen eigenen Vater nicht bloßzustellen.

Diese Einsicht, bekannt als »Verführungstheorie«, besagt, daß reale sexuelle Übergriffe nahestehender Erwachsener an Kindern häufig mitverantwortlich für deren spätere psychische Erkrankung sind.

Die Umstände, die zur Zurücknahme seiner Verführungstheorie beitrugen, wurden von Marianne Krüll durch das eingehende Studium der Schriften und Briefe Freuds zutage gefördert. Ihr vielzitiertes Buch *Freud und sein Vater*[13] wurde von V. E. Pilgrim in *Vätersöhne*[14] noch akzentuiert. Um sich den in beiden Werken beschriebenen inneren Konflikt besser vorstellen zu können, möchte ich die für diese Diskussion einschlägigen Daten aus dem Leben Freuds schildern.

Sigmund Freud (1856–1939) war der letztgeborene Sohn aus dritter Ehe und als solcher der Lieblingssohn seines Vaters Jakob. Seit 1893 beschäftigte er sich mit dem Zusammenhang zwischen neurotischen, speziell hysterischen Symptomen und sexuellen Verletzungen in der Kindheit, ausgeübt von nahen Milieupersonen. Diese *Verführungstheorie* war das Produkt zahlreicher analysierter Fälle von schweren hysterischen Neurosen. Er sah diese Entdeckung als den wesentlichen Durchbruch seiner Forschungsarbeit an. Ein Jahr nach dem Tod seines Vaters (1896) widerruft Freud seine Verführungstheorie. Er begründet diesen Widerruf in einem Brief an seinen Freund, Wilhelm Fließ, wie folgt: »in sämtlichen Fällen (muß) der Vater als pervers beschuldigt werden..., mein eigener nicht ausgeschlossen.«[15]

Freud begnügte sich jedoch nicht damit, die Verführungstheorie aufzugeben; er verkehrte sie sogar in ihr Gegenteil: *Aus der Verführungstheorie wird die Ödipustheorie*[16]. Vereinfacht gesagt, ist die zentrale Aussage der Ödipustheorie, daß das Kind den gegengeschlechtlichen Elternteil sexuell begehrt und den gleichgeschlechtlichen Elternteil als Rivalen/in beseitigen möchte. Aus dem sexuell verführenden Vater wird somit ein die Mutter sexuell begehrender Sohn, der in seiner Phantasie den väterlichen Rivalen töten möchte: Die Realität wird auf den Kopf gestellt.

Aber nicht nur dem Ödipusmythos, sondern auch der erlebten Wirklichkeit des jungen Freud und zahlloser anderer Kinder wird mit dieser Umkehrung Gewalt angetan, wie Pilgrim treffend schreibt:

»Aus den verführenden, mißbrauchenden, Gewalt ausübenden Vätern (...) wird ein Kind, das sich mit ›sexuellen Phantasien‹ ›der Eltern

›bemächtigt‹, diese Phantasien verdrängt oder das bei seinen sexuellen Wünschen auf die Eltern (Sohn auf Mutter, Tochter auf Vater) stehenbleibt und daran erkrankt! (...) Das Opfer wird zum Täter. (...) Wichtig ist, festzustellen, daß eine zentrale Entdeckung, verwischt, unscharf gemacht, zugedeckt, ja in ihr Gegenteil verkehrt wurde. (...) Die Väter werden verschont.«[17]

Diese Selbstaufgabe Freuds erfolgt wider seine bessere Einsicht: »Leider ist mein eigener Vater einer von den Perversen gewesen und hat die Hysterie meines Bruders (...) und einiger jüngerer Schwestern verschuldet. Die Häufigkeit dieses Verhältnisses macht mich oft bedenklich.«[18] Jedoch in dem inneren Konflikt mit dem verstorbenen Vater optiert Freud für ein »Friede dem Vater und allen verführenden Machtgestalten, Krieg dem Sohn, dem eigenen Ich, dem geschändeten Kind«.[19]

Marianne Krüll sieht den Zusammenhang folgendermaßen: »(...) als Freud den ›Perversionen‹ des Vaters auf der Spur war, starb Jakob (...) Fast ein Jahr nach dem Tod Jakobs bis zum Widerrufbrief (...) rang Freud noch darum, die Verführungstheorie zu retten. Dann aber hatte der Vater gesiegt. Freud nahm den Auftrag Jakobs in all seiner Widersprüchlichkeit an: Er gab es auf, nach der Schuld des Vaters zu suchen, er widerrief die Verführungstheorie und nahm statt dessen als treuer Sohn die Schuld allein auf sich, indem er die Ödipustheorie an ihre Stelle setzte (...)«[20]

Dabei könnte man – wie Marianne Krüll feststellt – die vollständige Ödipussage sehr wohl »als passendes Symbol für die Verführungstheorie verwenden. Daß Freud sie um die Prähistorie des Laios kappte und dann als Symbol für die neue Phantasietheorie wählte, verweist wiederum auf Freuds eigene Vaterbindung. Er durfte eine Schuld des Vaters nicht mehr suchen, die Vergangenheit des Vaters war tabu für ihn.«[21]

Vor allem durfte die Verführungstheorie nie mehr auf Freuds eigene Person bezogen werden; denn wie er selbst ausführt, sind »die infantilen Sexualszenen (...) arge Zumutungen für das Gefühl eines sexuell normalen Menschen; sie enthalten alle Ausschreitungen, die von Wüstlingen und Impotenten bekannt sind, bei denen Mundhöhle und Darmausgang mißbräuchlich zu sexueller Verwendung gelangen«.[22] Ihm ist zudem die Tragödie des Kindes, seine hoffnungslose Ausgeliefertheit nur zu gut bekannt, denn er fährt fort:

»Der Erwachsene, der (...) mit aller Autorität und dem Rechte der Züchtigung ausgerüstet ist und zur ungehemmten Befriedigung seiner Launen die eine Rolle mit der anderen vertauscht; das Kind, dieser Willkür in seiner Hilflosigkeit preisgegeben, vorzeitig zu allen Empfindlichkeiten erweckt und allen Enttäuschungen ausgesetzt, häufig in der Ausübung der ihm zugewiesenen sexuellen Leistungen durch seine unvollkommene Beherrschung der natürlichen Bedürfnisse unterbrochen – alle diese grotesken und doch tragischen Mißverhältnisse prägen sich in der ferneren Entwicklung (...) aus.«[23]

Auch der Grund für Freuds eigene Verdrängung seiner eigenen Kindheitserlebnisse wird von ihm klarsichtig benannt: »Verdrängt werden [die feindseligen Impulse gegen die Eltern] zu Zeiten, wenn sich Mitleid für die Eltern regt, Krankheit, Tod derselben.«[24] Das heißt, das frühere Mitleid mit seinem Vater, das zur Verdrängung beigetragen hat, wird mit dessen Tod wiederbelebt. Seine in der Selbstanalyse aufgedeckten Erinnerungen durften nun nicht mehr benannt werden: Sie wurden wieder zugeschüttet.

Freud hatte sich selbst als hysterisch beschrieben[25]; er wußte, worum es bei ihm, seinen Geschwistern und seinen Patienten ging. Nur in einem Brief an seinen Freund, Wilhelm Fließ, hatte er es gewagt, seinen Vater als Verursacher der Hysterie seiner Geschwister und seiner eigenen zu bezichtigen. Aber auch das nur bis zu dessen Tod; danach verließ ihn der Mut, sich mit seinem Vater auseinanderzusetzen. Es ist wahrscheinlich, daß die Anfälle von Todesangst und die sich häufenden psychischen und psychosomatischen Beschwerden, unter denen Freud nach dem Tode seines Vaters litt, der Preis für diese Selbstaufgabe waren.[26]

Aber Freud bezahlt nicht allein für die Mißachtung der Realität; auch seine Patienten waren davon betroffen. Nach Aufgabe seiner Verführungstheorie seien »echte Heilungen viel seltener geworden und (hätten) länger als in der Anfangszeit auf sich warten« lassen, schreibt Alice Miller, und sie fährt fort: »Wenn es stimmt, daß die ersten Behandlungen in kurzer Zeit erfolgreich waren, dann spricht die Abnahme dieses Erfolges nicht gegen die Verführungstheorie, sondern läßt sich eher damit erklären, daß Freud unter der Last des Vierten Gebotes und seiner Schuldgefühle, an den entdeckten Zusammenhängen zu zweifeln begann. Dies genügte, um es dem Patienten unmöglich zu machen, sein Trauma zu erleben und zuzulassen, weil die begleitende Funktion des Analytikers ausblieb.«[27] Die Wahrheit durfte nicht mehr aufgedeckt werden.

Später, selbst zum Über-Vater geworden, schließt sich – unter dem Eindruck des Aufbegehrens seiner geistigen Söhne – der Kreis: Sigmund Freud, der Sohn, wird zum Vater. In dieser Lebensphase entwickelt er die Theorie des Urvatermords, die davon ausgeht, daß »ein gewalttätiger, eifersüchtiger Vater (...) alle Weibchen für sich behält und die heranwachsenden Söhne vertreibt (...). Eines Tages taten sich die ausgetriebenen Brüder zusammen, erschlugen und verzehrten den Vater und machten so der Vaterhorde ein Ende.«[28] Hier benennt Freud zwar den beherrschenden Vater, der seinen Söhnen jede Lebenschance raubt; zur Selbstkritik reicht diese Einsicht jedoch nicht. Wie bei allen Herrschern trifft die »Schuld« die Unterlegenen, die Söhne. Die Frage, inwieweit Väter durch ihr eigenes Verhalten den Aufstand der Söhne provozieren, bleibt ausgeklammert, denn »das Wissen um das falsche Spiel des Vaters überschreitet die Grenze des Verbotenen. Um diesen Baum der Erkenntnis ist ein Minenfeld gelegt. (...) Das eigentliche Verbrechen in der patriarchalen Wertordnung besteht darin, den Vater so zu sehen, wie er ist. Die Enttarnung seiner Lebenslüge wird mit der Höchststrafe belegt: Exkommunikation.«[29]

Hier sind wir im Herzen unserer Vater-Kultur. Da drängt sich die Frage auf, was in den letzten Jahrzehnten an Erkenntnis hinzugekommen sein muß, daß solche, lange Zeit als »blasphemisch« empfundenen Einsichten gedacht und geschrieben werden können? Hinzugekommen ist das Wissen,

- daß durch moderne psychoanalytische, entwicklungspsychologische und familiendynamische Theorien die erstarrte Front der Psychoanalyse in Bewegung geraten ist, die durch Freuds massive Verdrängung der Vorkommnisse in der eigenen Familie entstanden war;[30]
- daß sich gesellschaftliche Strukturen verändert haben, nachdem Studenten 1968 ihre Väter nicht mehr schonten, sondern sie mit ihren Taten konfrontierten;
- daß die Verführung von Kindern durch Erwachsene, und vor allem durch Väter, eine weitverbreitete, traurige Realität darstellt und schließlich,
- daß vorwiegend unsichere und daher leicht kränkbare Menschen

den anderen ihren Willen aufdrängen[31] und das Kind in seiner Ausgeliefertheit als Quelle des Machtgefühls benutzen.

Allerdings sind die meisten dieser Einsichten noch so jungen Datums, daß sie nur teilweise in den Familienalltag durchgesickert sind. Die Krankengeschichten legen ein beredtes Zeugnis dafür ab. Die hellenistisch-jüdisch-christliche Vatertradition ist nach wie vor fest verankert.

5. Klinische Realität: Falldarstellung

Wenn schon Freud die Sohnespflicht über die eigenen Erkenntnisse stellte, in welchen Konflikten muß dann so mancher Normalsohn sein, sobald es darum geht, den Vater mit der Wahrheit zu konfrontieren? Ein typisches Beispiel aus dem klinischen Alltag zeigt die Selbstentäußerung, zu der ein erwachsener Sohn fähig sein kann. Alles ist für diesen Sohn leichter zu ertragen, als den eigenen Vater mit »Unannehmlichkeiten« zu belästigen. Sich für den Vater zu »opfern«, ist diesem und vielen anderen Söhnen schon zur zweiten Natur geworden:

Ein vierzigjähriger Mann, mehrere Suizidversuche, der keine Arbeit länger als zwei Monate aushält, da er sich immer von männlichen Autoritätspersonen bedroht fühlt, ist schon seit einiger Zeit in tagesklinischer Behandlung. Es kommt zu einem Familiengespräch mit beiden Eltern.

Der Vater, ein äußerst angesehener und erfolgreicher Geschäftsmann und Kunstmäzen, scheut sich nicht, seinen Sohn vor allen als Versager zu bezeichnen.

Zu Beginn des Gesprächs sitzt der Sohn zusammengekauert da und weint leise vor sich hin. Vom Vater gefragt, was ihn denn so bedrücke, bringt der Sohn mühsam heraus: »Weil ihr da her mußtet und insbesondere du. Und daß du dich dem Ganzen aussetzen mußt.«

Den Vater zu schützen, ihm alle Peinlichkeiten zu ersparen, das Leid statt dessen auf sich zu nehmen, ist geradezu bezeichnend für die Lebensgeschichten vieler männlicher Patienten. Diese in vielen Variationen verbreitete Tendenz, eher krank zu werden bzw. zu bleiben, als den Vater zur Rede zu stellen, ist mir immer wieder begegnet. Die regelmäßig geäußerte Befürchtung des Sohnes ist, daß sein Vater in einem Familiengespräch bloßgestellt werden könnte.[32] Ist das dann nicht der Fall, so kommt es zu typischen Stoßseufzern der Erleichterung, ja der Dankbarkeit: »Ich habe ja solche Angst gehabt, daß Sie meinen Vater direkt angehen. Aber, Gott sei Dank, alles ist gutgegangen. Mein Vater hat das Ganze danach richtig gelobt.« Mit dem Lob des Vaters ist gleichzeitig die Therapie abgesegnet; der Patient darf nun sogar über den Vater sprechen, eine zentrale Voraussetzung für den potentiellen Erfolg jeder Therapie.

Ein Patientenschicksal

Die »Erlaubnis« des Vaters konnte sich ein anderer Patient, Herr P., dessen Schicksal nun geschildert wird, nicht mehr einholen. Sein Vater war ein Jahr vor seinem ersten psychotischen Schub vollkommen unerwartet gestorben. Herr P. bekam jedoch die moralische Unterstützung seines älteren Bruders, der in der Familie seit dem Tod des Vaters dessen Funktionen übernommen hatte.

Die Krankengeschichte von Herrn P. möchte ich hier quasi als Rahmenhandlung benutzen, das heißt, im ersten Kapitel wird auf die Lebensgeschichte eingegangen, die im letzten Kapitel durch den Therapieverlauf ergänzt wird. Als Rahmen eignen sich die Erfahrungen von und mit Herrn P. deshalb so gut, weil seine zahlreichen persönlichen Aufzeichnungen unterschiedlichste Einblicke in das subjektive Erleben vor und während der Krankheit vermitteln. Zudem war die Behandlung – wie bei den meisten anderen Patienten – erfolgreich: Seit acht Jahren ist Herr P. rückfallsfrei, beruflich und beziehungsmäßig zufrieden[33]; der Zukunft sieht er mit Zuversicht und Tatkraft entgegen.[34]

Bei Aufnahme in die Tagesklinik war Herr P. 28 Jahre alt. Er hatte bereits zwei vollstationäre Aufenthalte in Nervenkliniken hinter sich. Beim ersten Schub einer paranoid-halluzinatorischen Psychose aus dem schizophrenen Formenkreis war er 23 Jahre alt. Ein Jahr zuvor war sein Vater gestorben. Kurz vor der zweiten Krankheitsepisode starb seine von ihm sehr geliebte Oma. Diese und die nachfolgenden Daten wurden zu Anfang der Therapie erhoben. Zu jenem Zeitpunkt lag die Gesamtproblematik also noch im dunkeln.

Familienhintergrund

Beide Eltern von Herrn P. stammen aus kleinbäuerlichen, streng katholischen Verhältnissen. Die Mutter des Patienten wurde in einer Klosterschule erzogen. Da sie künstlerisch sehr begabt war, wurde ihr vom Orden versprochen, ihr ein Kunststudium zu bezahlen. Wie sich später herausstellte, war dies allerdings mit der Auflage verbunden, Nonne zu werden. Da sie dies verweigerte, blieb ihr Studium eine unerfüllte Sehnsucht. Von einem verträumten Mädchen muß sich die Mutter von Herrn P. in eine eher depressiv wirkende Frau entwickelt haben, die nie Zärtlichkeit zeigte.

Der Vater von Herrn P. war in seiner Kindheit in einem Priesterseminar, da er von seinen Eltern für den Priesterberuf bestimmt war. Dieser auch von ihm selbst gehegte Berufswunsch ließ sich jedoch nicht realisieren, da er zur entscheidenden Zeit an einer Tuberkulose erkrankte. Schwer enttäuscht wurde er nach seiner Genesung Kunstschlosser.

Das Ehepaar P. hat sich während des Krieges kennengelernt. Sie heirateten nach Kriegsende und wandten sich – nach anfänglicher Bitterkeit – wieder der Kirche zu. Äußerlich wurde dies dadurch dokumentiert, daß der älteste Sohn Priester werden sollte. Er wurde – wie sein Vater – deshalb in einem einschlägigen Internat erzogen.

Nach Meinung von Herrn P. war die Ehe seiner Eltern wohl zunächst eine Liebesheirat; er sei jedoch auf Vermutungen angewiesen, denn darüber wurde in seiner Familie nie gesprochen. Soweit er sich erinnern kann, ist zwischen den Eltern »nie viel abgelaufen«, z. B. habe er nie persönliche Gespräche zwischen ihnen erlebt. Beide hätten wohl nur aus christlichem Pflichtgefühl ihre Ehe aufrechterhalten.

Als jüngster von drei Söhnen sei er wohl der Liebling des Vaters gewesen. Er schließe dies daraus, daß der Vater ihn öfter Johannes genannt habe. Nach Angaben von Herrn P. muß sein Vater autoritär und unbeherrscht gewalttätig gewesen sein. Er habe seine Söhne öfters brutal geschlagen. Sie hätten sich dabei in Reih und Glied aufstellen müssen, dann sei einer nach dem anderen verprügelt worden. Als sich der Patient im Alter von 15 Jahren einmal diesen Prügeln widersetzte, muß ihn sein Vater »auf ewige Zeiten verflucht« haben. Von da an sei er ausgestoßen gewesen, er habe nie mehr Prügel bekommen. Ein Jahr lang habe der Vater nicht mehr mit ihm gesprochen.

Schulzeit

Die Grundschulzeit von Herrn P. verlief problemlos. Er war in einer kleinen Gruppe von Freunden wohl integriert. In dieser Altersphase bewunderte er seinen Vater, der viel wußte, konnte und erfahren hatte, vorbehaltlos. Er war ja sein Lieblingssohn.

Das Gymnasium verlief ab dem 12. Lebensjahr problematisch. Herr P. sei von da an nur noch mit Hängen und Würgen durchgekommen und habe sehr darunter gelitten. In seinen eigenen Worten: [35]

»Mit meinen ersten Sechsern erlitt ich einen Schock. Ich schämte mich so wahnsinnig vor den Lehrern, vor meinen Schulkameraden, ich hatte ständig so eine Angst davor, dieses ständige Fünfer- und Sechser-Gefühl und immer das Gefühl, daß dies alle Lehrer wußten, mich auch als solchen ansahen« (KG).

Um diese Zeit gab es auch regelmäßige Auseinandersetzungen mit seinem Vater.

Ausbildung

Nach der Mittleren Reife habe er aufgegeben und eine Lehre als Steinmetz angefangen:

»Dann ging's los mit der Lehre. Ich fühlte mich zu dieser Zeit absolut nicht wohl, die Lehre war aber die einzige Möglichkeit, von zu Hause wegzukommen.

Sie fing eigentlich ganz gut an. Ich hatte schnelle Erfolge. Ich merkte bald, daß ich sehr geschickt mit den Materialien umgehen konnte. Ich bekam auch viel Anerkennung, sowohl von den Meistern als auch von den anderen Lehrlingen. Ich glaube, hier konnte ich meinen ganzen Hunger auf Anerkennung befriedigen. Ich bekam einen unwahrscheinlichen Arbeitseifer und war so beflügelt, daß es wirklich nur so krachte. Ich war einfach besser als die anderen, ich wußte es und spürte es und sah auch, wie gut und perfekt ich arbeiten konnte. Ich glaube, ich lebte voll und ganz für meine Arbeit, es gab überhaupt kein Hindernis. Ich genoß es, gut zu sein, akzeptiert zu sein, vielleicht sogar bewundert zu sein.

Leider wurde diese Freude bald getrübt, denn wie es in der Firma ablief, das Verhalten vom Meister B., wie die Leute so drauf waren, das packte ich nicht, dagegen sträubte ich mich, dagegen lehnte ich mich auf. Es ging schon los, daß ich mitbekam, wie er die anderen Lehrlinge schikanierte, zum Heulen brachte, mit welch fiesen Tricks er sie bearbeitete, wie er sie klein machte, niederbügelte, den bestrafenden Gott markierte, wie er uns immer reinholte in sein Kabinett, unsere Unsicherheiten und Schwächen auslotete, uns daran triezte, ärgerte, quälte, uns immer ein Schuldgefühl hinterlassend.

Als ich dann eines Tages beschloß, zu ihm zu gehen, es war ungefähr nach zwei Monaten Lehrzeit, um ihm zu sagen, daß ich kein Vertrauen zu ihm habe, aufgrund von den Dingen, die er so anrichtet, ließ er sich zuerst alles von mir ausführlich erzählen. Als ich bei ihm anfing, hatte er nämlich gesagt, falls wir irgendwelche Probleme hätten, sollten wir uns vertrauensvoll an ihn wenden. Als ich ihm nun alles erzählt hatte, sagte er zu mir in vollem Ernst und voller Härte, falls ich kein Vertrauen zu ihm habe, soll ich die Konsequenz ziehen und die Lehre abbrechen. Ich solle mir das überlegen und ihm in Kürze, in ein bis zwei Wochen, sagen, zu was ich mich entschieden habe. Von da an, also zwei Monate nach Lehrbeginn, begann für mich ein Scheißleben in der Lehre.

Dann fing ich an, ›blau‹ zu machen, ich wurde tatsächlich immer häufiger krank, mir war jede Krankheit willkommen, nur nicht mehr in diese Firma. Ich schaffte es nicht mehr aufzustehen, rechtzeitig in die Firma zu kommen. Die Delikte, wo ich mir jetzt quasi was zuschulden kommen ließ, wurden immer häufiger. Ich gab immer mehr und mehr auf, mir wurde inzwischen alles wurst. Hauptsache, die Lehre geht vorbei.

Ich hab in der Woche, als ich das Gesellenstück anfertigte, mindestens dreimal verschlafen, bin statt um sieben um zehn, halb elf oder so gekommen. Alle schauten so komisch, Meister B. quatschte mich blöd an, ganz zynisch; daß ich es so ganz gewiß nicht schaffe. Nur R. hat zu mir gehalten (Danke).

Es war irgendwie auch paradox, auf der einen Seite wurde mein Gesellenstück prämiert, was mich irgendwie stolz machte, zum anderen legte ich mein Gesellenstück hin und sagte, daß ich jetzt gehe, daß ich nicht mehr will. Ich stand auf und ging. R. jagte mir hinterher und zog mich zurück. Er fragte mich, ob ich nicht ganz dicht wäre, ich stellte mich stur, ich – will – nicht – mehr. Aber irgendwie schaffte er es dann doch, er beruhigte mich, er machte mir klar, daß ich doch nur noch ein paar Tage durchhalten brauche, und daß er mir hilft. Ich glaub', ich habe bei ihm einfach eine Wärme gespürt. Er hat mich einfach angenommen. Ich hatte ja sonst das Gefühl, daß mich keiner mag« (KG).

Berufliche Fortentwicklung

Von der Lehre hatte Herr P. »gründlich die Schnauze voll«. Um sich weiterzuentwickeln, ging er auf die Fachoberschule für Design und schloß sie statt in zwei Jahren in einem einzigen Jahr ab (Leistungsklasse). Während seiner Zivildienstzeit hatte er »wenig Glück« mit seinem Chef; danach habe er allerdings als Geselle in einem kleinen Betrieb mit gutem Betriebsklima gearbeitet.

Schicksalsschläge

Als Herr P. 22 Jahre alt war, starb sein Vater vollkommen unerwartet. Ein Jahr später ging die mehrjährige Freundschaft mit Susanne in die Brüche. Da habe er – nach eigenen Worten – »allmählich den Bezug zur Realität verloren«.

Ausbruch der Krankheit

Zunächst habe ein Gefühl vorgeherrscht, »das Geheimnis des Lebens geschnallt zu haben«. Er habe geglaubt, daß er das Ende der Beziehung zu Susanne »ganz locker packe«. Dann fing nachts die Angst an, daß seine Lieblingsoma sterben könne. Er sei zu seiner Oma gefahren und habe auf dem Weg dorthin bei D. vorbeigeschaut. Zu diesem Zeitpunkt habe alles eine andere Bedeutung gewonnen. Ein Jesusbild, das er bei D. gesehen habe, habe ihm das Gefühl gegeben, daß er einer der Jünger Jesu sei. Er sei dazu auserkoren, die Welt zu erneuern. A. sei der Ort, von dem die Erneuerung der Welt ausgehen würde.

Er sei weiter zu seiner Oma gefahren. Zu diesem Zeitpunkt sei er schon ziemlich »kaputt« gewesen. Immer wieder habe er geglaubt, daß die Oma nachts sterbe. Andererseits habe er große spirituelle Kräfte in sich aufsteigen spüren. Er sei der Erleuchtete, er solle der Welt die Botschaft bringen, daß alles wieder gut werde, daß der Tod überwindbar sei. Sodann sei er zu Susanne gefahren, die zu Hause gewesen sei. Zu diesem Zeitpunkt habe er das Gefühl gehabt, daß die Welt zusammenbricht, danach jedoch ein neues ewiges Leben beginnen würde.

Rastlos sei er danach zunächst zu seiner Oma, dann in eine Kirche, dann wieder in Richtung A. gefahren. Unterwegs sei er wieder bei D. vorbeigefahren. Er habe verschiedene Keramikgefäße bei D. als Opfergaben angesehen und sie zertrümmert, damit die Welt wieder heil werde. Danach habe er sich ins Auto gesetzt und sei zum Schloßpark gefahren. Da dieser abgesperrt gewesen sei, habe er angefangen, die Scheiben des nächstliegenden Hauses zu zertrümmern. Daraufhin sei die Polizei geholt worden.

Im ganzen habe er das Gefühl gehabt, daß er wie Jesus einen Leidensweg durchgehen müsse und daß die Erlösung erst stattfinden würde, wenn er fünf Wunden vorweisen könne. Zu diesem Zeitpunkt sei er schon an Hand, Fuß und Kopf verletzt gewesen. Als die Polizei ihn noch zusätzlich verprügelt habe, habe er gedacht, daß dies die vierte Wunde sein müsse. Bei der Einlieferung in die Nervenklinik sei ihm durch die Spritze die fünfte Wunde verpaßt worden.

Nach dem ersten Krankheitsschub

Nach seinem Aufenthalt in der Psychiatrie bewarb sich Herr P. um die Aufnahme an einer der bekanntesten Kunstakademien Deutschlands. Er wurde angenommen, fühlte sich jedoch ziemlich bald von Lehrern und Mitstudenten verunsichert. Besonders zugesetzt habe ihm, daß ihn jemand als »guten Handwerker« bezeichnete. Insgesamt dominierte zu dieser Zeit das Gefühl des Ungenügens. Dies habe seine Ausbildung an der Akademie sehr behindert.

Zweiter Krankheitsschub und tagesklinische Behandlung

Als seine Oma, die einzige Person, von der er menschliche Wärme empfangen hat, vier Jahre später starb, kam es erneut zu einem Krankheitsschub mit Welterlösungsphantasien. Nach einem kürzeren vollstationären Aufenthalt in der psychiatrischen Klinik wurde Herr P. in die Tagesklinik aufgenommen.

Zwischenergebnis

Der Vater, das unbekannte Wesen? Wie wir gesehen haben, übt er einen mächtigen und zugleich furchterregenden Einfluß aus: als Gott-Vater, als Abraham, als Laios, als Jakob Freud und als Vater P. Die Sohnespflicht ist, sich zu unterwerfen; sonst könnte ihn der väterliche Fluch treffen[36]. Der harte Kern der krankmachenden Vater-Sohn-Geschichte wird durch das Motto dieses Kapitels bereits angedeutet:

> Wie der Vater seine Kinder liebt,
> so liebt der Herr die,
> die ihn fürchten.

Kapitel II Welt der Männer
Demonstrative Stärke – verborgene Schwäche

»Joseph wußte wohl, daß der Vater im Leben nicht immer eine würdevolle und heldische Rolle gespielt hatte. Seiner Neigung zum Erhabenen in Wort und Haltung war durch die sanfte Furchtsamkeit seiner Seele zuweilen übel mitgespielt worden; es hatte Stunden der Demütigung, der Flucht, der blassen Angst für ihn gegeben.«
Thomas Mann, Joseph und seine Brüder[1]

Das Männlichkeitsideal unserer Kultur ist ein grausames. Die »sanfte Furchtsamkeit« der männlichen Seele hat darin keinen Platz, denn auf dem Weg zum »Erhabenen in Wort und Haltung« gilt es – wie im Märchen – drei Gefahren zu besiegen: die kindlichen, weiblichen und homosexuellen Anteile der eigenen Person.[2] Nur so wird der Junge zu dem, was traditionellerweise unter einem normalen, hetero-sexuellen Mann verstanden wird.

1. Das Ideal der »wahren« Männlichkeit

Der »wahre« Mann demonstriert überlegene *Stärke*; infantile, femininine und homophile Gefühlsregungen gelten als zu verbergende *Schwächen*. Die Nachteile dieses Idealbilds sind für den Allerweltsmann um so größer, je weniger er sich der »mythischen Norm von Erfolg, Macht, Beherrschung und Stärke«[3] annähert. Selbst bei intensivstem Bemühen ist er meist meilenweit vom hehren Ziel entfernt: Das Gefühl der eigenen Insuffizienz ist somit vorprogrammiert.

Für einen Mann, der kindliche und weibliche Qualitäten als Schwächen ansieht, der achtgeben muß, nicht selbst in die Kategorie des Schwächlings zu fallen, ist es sicherlich schwer, Kinder und Frauen als gleichwertige Personen zu respektieren. Daß »wahre Männlichkeit« demnach weniger zu liebender Väterlichkeit als zum zerstörerischen Kraftmeiertum neigt, ist nur folgerichtig. Kriege sind ein Ausdruck dieser Zerstörungstendenz; Insuffizienzgefühle fördern die Ausbeutbarkeit durch sogenannte höhere Instanzen sowie die Gewaltbereitschaft gegenüber Unterlegenen.

Daß der Junge »wie der Indianer« keinen Schmerz, keine Schwäche zeigen darf, ist uns allen wohlvertraut. Damit der dennoch erfahrene Schmerz nicht sichtbar wird, lernt er beizeiten, unnahbar zu werden: *Das Verbergen von Schwäche und das Wahren persönlicher Distanz bedingen sich gegenseitig.* Diese selbstauferlegte Distanz wird auch von anderen respektiert. Sie wird, falls nötig, bis in den Tod aufrechterhalten. Hierzu ein Beispiel aus meiner klinischen Erfahrung:

Herr E. erkrankte zum erstenmal mit 15 Jahren. Ohne erkennbaren äußeren Anlaß wurde er schwer depressiv und hatte ernsthafte Selbstmordgedanken. Jahre später, nach drei Klinikaufenthalten, ausgelöst durch psychotische Schübe, kam während der tagesklinischen Behandlung folgende Familientragödie zum Vorschein:

Der Großvater väterlicherseits hatte während des ganzen Zweiten Weltkriegs an leitender Stelle in der Rüstungsindustrie gearbeitet. 1944 kam es zwischen ihm und seinem ältesten Sohn, der zu diesem Zeitpunkt 15 Jahre alt war, zu politischen Meinungsverschiedenheiten und somit zu heftigen Auseinandersetzungen. Der 15jährige erschoß sich. Sein Bruder, damals fünf Jahre alt, wurde später selbst Vater von zwei Söhnen; einer davon ist Herr E.

Bis zur psychotherapeutischen Behandlung hatte Herr E. von der Existenz seines gestorbenen Onkels noch nie gehört. Er kannte dessen Namen nicht. Aus den Familienalben waren die Photos entfernt.

Während eines Familiengesprächs erzählte der Vater die Geschichte seines älteren Bruders und erwähnte, so ganz nebenbei, daß sein Sohn diesem sehr ähnlich sähe. Ansonsten wisse er aber wenig von den damaligen Vorkommnissen, da er ja selbst erst fünf Jahre alt war, als sein Bruder sich erschoß.

Von Interesse war nun, daß die ganze Familie im Haus des Großvaters lebte und diesen regelmäßig beim Abendessen sah. Daher wurde vereinbart, mit dem Großvater über diese Zeit zu reden. Dazu kam es jedoch nie. Weder der Vater noch Herr E. selbst wagten es, den Großvater auf dieses Thema anzusprechen: und das, obwohl beiden klar war, daß es für den Patienten wichtig gewesen wäre, die latenten Familienphantasien mit der Realität zu konfrontieren.

Zwei Jahre später erschoß sich der Großvater im Alter von 92 Jahren. Er bewahrte sein Geheimnis. Seine anerzogene und durch alle Schicksalsschläge gewahrte Distanz ließ es nicht zu, sich väterlich oder großväterlich um seine Nachkommen zu kümmern.

Diese Distanz wurde von der Familie respektiert; Schwächen des Familienoberhaupts wurden nicht aufgedeckt. So blieben wesentliche Teile der Vergangenheit im dunkeln, mit all den Folgen für den Enkelsohn.

Persönlich hat mich die Geschichte meines eigenen Großvaters für dieses männliche Dilemma sensibilisiert. Mein Großvater hatte ein besonders hartes Los: Mit 17 Jahren im Ersten Weltkrieg, mit 47 Jahren zum »Volkssturm« des Zweiten Weltkriegs, dann zehn Jahre russische Gefangenschaft. Von seinen Kriegserlebnissen hat er nie erzählt. Vorwärtsschauend wandte er sich ausschließlich den materiellen Dingen des Lebens zu. Erst während seines Todeskampfes kamen die ausgestandenen Ängste und Schrecken an die Oberfläche: In seinen letzten Stunden phantasierte er mit allen äußeren Anzeichen des Entsetzens von Schützengräben, Minenfeldern, Bomben, von Leichen und Hunger. Die sorgsam verdrängten Ängste waren kurz vor dem Tod nicht mehr einzudämmen.

Durch die beiden »großväterlichen« Beispiele könnte der Eindruck entstehen, daß die männlichen Normen von Stärke, Beherrschung, Macht und Erfolg einer vergangenen Zeit angehören. Das ist leider nicht der Fall. Auch heutige Väter verbergen ihre Schwächen und versuchen, ihren Kindern gegenüber beeindruckende Überväter zu sein. So gesteht der 1937 geborene Vater eines Patienten:

»Für den Ältesten, denk' ich, war ich schon ein sehr bedrohlicher Vater. Er hat es wohl am schwersten gehabt. Wir kennen uns auch heute noch nicht« (VB).

Dieser Vater war selbst von einem »Kriegshelden« erzogen worden, der 1945 einen »ehrenvollen Tod« starb. Das väterliche Vorbild hatte er ungefiltert übernommen. So prägte der in der männlichen Tradition aufgewachsene Vater den Sohn; dieser wird sein Wissen wieder an die nächste Generation weitergeben und so fort. In ihrem Männlichkeitspanzer bleiben sich Väter und Söhne bedrohlich fremd: Man könnte es die Tragik der männlichen Generationenschicksale nennen.

Das Streben nach wahrer Männlichkeit hat, wie die Beispiele zeigen, einen hohen Preis: einsamer Schmerz; Abschottung gegen alles Weiche in der eigenen Person; persönliche Distanz, um die Illusion der eigenen Stärke vor sich und vor anderen aufrechterhalten zu können. Daraus resultiert fast zwangsläufig sowohl die Unkenntnis der eigenen Person als auch ein mangelndes Einfühlungsvermögen in andere, kurz, eine bedrohliche Fremdheit, die die wechselseitige Distanz wiederum erhöht. Ein Teufelskreis!

Der Vater, das unbekannte Wesen, so wurde in der Einführung festgestellt. Dies kann nunmehr ergänzt werden: Der Vater, das sich selbst und andere nicht erkennende bzw. erkennen dürfende Wesen. Wie sagte der gerade zitierte Vater so treffend? »Wir kennen uns auch heute noch nicht.«

2. Perspektive des Sohnes: Das Leben des Vaters

Fragt man Söhne nach ihren Vätern[4], so ist die regelmäßige Antwort: »Mein Vater war eigentlich ein guter Vater. Aber, wenn ich darüber nachdenke, weiß ich fast nichts über ihn. Ich habe auch kaum Erinnerungen an ihn.« Im Laufe der Therapie tauchen dann allmählich andere Gedächtnisspuren auf: »In seiner Gegenwart habe ich mich immer sehr klein gefühlt.« »Er hat immer erwartet, daß ich der Beste bin. Und tief drinnen wußte ich, ich bin nicht der Beste.» «Einen Fehler hat mir mein Vater nie verziehen.« »Ich hätte mir so gewünscht, auch einmal schwach sein zu dürfen.« Das erste Bild des »eigentlich« guten Vaters wird – mit aufwallendem schlechten Gewissen – häufig durch das Bild des Leistung fordernden, unnachsichtigen, nicht verzeihenden, keine Milde walten lassenden Vaters ersetzt.

Allgemein gilt, daß der Sohn seinen Vater kaum kennt. Er weiß selten – und das nur bruchstückhaft –, wie dessen Kindheit, Jugend, Erwachsenenzeit ausgesehen hat, welche Träume und Hoffnungen er hegte, welche Enttäuschungen, Niederlagen, Verletzungen er erdulden, erleiden mußte. Der Vater hält sich als Person bedeckt. Er ähnelt mehr einer Statue als einem lebendigen Mann. Er ringt um »eine würdevolle und heldische Rolle... zum Erhabenen in Wort und Haltung«, wie es das Motto dieses Kapitels andeutet.

Die Mutter eines Patienten hat diese immer wieder anzutreffende Selbstdarstellung eindringlich veranschaulicht: In den ersten fünf Ehejahren habe sie sich nicht getraut, ihren Mann mit dem Vornamen anzureden. Erst als sie ihn im Traum als goldene Statue auf einem Sockel von lauter Spinnweben eingehüllt sah, konnte sie ihn als einen »normalen«, auch fehlbaren Menschen empfinden. Zum erstenmal gelang es ihr daraufhin, ihn mit seinem Vornamen anzusprechen. Wenn dieser Mann schon auf seine Ehefrau so »erhaben« gewirkt hat, wie muß ihn dann erst sein kleines Söhnchen erlebt haben?

Die *Vaterstatue* zu beleben, ist – meiner Erfahrung nach – eines der wesentlichen Therapieziele bei schizophrenen Söhnen. Der Vater muß als Mann sichtbar, begreifbar werden. Erst wenn der Sohn seinen Vater als gewordenen Menschen wahrnimmt, kann er auch sich selbst als lebendige Person verstehen lernen. Das bedarf natürlich eines längeren Entwicklungsprozesses: Wie bei einem Puzzle ist zu Anfang der Therapie nur ein grobes Muster mit zahlreichen Interpretationsmöglichkeiten erkennbar. Mit jedem therapeutischen Fortschritt wird das entstehende Bild allerdings deutlicher. Nuancen, Schattierungen sind aber erst kurz vor Vollendung des Puzzles zu sehen.

Bei den nun folgenden Berichten von Söhnen über die Schicksale ihrer Väter wird daher der Entwicklungsprozeß innerhalb der Therapie mitthematisiert; denn Söhne machen sich im Lauf der Therapie zunehmend Gedanken über ihren Vater: Wie war er wirklich? Wie ist er heute? Was hat ihn geprägt? Was war bzw. ist für ihn tatsächlich wichtig?

Zu Beginn der Therapie, bei der Erhebung der Familiengeschichte, sind über den Vater – im Gegensatz zur Mutter – meist nur spärliche Details zu erfahren. Dazwischen finden sich, Irrlichtern vergleichbar, kleine Anekdoten, die eher von den gelebten Erfahrungen des Vaters ablenken als sie erkennbarer machen. Die ersten Berichte über Väter sind häufig so dürr, daß sie geradezu austauschbar wirken: Zahlreiche Männer einer Generation könnten auf diese Beschreibungen passen. Die nun folgende Darstellung eines väterlichen Lebens macht davon keine Ausnahme:

»Von der Kindheit meines Vaters weiß ich sehr wenig. Ich weiß, daß sein Vater die Woche über nicht zu Hause war, sondern in der nächstgrößeren Stadt die Woche über gearbeitet hat und mein Vater eben allein mit seinen Geschwistern und der Mutter aufgewachsen ist. Sein Vater kam nur an den Wochenenden nach Hause und soll dann sehr oft betrunken gewesen sein und die Kinder wohl auch geschlagen haben, meinen Vater auch. Und dann weiß ich, daß mein Vater von seiner Mutter her sehr streng erzogen wurde, so viel arbeiten mußte, mithelfen mußte. Die hatten so eine Nebenerwerbslandwirtschaft noch. Sonst weiß ich kaum mehr was über seine Kindheit.

Bei Kriegsanfang kam er zum Militär, da muß er wohl 19 oder 20 gewesen sein. In dieser Zeit hat er wahrscheinlich auch meine Mutter kennengelernt. Aber dann kam er zunächst nach Rußland. Dort wurde er verwundet und bekam Genesungsurlaub.

In dieser Zeit haben meine Eltern geheiratet und meine Mutter wurde auch gleich schwanger.

Gleich anschließend kam er nach Jugoslawien zur Partisanenbekämpfung. Von dort mußten sie dann auf irgendwelchen Wegen, ich weiß nicht genau wie, nach Italien. Das war praktisch schon beim Rückzug, am Kriegsende.

So von Rußland hat er erzählt, daß er dort seinen besten Freund durch einen Panzer verloren hat, beim Minensuchen. Der muß ganz in seiner Nähe zerquetscht worden sein. Das hat er mir allerdings nur ein einziges Mal erzählt, mitten in der Nacht. Und von der Partisanenseite hat er mal erzählt, daß sie eingekesselt waren, mehrere Tage. Wie er wieder aus dem Kessel rauskam, hat er mir nie erzählt.

In Italien geriet er dann in amerikanische Kriegsgefangenschaft. Und diese Zeit muß für ihn sehr hart gewesen sein. Er hat halt immer gemeint, daß die Amerikaner um keinen Deut besser gewesen wären als die Russen, die ja als besonders schlimm galten. Er erzählte, daß amerikanische Soldaten vor ihren Augen gegessen haben, ohne ihnen auch nur Kartoffelschalen abzugeben, und daß er auch öfter von ihnen verprügelt worden ist, bei gewissen Gelegenheiten« (VB).

Einzelne Stationen im Leben seines Vaters, das ist alles, was dem

Sohn einfällt: die schwere Kindheit, der Beginn der Ehe seiner Eltern, die Kriegszeit, die Gefangenschaft. Punktuelle Informationen wie der Verlust des Freundes oder die Einkesselung durch Partisanen haben einen so großen Eindruck hinterlassen, daß sie unvergeßlich blieben; denn schon früh hat der Sohn gespürt, daß hinter diesem einmaligen Vertrauensbeweis großes Leid steckt. Weiteres Fragen war für den Vater wahrscheinlich so schmerzlich, daß es der Sohn unterließ. Dies galt auch für andere »delikate« Fragen.

Erkundigungen nach den Jahren 1933 bis 1945 bekommen schnell einen peinlichen Beigeschmack. Dies wurde mir schon früh bei einem Familiengespräch in der Klinik[5] erschreckend klar: Der Vater eines Patienten konnte die Erkrankung seines Sohnes »überhaupt nicht verstehen«, eines so klugen und folgsamen Sohnes, der so beschützt aufgewachsen war. In seiner Krankheit habe er ihn sogar beschimpft. Auf meine Frage, was er denn gesagt habe, antwortete der Vater: »Du dreckiger Nazi, du!« Beide Eltern sahen äußerst respektgebietend und ehrwürdig aus. Bevor ich den Wortlaut der »Beschimpfung« gehört hatte, war mir kurz der Gedanke durch den Kopf gegangen, ob sie wohl zu den Opfern der Nazizeit gehört haben mochten. Es war aber, wie sich im weiteren Verlauf des Gesprächs herausstellte, umgekehrt: Der Vater hatte in der Hitlerzeit eine führende Position inne. Er befürchtete noch immer eine späte Aufdeckung seiner verschiedenen Tätigkeiten. Jeder unerwartete Besuch, jeder nicht einkalkulierte Telephonanruf bedeutete intuitiv Gefahr für ihn. Diese permanente Angst konnte er sich selbst gegenüber jedoch nicht eingestehen. Statt dessen wähnte er fortwährende Gefahren für seinen Sohn: So »sah« er Männer, die den Sohn angeblich beobachteten. Anonyme Anrufe galten selbstverständlich seinem Sohn. Überall lauerte Unheil. Mit 21 Jahren erkrankte der Sohn auf vollkommen »unerklärliche Weise« an einer schizophrenen Psychose.

Die Schweizerin Alice Miller äußert sich überrascht über dieses immer noch verbreitete deutsche Schweigetabu. So hätten ihr jüngere deutsche Kollegen erzählt, daß sie bei den eigenen Vätern auf tiefste Abwehr gestoßen seien, wenn sie das Thema »Nationalsozialismus« berührten. Ihnen wurde bedeutet, daß man solche Fragen nicht stelle. Sie seien mit Bemerkungen abgespeist worden wie »›Du kannst es doch nicht begreifen. Und weißt du überhaupt, was Hitler für uns getan hat? Und kannst du dir überhaupt ein Urteil anmaßen? Es ist eine Anmaßung, über Dinge zu sprechen, die du nie gesehen und nie gekannt hast. Das kannst du nicht verstehen.‹«[6]

Wie das soeben angeführte Beispiel zeigt, ist es nicht leicht, das Schweigetabu zu durchbrechen. Man rührt an gefährliche Zonen der väterlichen Schuld- und Schamgefühle, an Traumata aus der Vergangenheit. Verschwiegene Traumata sind jedoch wie Wunden, die nicht heilen. Ihre Berührung, und sei es nur aus Unachtsamkeit, verursacht intensive Schmerzen. Berührungsängste sind die Folge. Sie führen nicht nur zur Vermeidung von bestimmten Schmerzen, sondern zur Abschirmung der ganzen Person.

Diese Wunden können auch schwer heilen, da die Gewalteinwirkungen, die sie verursacht haben, für einen Menschen, der gelernt hat, alles mit sich allein auszumachen, unverkraftbar sind: Das Töten, Mißhandeln oder Verraten von Menschen – und davon handelt ja dieses Schweigetabu häufig – ist meist zu grauenvoll, um sich diesen Fakten ohne äußeren Zwang zu stellen. So systematisierte zum Beispiel ein früherer Soldat die Tragik des Tötens: Töten, um zu überleben; töten, weil es befohlen wurde; töten aus Routine; töten unter Gruppendruck. All das ist schwer ansprechbar, vor allem, da sich selbst ein unfreiwilliger Soldat nicht frei von jeder subjektiven Schuld fühlen kann.

Bei der Behandlung schizophrener Patienten wird erschreckend klar, welche krankmachende Wirkung diese problembeladene Vergangenheit hat; denn diese Zeit wurde den Kindern – trotz allen Schweigens – durch viele kleine Gesten und Reaktionen vermittelt. Sie wurde zu einem für sie unzugänglichen Bodensatz der Angst. Auf dieses Problem verweisend, stellt Alice Miller fest:

»Viele psychosomatische und neurotische Erkrankungen, deren Behandlung ich in der letzten Zeit kontrolliert habe, bekamen eine unerwartete Wendung, als wir das Schicksal der Eltern im letzten Weltkrieg in die Überlegungen und Deutungen einbezogen.«[7] Dies ist auch meine Erfahrung.

Das Nachdenken über den Vater und seine Vergangenheit macht aus der Vaterstatue einen wirklichen Menschen. Allerdings kann man dabei selten mit der aktiven Unterstützung der Väter rechnen. Es genügt jedoch, wenn der Vater diesen Prozeß des Explorierens nicht behindert.

Durch das wachsende Interesse für die Vergangenheit und die Person des Vaters fängt der Patient an, auch seine Ängste begreifen zu lernen. Zunehmend gelingt es ihm auch, eigene Ängste von »übernommenen Ängsten« zu unterscheiden; denn wie sich zeigt, haben viele Ängste mehr mit dem Leben des Vaters als mit den selbst gelebten Erfahrungen zu tun. Das Beispiel des »Nazivaters«, der eine späte Aufdeckung befürchtet und dessen Sohn sich in seiner Krankheit von anonymen Personen verfolgt fühlt, verweist genau auf diesen Zusammenhang. Wir wissen ja, daß Kinder die nicht artikulierten Ängste ihrer Eltern wie ein Schwamm aufsaugen. Diese Ängste werden Teil eines tiefdunklen Sees von Angst: Das Schweigen der Väter, der Eltern wird mit der Krankheit der Kinder bezahlt. Bleibt der Vater für den Sohn das unbekannte Wesen, so bleibt der Sohn auch sich selbst fremd.

Mit zunehmenden Erkenntnissen über das Leben des Vaters begegnet der Sohn auch all den Widersprüchen, die er bis jetzt nicht wahrnehmen wollte. Zu lange hat er am Bild des perfekten Vaters festgehalten, der Vater, der alles zum besten der Familie regelt. Nur die Tatsache, daß trotz der Perfektion des Vaters in der Familie letzten Endes alles schiefgelaufen ist, hat ihn immer wieder erstaunt. Aber auch das wurde ihm erst durch die eigene Erkrankung klar:

»Erste Erinnerungen, die ich an meinen Vater habe, daß er unheimlich viel gearbeitet hat. In den ersten Jahren meines Lebens hat er mich wohl als seinen Stammhalter betrachtet und hat mich schulisch gefördert, hat mir Bücher zu lesen gegeben.

Vater war mir in meiner Kindheit eine Art von Vorbild, jemand, der seinen geraden Weg im Leben geht, der sich um die Familie kümmert, der sich für die Familie aufopfert. Seinen eigenen Vater hat er äußerst negativ beschrieben. So in Halbsätzen ließ er durchblicken, daß der ein absoluter Versager war, der nicht geschafft hat, seine Familie zu ernähren, für seine Familie zu sorgen.

Mein Vater hat es sich als Verdienst angerechnet, man kann ihm vorhalten, was man will, daß er alles getan hat für seine Kinder. Er kann es ja auch mit Bankkonto, Liste und Buch nachweisen, daß er die Häuser gekauft hat, Aussteuer besorgt, Arbeitsplatz besorgt usw. Während sein Vater das Gegenbild war, jemand, der absolut versagt hat. Denn sonst hätte er nicht in solchen Verhältnissen aufwachsen müssen.

Das ist etwas, was er sich vorrechnet. Und das ist halt das Komplexe für ihn. Obwohl er alles geschafft hat, passiert das mit seinem Sohn. Das versteht er halt nicht, weil er halt nach seinem Muster alles besser gemacht hat als sein Vater, der alles falsch gemacht hat. Der hat offensichtlich gesoffen, das Geld durchgebracht, hat die Frau mit den Kindern allein gelassen.

Mein Vater war das Gegenteil. Der hat seine Frau nie im Stich gelassen, selbst wenn er absolut unzufrieden war. Aber er hat nie mir gegenüber geäußert, daß er eigentlich froh gewesen wäre, wenn er sich irgendwann mal hätte trennen können von der Mutter. Eigentlich schon vor vielen Jahren, aber das ging ja nicht wegen der Kinder. Er hat es immer mit den Kindern begründet.

Er hat sich positiv angerechnet, daß er nie getrunken hat. Er hat alles für die Familie gemacht, gearbeitet und alle gut versorgt. Und trotzdem läuft alles schief, obwohl er eigentlich doch genau das gemacht hat, was seinem Vater gefehlt hat« (VB)

Da verachtet der Vater des Patienten den eigenen Vater, der Söhne in die Welt gesetzt hatte, ohne im geringsten die Verantwortung für sie zu tragen. Aus dieser Wut, dem Haß, der Verachtung dem eigenen Vater gegenüber entsteht – so überlegt sich der Sohn – ganz sicherlich der heimliche Schwur, später alles ganz anders, alles besser zu machen. Er wird einmal seine Pflicht als Ehemann und Vater peinlich genau erfüllen. Ihm wird man nichts nachsagen können. Er wird als Herr und Meister für seine Familie da sein, sie als Kapitän durch alle Stürme des Lebens schiffen. Daß das Schiff dann – wider alles Erwarten – unterzugehen droht, ist für ihn unverständlich. Der stets perfekte Vater wird – mit Hilfe der Psychotherapie – als beschädigter Sohn und verzweifelter Vater begriffen. Sein unbestreitbarer materieller Erfolg wiegt den gescheiterten Lebensentwurf nicht mehr auf. Von der Reflexion über die Lebenstragödie des Vaters bis zu den krankmachenden Auswirkungen auf die eigene Person ist allerdings noch ein weiter Weg. So viel scheint dem Sohn jedoch schon klargeworden zu sein: Der Vater hat weder hinter der Mutter noch hinter ihm voll gestanden. Perfektion, Pflichterfüllung waren seine Devise. Liebe konnte er nicht geben.

Warum muß der Vater so perfekt sein? Warum muß er immer recht behalten? Und warum bin ich daher immer im Unrecht? Diese Fragen fangen an, den nächsten Erzähler zu beschäftigen. Auch er hat seinen Vater bis jetzt nie mit »normalen« Menschen gleichgesetzt. Der

Vater war selbstverständlich etwas Höheres. In dieser Phase der Therapie traut er sich noch nicht, offensichtliche Inkongruenzen beim Vater festzustellen, z. B. daß er trotz seines extrem pazifistischen Engagements bis zur Pensionierung in der Rüstungsindustrie gearbeitet hat. Wie war das möglich?

»Mit 17 Jahren – nach Hitleraufzucht und Hitlerhege und -pflege – ist er in die Wehrmacht einberufen worden, als Flakhelfer.

Ich hab das früher nie so hinterfragt, was das für eine Jugend gewesen ist. Es ist mir erst im Laufe der Zeit bewußtgeworden, daß da viel passiert ist, was er nie angesprochen hat und auch nie ansprechen wird, und das auch viel in ihm verhärtet hat.

Warum ist mein Vater so emotionsfrei, so viel Logik, so viel Rationalität, aber keine Emotionen und Gefühle? Das ist wohl einer der Hauptgründe, die dazu beigetragen haben« (VB).

Im Dezember 1944 wird der damals 17jährige gefangengenommen und verbringt die restliche Kriegszeit in einem Gefangenenlager:

»Das war halt vom Winter auf das Frühjahr. Der Boden war gefroren. Als der Wärmeeinbruch kam, sind sie knöcheltief im Schlamm gesteckt. Keine Sitzgelegenheit und nichts, und das ging auch nachts so, teilweise.

Von Kriegshandlungen hab ich nie was gehört, weil er ja bei der Flugabwehr war, bei der Flak. Das sind ja die Leute, die praktisch dafür zuständig sind, die Flugzeuge runterzuholen. Von Feindberührung hat er nie was erzählt« (VB).

Vielleicht hat diese Jugend den Vater so emotionsfrei, so logisch, so rational, so hart gemacht? Vielleicht muß er deshalb immer alles besser wissen und besser können? Da fällt dem Sohn ein, daß der Vater seinem Besserkönnen auch manchmal nachgeholfen hat: So verschwand auf mysteriöse Weise ein Luftgewehr, nachdem er als 14jähriger beim Schießen bessere Resultate erzielt hatte als der Vater. Obwohl im Vater immer noch der 17jährige mit seinen ganzen Größenphantasien und seiner Todesangst steckt? Versetzt man sich in den damals 17jährigen Vater, der »Flugzeuge runterholt« und dann fünf Monate unter permanenter Lebensgefahr im Lager verbringt, so erscheint es nur zu begreiflich, daß sich diese Erfahrungen nachhaltig auf sein späteres Leben ausgewirkt haben.

Das Verbergen der eigenen Schwächen sowie die persönliche Distanz bedingen sich wechselseitig, wie ich aufgezeigt habe. Die Fassade der männlichen Stärke wird durch Besserkönnen, Besserwissen, Rechthaben aufrechterhalten. Diese Fassade darf vom heranwachsenden Sohn nicht zu genau unter die Lupe genommen werden. Der Respekt vor dem Vater gebietet Zurückhaltung. Bei der Rekonstruktion des väterlichen Lebens ist der Sohn auf seinen eigenen Spürsinn angewiesen. Nachfragen ist nicht erlaubt. So berichtet ein weiterer Patient:

»Wie mein Vater den Krieg verkraftet hat? Er hat in der Familie eigentlich sehr, sehr wenig über Kriegserlebnisse gesprochen. Zum einen waren's meistens, zumindest als ich schon in der Pubertät war, Streitgespräche, und er hat überhaupt ungern davon erzählt in der Familie. Wenn man was mitbekommen hat, dann war das mit alten Haudegen, die mal eingeladen worden sind, wo man sich gegenseitig seine Erlebnisse zum besten gab.

Er war in der Hitlerjugend gewesen: Als Tambourmajor ist er vorneweg geschritten, bei den Hitlerjugendveranstaltungen. Das weiß ich von Bildern. Man darf ja nicht vergessen, daß er zu Kriegsbeginn erst 19 Jahre alt war, eine Zeit, in der man erst kritisch zu denken anfängt.

Also, wenn man davon ausgeht, wie er das verarbeitet und verkraftet hat, dann muß man wohl sagen, daß er von seinem Lebenslauf her die ganze Sache ganz gut verkraftet hat.

Als Flieger die sechs Jahre überlebt zu haben, bedeutet letztendlich, daß er dem Tod mindestens 100- oder 150mal durch bloßen Zufall, durch großes Glück entkommen ist. Wenn man sich die Aufnahmen ansieht, wo die ganze Batterie vierteljährlich aufgenommen wird, es gibt so eine Photoserie in einem unserer Alben, dann fällt einem auf, daß er oft der einzige war, der im darauffolgenden Bild wiederauftaucht. Und die ganze andere Mannschaft ist ersetzt worden durch neue Flieger. Und warum eigentlich, weil die alle abgeschossen worden sind.

Ja es gibt zwei Möglichkeiten, entweder es härtet einen ab, daß man nicht mehr mit der normalen Reaktion auf die Dinge reagiert, oder es bleibt was zurück an Todesangst. Aber, daß er unter Schlaflosigkeit oder unter Angstträumen aus dieser Zeit leidet, daß ihm da was geblieben wäre, das habe ich nie gehört. Wenn's so gewesen sein sollte, dann hat er's verschwiegen« (VB).

Schon früh hat sich dieser Sohn für das Leben des Vaters interessiert. Seine Informationsquellen waren Photoalben und aufgeschnappte Historchen. Den Vater direkt zu fragen war zu gefährlich; er fühlte sich sofort angegriffen; Streit war die Folge. Wieder das Schweigetabu! Beides, die Vergangenheit und die Gegenwart, macht der Vater mit sich allein aus. Der Sohn sieht nur den äußeren Schein. In der Therapie fängt er an, sich zu fragen, wie sein Vater wirklich sein könnte: Ist er tatsächlich abgehärtet, oder versteckt er seine noch immer vorhandene Todesangst hinter einer perfekten Fassade? Die Tragik ist, daß die Kriegserfahrungen mit ihren Abstumpfungen und Todeserfahrungen häufig auf einen bereits vorgezeichneten Menschen treffen. Aber auch davon wissen die Söhne wenig.

Wie schon bei Beispielen im ersten Kapitel, so fällt auch hier wieder auf, daß dieser Sohn bemüht ist, den Vater zu schützen. So stellte er fest: »Man darf ja nicht vergessen, daß er zu Kriegsbeginn erst 19 Jahre alt war, eine Zeit, in der man erst kritisch zu denken anfängt.« Auch die Heldendarstellungen des Vaters werden vom Sohn bereitwillig geglaubt. Er möchte ja auf seinen Vater stolz sein. Hinter die Kulissen zu schauen ist für den Sohn ein riskantes Unternehmen; denn Schwächen oder gar Unvermögen beim Vater festzustellen bedeutet, den vermeintlich sicheren Felsen in der Brandung des Lebens zu verlieren. Erst gegen Ende der Therapie darf Kritik gewagt werden:

»Der Großvater ist im Ersten Weltkrieg gefallen, 1914 oder 1915. Er war Unternehmer. Sie hatten also eine Fabrik, einen Teich, das war alles ganz beschaulich, relativ klein, aber groß genug, daß man davon leben konnte. Also es war eine angesehene Familie. Vater hatte eine beschauliche Jugend. Er hat leicht seinen Kopf durchsetzen können gegenüber der Mutter, als Nachzügler mit einer zehn Jahre älteren Schwester. Er ging nach Berlin zum Studieren an die Technische Universität, was unvorstellbar war für die damaligen Verhältnisse. Er hat Maschinenbau studiert und sollte mal die Fabrik übernehmen. Aber er wollte nicht. Er hat das Studium mit eins abgeschlossen, hat er wenigstens gesagt. Vier bis fünf Jahre hat's gedauert, und dann sind wir schon nahe am Krieg.

1939 hat er in Z. eine Stelle gekriegt. Das war der Job seines Lebens. Er ist bei N. untergekommen als Ingenieur und hat dort Turbinen gebaut, als Torpedoantrieb, Kriegsschiffantrieb. Er war u.k. gestellt, die ganze Zeit. Militär war für ihn kein Thema, er war unabkömmlich.

Das war der Clou seines beruflichen Lebens. Er hat die ganze Zeit arbeiten können und ist später Direktor von N. geworden.

Nach dem Krieg mußte ein Kollege ins Gefängnis. Mein Vater war aber zu jung.

Ich habe immer den Eindruck, wenn mein Vater was erzählt, dann ist das immer schwarz-weiß. Er erzählt nie so, wie er es halt erlebt hat.

Schon in Z. ist er immer geklettert, in den Alpen. Später hat der ganze Wahnsinn mit dem Gebirge noch andere Formen angenommen. Daß er immer ins Gebirge gerannt ist, hat meiner Meinung nach den Hintergrund, daß er von Leuten zu hören bekam, ›wir haben Stalingrad erlebt‹, und er konnte nichts dazu sagen. Er war halt auf Rosen gebettet und konnte deshalb seinen Männlichkeitswahn nicht ausleben.

Mein Vater ist ein Macho. Er schaut sich diese Filme an, diese Machofilme, den Kojak usw. Dieses Gebirge, das fand ich streckenweise schon ganz schön krankhaft. Da mußte er Höchstleistungen bringen« (VB).

Erst seine zunehmende eigene Sicherheit erlaubt dem Sohn, so unbequeme Gedanken zuzulassen wie: Wie verdaut ein gesunder, sportlicher junger Mann die Tatsache, daß er während des Krieges »auf Rosen gebettet« war, daß er vom Kriegshandwerk profitiert hat, daß er diesen Erfahrungen seinen späteren beruflichen Aufstieg verdankt? Kann er es wagen, die Realität zu sehen, wie sie wirklich war und ist? Liegt es da nicht nahe, eine Traumwelt aufzubauen: der Held im Gebirge? Muß er nicht darauf achten, daß er dieser Held bleibt, daß er nicht etwa von seinem Sohn übertroffen wird?[8] Die letzte Frage berührt den »Kern« dieses Buches: die Angst des Vaters, vom Sohn »entthront« zu werden. Die verschiedenen Aspekte dieses Problems werden uns noch im einzelnen beschäftigen.

Generell kann festgestellt werden, daß sich das Schweigen der Väter über die eigenen Schwächen, die erlittenen Schicksalsschläge wie ein roter Faden nicht nur durch alle Erzählungen der Söhne, sondern auch durch alle diese Thematik berührenden Gespräche zieht. Dieses Schweigetabu wird – Auseinandersetzungen während der Pubertät ausgenommen – respektiert. So bleibt der Abstand zum Vater gewahrt. Verschlossenheit und Unnahbarkeit, mit seltenen Einblicken in das Innenleben, geben dem Vater den Nimbus eines unbekannten, aber ehrfurchtsgebietenden Wesens: die Vaterstatue.

Auf den ersten Blick hat diese Position für den Vater beträchtliche Vorteile: Sein Vatertum, die Souveränität seiner Männlichkeit werden nicht hinterfragt. Er muß sich nicht rechtfertigen; sein Wille geschieht. Wie sieht es jedoch auf den zweiten Blick um den Vater aus?

3. Perspektive der Väter: Selbstdarstellung

Erzählen Väter über ihr Leben, so beginnen sie meist mit dem Zweiten Weltkrieg; und könnten Familiengespräche zeitlich unbegrenzt fortgeführt werden, dann würden die Kriegsgeschichten kein Ende nehmen. Der Erzähldruck ist enorm; es braucht lediglich einen neugierigen und geduldigen Zuhörer. Das ist zumindest erstaunlich, denn denkt man heutzutage an einen 19-/20jährigen, der an einer Front, z. B. im ehemaligen Jugoslawien, kämpfen muß, so wäre man entweder auf das Schlimmste gefaßt oder auf ein totales Mauern. Das Schlimmste kommt auch, aber anders als erwartet: nicht das Entsetzen vor dem Tod, sondern die Selbststilisierung. Die Normen der »wahren« Männlichkeit werden in Reinkultur demonstriert: männliche Distanz, männliche Stärke, männliches Heldentum. Diese Männlichkeitsideale spiegeln sich in den Berichten der Väter über die oft prägendste Zeit in ihrem Leben wider.

Ein besonders beeindruckendes Beispiel für die Fähigkeit zur Distanzierung war die Erzählung eines Vaters, der die Jahre 1939 bis 1945 als Infanterist in verschiedenen Kampfgebieten eingesetzt war:

»Ich habe versucht, die ganze schwere Zeit mit den Augen eines Reisenden zu sehen. Das hatte einen großen Vorteil, und zwar, ich konnte die Dinge verkraften und verarbeiten. Ich hab mich nie treiben lassen. Ich hab versucht, das Ganze mit den Augen des Touristen zu sehen.

Ich war einige Male in Lebensgefahr, dann sieht man's nicht mehr mit den Augen des Reisenden, sowohl in körperlicher Lebensgefahr, ich möchte sogar sagen, auch in seelischer Gefahr, und zwar, wenn man von Grausamkeiten hörte, beispielsweise Judenverfolgungen. Das belastete mich natürlich unheimlich.

Dieses mit den Augen des Reisenden Sehen hatte natürlich auch einen großen Nachteil. Und zwar hab ich nur ein bestimmtes Aufnahmevermögen, das ist ganz klar, so konnte ich nicht mehr schnell löschen und hatte keine Zeit, Prioritäten zu setzen. Es ist dann automatisch folgendes passiert: Ich habe meine Vorgeschichte, mein Elternhaus, insbesondere meinen Vater im wahrsten Sinne des Wortes vergessen. Ich weiß heute nicht mehr, wie mein Vater gesprochen hat, wie er gelacht hat, wie seine Mimik war, sein Temperament in etwa. Er war schwer krank, die letzten Jahre. Aber das war also der große Preis, den ich dafür bezahlt habe« (VB).

Hier werden die Auswirkungen der »wahren« Männlichkeit benannt: Um eigene Ängste, Schmerzen und Schwächen vor sich und anderen zu verbergen, wird eine innere Distanz angestrebt. Dies kann, wie bei diesem Vater, so weit führen, daß er jedes Gefühl für sich selbst und seine Umwelt verliert. Sogar von den einprägsamsten Personen, den Eltern, entfernt man sich innerlich so weit, daß die Erinnerung verblaßt. Dieser Mann, ohne Vergangenheit, heiratet nach dem Krieg und bekommt Kinder. Bei so viel Distanz wird es ihm schwergefallen sein, auf ein neugeborenes, sich allmählich entwickelndes, sich stets veränderndes Kind, auf seinen Sohn, einfühlend einzugehen.

Die Distanzierung dient, wie wir gesehen haben, dem Verbergen von schwer verkraftbaren Erlebnissen. Das verfolgte Ziel ist männliche Stärke, *überlegene Stärke*. Schwächende Gefühle sind ein Hindernis. Der Inbegriff der Stärke, der Held, verkörpert wahre Männlichkeit. Ein Held ist bereit, für eine gute Sache zu sterben:

»Und dann mußte man die Hafenanlagen bombardieren. Es waren schon sehr gefährliche Einsätze. Aber man kann sich an alles gewöhnen. Mit der Zeit gewöhnt man sich an den Tod, daß der jeden Tag hereinbrechen kann. Am Anfang hat man schon gedacht, ob man das durchhält. Aber man hat es durchgehalten und mit der Zeit, wie gesagt, gewöhnt man sich auch daran.

Ich war nach einem halben Jahr, nach einem halben Jahr war ich der älteste Mann in der Staffel, das glauben Sie nicht. Die anderen waren alle ersetzt oder neu. Ich habe dreimal sogar meine Besatzung verloren. Die Erfahrung spielt eine große Rolle. Die meisten sind bei den ersten 20 Einsätzen abgeschossen worden. Das Schlimme war ja das in der Nordsee. Es ist gelegentlich vorgekommen, daß einer rausgekommen ist, aber in der Nordsee, vor allen Dingen, die ist so wahnsinnig kalt, selbst in den Sommermonaten, wo es einigermaßen geht, aber selbst da. Wenn man rechnet, wenn ich ja rauskomme, ist man so unterkühlt, dann ist es aus. Und dann ist es praktisch fast nicht mehr möglich, daß man gesucht wird. Abschuß war gleichzusetzen mit Tod.

Ich war bis zum Schluß der Ansicht, na Gott sei Dank, da habe ich mir gedacht: Uns können sie nichts nachweisen, daß wir irgendwie unfair gekämpft haben oder grausam waren. So wie das heute hingestellt wird, so hat man das damals nicht sehen können. Ich habe unsere Sache schon für gut gehalten. Und das war halt so, für eine gute Sache, so sind wir erzogen worden, muß man bereit sein zu sterben. Es war für manche, manche Kameraden, was da für feine Kerle dabei waren, die hatten auch ihre Freundinnen oder was weiß ich. Ein Schuß, und weg waren sie.

Natürlich setzt das einem zu. Aber Sie müssen sich, ich kann Ihnen eines versichern, der Mensch ist ein Gewohnheitstier.

Bei uns, das waren so, wie soll ich sagen, so soldatische Kavaliere. Aber bei der Infanterie, bei der SS oder sonstwo, wenn die natürlich verroht sind, mit der Zeit. Man muß das verstehen, nach fünf Jahren Krieg. Der Krieg ist was Furchtbares« (VB).

Obwohl der Krieg als etwas Furchtbares bezeichnet wird, klingt dieses Zitat, das Teil einer ausführlichen Schilderung ist, wie eine Heldengeschichte. Dieser Heldenmythos blendet natürlich große Teile der Realität aus, z. B. all die Menschen, die Opfer der abgeworfenen Bomben wurden. Die Wirklichkeit kehrt für den jungen Helden erst durch direkte Betroffenheit zurück. Als er nach Kriegsende sein Elternhaus abgebrannt vorfand, war seine Reaktion:

»Und das Haus ganz verbrannt. Ich hab ja im Krieg viel zerstörte Sachen gesehen, aber das waren nicht meine Sachen. Aber wie ich das gesehen hab, furchtbar, furchtbar« (VB).

Der Held ignoriert die Realität demnach so lange, bis sie ihn einholt. Das gilt auch für die Erkrankung des eigenen Sohnes.

In vielen Selbstdarstellungen von Vätern bricht daher auch nicht das Entsetzen des Krieges das Rückgrat des Helden, sondern die Gefangenschaft. Dort lernt er die Schattenseite des Männlichkeitsideals kennen. Die eigenen *Insuffizienzgefühle* sind nicht mehr zu verdrängen, denn die Gefangenschaft ist das genaue Gegenteil der mythischen Männlichkeitsnorm von Erfolg, Macht, Beherrschung und Stärke:

»Weil Sie fragten, Veränderungen. Eine sehr wesentliche Veränderung: Man hat mir in dieser schweren Zeit, Krieg und Gefangenschaft, praktisch das Rückgrat gebrochen, symbolisch. Das Rückgrat gebrochen. Einfach durch die zum Teil sehr negativen Erlebnisse.

Ich meine, da gibt es Situationen, in dem Moment, wo ich in Neapel an Bord eines amerikanischen Truppentransporters gehe und weiß, mit jedem Meter, mit dem sich das Schiff vom Land entfernt, komm ich von hier weg, von zu Hause weg, und ich weiß, daß 6000 Kilometer dazwischenliegen und daß ich nicht wegen vier Wochen darüber geschifft werde. Kurz und gut, da meint man schon, es geht einer her und reißt hier was raus.

Ich muß vorausschicken, wenn ich sage, ich habe mich sehr wesentlich verändert, dann in einem Punkt: Ich war ein sehr, von Haus aus, ein sehr farbiger Mensch, symbolisch gesprochen, und zwar hinsichtlich Humor. Ich war lustig, ich hatte, gerade in der Studentenzeit, X Einfälle. Es war für mich, es gab nichts, was nicht irgendwie zu bewerkstelligen war. Ich war sehr optimistisch, hatte eine reiche, eine sehr reiche Phantasie, das kam natürlich dazu. Das hat das ganze Bild abgerundet.

Und dann durch diese, ich muß schon sagen, fürchterliche Gefangenschaft, mit der Enttäuschung von den Amerikanern, an die Engländer verschachert zu werden. Also nicht in San Francisco bei Einschiffen das Versprechen: ›Ihr kommt nach Hause, nach Deutschland‹, sondern erst wieder ein Jahr nach England usw. Und das hat natürlich dann schon, wie ich sage, das Rückgrat gebrochen.«

Meine Frage: »Das ist eigentlich eigenartig, daß Sie die Gefangenschaft als rückgratbrechend bezeichnen und nicht den Krieg von 39 bis 45?«

Vater: »Das hing damit zusammen, und zwar, Krieg hat bedeutet Selbsterhaltungstrieb. Selbsterhaltungstrieb, den gab es in dem Sinn, was also Lebensgefahr betraf. Und solche Geschichten gab es in der Gefangenschaft nicht mehr in dem Maß. Dieser Selbsterhaltungstrieb, der hat gegengesteuert« (VB).

Das männliche Ideal ist zusammengebrochen. Und mit ihm die ganze Person. Von da an ist er ein gebrochener Held.

Die Männer, die 1945 oder bis zu zehn Jahre später heimgekehrt sind, waren keine Helden mehr. Sie waren krank, ausgehungert, abgerissen, gedemütigt, verroht, lebendige Gespenster einer schrecklichen Vergangenheit. So wurden sie mit Entsetzen von ihren Angehörigen wahrgenommen, wenn sie plötzlich »draußen vor der Tür«[9] standen. Vom »Erhabenen in Wort und Haltung« war keine Spur. Die »Ideale der wahren Männlichkeit« wurden dennoch selten angezweifelt. Es ging jetzt darum, wie sich solche Männer wieder einen wenigstens rudimentären Selbstrespekt sowie den Respekt, ja die Bewunderung ihrer Familie erringen konnten. Die Antwort war: harte Arbeit! Beispiele dafür prägen unser Nachkriegsdeutschland:

»1945 bis 47 hab ich in der Woche sechs Tage, von abends sieben bis früh um sieben, gearbeitet. Ich konnte keinen Vormittag richtig schlafen. Anschließend hab ich dann einen Sonntag frei gehabt.

Anschließend habe ich eine andere Schicht gehabt. Ich war dann abends gewöhnlich um 8 Uhr daheim. Dann hab ich bis um 11 Uhr am Haus gearbeitet. Damals hab ich noch geraucht, was ich mir später abgewöhnt habe.

Und da, wissen Sie, zugegebenermaßen, da war verdammt wenig Zeit fürs Familienleben« (VB).

Bei einem anderen Vater hört sich das ähnlich an:

»Privat kam ich gar nicht viel zum Nachdenken. Ich habe gestrampelt wie die weiße Maus im Käfig oder wie der Hamster im Käfig. Ich kam gar nicht dazu, viel über etwas nachzudenken: Abendkurse, gearbeitet, ich war eben voll eingedeckt.

In der Arbeit hatte ich eine Eisbrecherfunktion: Ich war einsam, zumal man mich auf einen Posten gesetzt hat, in dem ich Bahnen brechen mußte« (VB).

Sofort nach Kriegsende entstand somit ein neuer Heldenmythos: der Held des deutschen Wiederaufbaus. Und damit beginnt die nächste Lebenstragödie des Vaters, die in der Krankheit des Sohnes kulminiert. Die Katastrophe, die diese als unverständlich empfundene Erkrankung für den Lebensentwurf des Vaters bedeutet, wurde bereits von einem Sohn einfühlsam beschrieben:

»Und das ist halt das Komplexe für ihn. Obwohl er alles geschafft hat, passiert das mit seinem Sohn. Das versteht er halt nicht... Er hat alles für die Familie gemacht, gearbeitet und alle gut versorgt. Und trotzdem läuft alles schief« (VB).

Vielleicht ist einer der Schlüssel zur Familientragödie die verkappte Sehnsucht nach männlichem Heldentum: Der Vater, der viel Leid erfahren hat, versucht nun, Perfektion auf andere Weise zu erreichen. Er will unangreifbar, unabhängig werden. Er »opfert« sich für seine

Familie. Der Vater tut, was **er** für richtig hält. Die anderen Familienmitglieder scheinen wenig zu zählen. Ist sein Leben trotzdem nicht von Erfolg gekrönt, so wird das fast als ein Angriff auf die eigene Person empfunden.

Vielleicht ist dieses Gefühl gar nicht so falsch, wenn man ein von Ciompi erwähntes Beispiel aus der Schweiz betrachtet[10], das sich nahtlos in das von mir vorgefundene Muster einfügt:

»Ein begabter, nun 30jähriger Mann, einziger Sohn eines reichen, autoritären Großbauern, ist von klein auf gegen seine Neigung zur Nachfolge des Vaters und zur Weiterführung der bäuerlichen Familientradition bestimmt. Sein Vater hintertreibt eine Sekundarschulbildung, die ihn auf ›Abwege‹ führen könnte; von da an (ab ca. elf Jahren) wird der Knabe eigenbrötlerisch und ›merkwürdig‹. – Ausbruch einer schweren, kataton-mutistischen Psychose mit 18 Jahren, am Tag, nachdem er den Eltern zuliebe das Examen für die landwirtschaftliche Schule bestanden hatte. Unmittelbare Chronifizierung, mehrjähriger Klinikaufenthalt, bis der Vater den Hof schließlich verkaufen und als reisender Vertreter arbeiten muß! Seither allmähliche Besserung; fast unheimlich sensible Krankheitseinsicht, versteht z.B. im Einzelgespräch sofort, daß er schließlich ›der Stärkere war‹ und den Vater in die Knie zwang.«

Wer dabei wen ›in die Knie zwang‹, soll hier dahingestellt bleiben. Diese Problematik wird später noch ausführlicher zutage treten. Soviel aber schon jetzt: Wenn der Vater die Krankheit des Sohnes als direkten Angriff auf sich und die durch ihn verkörperte Tradition empfunden hat, gibt man ihm wohl intuitiv recht. Allerdings scheint die Krankheit des Sohnes auch die für ihn einzig mögliche Reaktion auf die Vergewaltigung seiner ganzen Person gewesen zu sein. Welch ein Ausweg der Verzweiflung!

Hier handelt es sich um einen Schweizer; für Deutsche hat sich noch vieles zugespitzt, denn Nazierziehung, Krieg, Verwundung, Lazarett, Gefangenschaft, Zusammenbruch des »Tausendjährigen Reiches« machten aus vielen Möchtegern-Helden desillusionierte Helden.

Zwischenergebnis

Je nach Geburtsjahrgängen (1917 bis 1938) waren die Väter der hier analysierten Patienten mit den für ihre Generation typischen Problemen konfrontiert:

- Die meisten Väter haben als noch halbe Kinder oder als gerade erwachsene Männer in der Familiengründungsphase den Krieg und seine Folgen am eigenen Leib erfahren. Diese Väter waren physischen und psychischen Verheerungen ausgesetzt wie Tod, Hunger, Kälte, zerfetzte Körper, Todesangst, Lazarett, Kriegsgefangenschaft.
- Die Jüngsten unter ihnen, z. B. Jahrgang 1938, hatten – neben wesentlichen Beeinträchtigungen während der ersten Lebensjahre – regelmäßig das auszubaden, was der Krieg an physischen und psychischen Verkrüppelungen hinterlassen hat. Viele Kriegsheimkehrer waren als Versehrte für den Rest ihres Lebens gezeichnet: entstellende Verwundungen, fehlende Gliedmaßen, von den sonstigen bleibenden Schäden ganz zu schweigen.
- Manche Väter hatten zwar das »Glück«, unabkömmlich geschrieben zu sein und die Kriegsjahre in relativer Geborgenheit überdauert zu haben. Diese Männer hatten und haben oft für den Rest ihres Lebens mit Schuldgefühlen ihren weniger privilegierten Kameraden gegenüber zu kämpfen, die sie »im Stich gelassen« haben. Diese Schuldgefühle wurden u. a. mit exzessiver Arbeit und sportlichem Ehrgeiz kompensiert, eine Kompensation, die nicht selten zu Lasten der Familie und auch der Söhne ging.

Generell mußte vieles, was während der Kriegszeit antrainiert wurde, in Friedenszeiten sorgfältig unter Kontrolle gehalten werden. Die Geister der Vergangenheit durften nicht ungebeten an die Oberfläche kommen. Viele dieser Männer, die meisten mit »gebrochenem Rückgrat«, bemühten sich, große Teile ihrer eigenen Biographie zu vergessen. Mit einer Einstellung, die nur die Zukunft gelten ließ, leisteten sie den Wiederaufbau, gründeten Familien, zeugten und erzogen Kinder.

Von ihren Söhnen werden sie respektvoll als »hart, aber gerecht« charakterisiert, als Personen, die konsequent das »juristische Prinzip« verfolgen: Bei einem Vergehen des Sohnes erfolgt Anklage und dann Strafe. Daß sie mit dieser »Gerechtigkeit« selten den Söhnen »gerecht« werden, sondern vorwiegend sich selbst schützen, ist weder ihnen noch den Söhnen bewußt. Aber Selbstbeobachtung, Selbstkritik und Selbstironie gehören nicht zu den tradierten Männlichkeitsidealen.

Kapitel III Macht des Vaters
Idealisierung und Realität

»Für mich als Kind war aber alles, was Du mir zuriefst, geradezu Himmelsgebot, ich vergaß es nie, es blieb mir das wichtigste Mittel zur Beurteilung der Welt... Und daß Du außerdem ganz an das Geschäft gebunden warst, kaum einmal des Tages Dich mir zeigen konntest und deshalb einen um so tieferen Eindruck auf mich machtest, der sich kaum je zur Gewöhnung verflachte.«
Franz Kafka, Brief an den Vater[1]

Die Abwesenheit der Väter, ihre mangelnde Verfügbarkeit für ihre Kinder wird seit geraumer Zeit in allen Medien beklagt. In ihrem Buch *Sagt uns, wo die Väter sind* bringen die beiden Soziologinnen Cheryl Bernard und Edit Schlaffer dieses vieldiskutierte Manko auf einen Nenner, der wohl den Kern der öffentlich vorgetragenen Argumente trifft. Sie attackieren dabei allerdings nicht den herkömmlichen Patriarchen, sondern seine bereits weiterentwickelte Form, den »neuen Vater«:[2]

»Die neuen Väter? Bei der Geburt atmen sie noch mit, aber danach geht ihnen schnell die Luft aus. Danach machen sie sich das Vater-Sein, dem alten Sprichwort zum Trotz, mindestens genauso leicht wie das Vater-Werden. Danach sind Frauen und Kinder Allein-zu-Haus und erleben den Vater hauptsächlich in Form von Versprechungen. ›Wenn dieser Auftrag erledigt ist, bleib ich nicht mehr bis neun Uhr im Büro.‹ ›Nächstes Wochenende gehen wir Drachenfliegen.‹... Gebrochene Versprechen, leichtfertig fallengelassene Verantwortung. Patriarchen sehen in ihren Kindern gerne ein Stück Unsterblichkeit, aber der Vater lebt in vielen Kindern bloß fort als eine Sehnsucht, als ein Bedauern, als ein grauer Koloß...«

Diese klare, nachvollziehbare Position aus weiblicher Sicht hat ihr männliches Pendant: Der Franzose Guy Corneau steht stellvertretend[3] für das Bedauern vieler Söhne über die Unerreichbarkeit ihrer Väter. In seinem Buch *Abwesende Väter – Verlorene Söhne* versucht er, die väterliche Absenz zu definieren:

»Der Begriff *abwesende Väter* im Titel dieses Buches ist in seiner weitgefaßten Bedeutung zu verstehen. Es ist sowohl von der psychologischen als auch von der körperlichen Abwesenheit der Väter die Rede, und es ist eine Abwesenheit im spirituellen und im emotionalen Sinne gemeint. Er ist hier auf Väter bezogen, die, obwohl körperlich präsent, ein inakzeptables Verhalten an den Tag legen: Autoritäre Väter zum Beispiel unterdrücken ihre Söhne, sind eifersüchtig auf ihre Begabungen und ersticken deren Versuche, schöpferisch tätig zu werden oder sich selbst zu bestätigen.«

Corneau drückt leider gleichzeitig alles und nichts aus, denn er schließt in seinen Begriff sowohl die physische als auch psychische Ab- und Präsenz ein, ohne dabei eine genauere Differenzierung einzuführen. Ob ein Vater aber im Gefühlsleben eines Kindes an- bzw. abwesend ist, und darauf kommt es in erster Linie an, hängt von ganz anderen Faktoren ab als von seiner regelmäßigen und »akzeptablen« körperlichen Präsenz. So kann – im Extremfall – ein Vater für ein Kind, einen Heranwachsenden eine zentrale Stellung einnehmen, obwohl er ihn nie kennengelernt hat. Man denke nur an die verklärende Photographie des im Krieg gefallenen Vaters, der von so vielen Küchenschränken und Wohnzimmerkonsolen seinen stummen Blick über die Familie schweifen ließ.

Die *Wirkung* eines Vaters auf seinen Sohn wird wohl nirgends eindrucksvoller geschildert als in Franz Kafkas berühmtem »Brief an seinen Vater«, den er in seinem 36. Lebensjahr mit dem erklärten Ziel geschrieben hat, mit seinem Vater und damit mit sich selbst ins reine zu kommen. Ein Versuch, der mißlungen ist. Der Brief hat seinen Vater nie erreicht.[4] In dem als Motto dieses Kapitels gewählten Zitat benennt er die grundlegenden Elemente des väterlichen Einflusses auf seine eigene Person: Dadurch, daß der Vater sich »kaum einmal des Tages« ihm zeigte, wurde jede seiner Äußerungen zum »Himmelsgebot«, zum für ihn wichtigsten Mittel zur »Beurteilung der Welt«.

Dieses Himmelsgebot wurde zudem nicht durch »Gewöhnung verflacht«. Das seltene, gottähnliche Auftreten des Vaters, dessen knappe Befehle für ihn als Kind unbegreiflich und rätselhaft blieben, bestimmte sein ganzes Leben. Trotz oder besser wegen seiner fast vollständigen Abwesenheit – die Erziehung beschränkte sich auf Anweisungen bei Tisch – war für Franz Kafka der Vater *omnipräsent*.

1. Die Omnipräsenz des Vaters

Vieles, was wir bei Kafka lesen, und das betrifft nicht nur den »Brief an den Vater«, sondern den größten Teil seines Werkes, ähnelt im Lebensgefühl dem, was immer wieder von den hier analysierten Söhnen beschrieben wird. Auch Kafka kämpfte gegen den eigenen »Wahnsinn« [5]. Noch vier Jahre vor seinem Tod versuchte er, sich mit Hilfe dieses Briefes gegen die Omnipräsenz seines Vaters zu wehren, endlich von ihm loszukommen, ein unabhängiges Leben zu führen. Es gelang ihm nicht.[6] Der Einfluß des Vaters war zu überwältigend:

»Du hattest Dich allein durch eigene Kraft so hoch hinaufgearbeitet, infolgedessen hattest Du unbeschränktes Vertrauen zu Deiner Meinung. Das war für mich als Kind nicht einmal so blendend wie später für den heranwachsenden jungen Menschen. In Deinem Lehnstuhl regiertest Du die Welt. Deine Meinung war richtig, jede andere war verrückt, überspannt, meschugge, nicht normal. Dabei war Dein Selbstvertrauen so groß, daß Du gar nicht konsequent sein mußtest und doch nicht aufhörtest recht zu haben ... Du bekamst für mich das Rätselhafte, das alle Tyrannen haben, deren Recht auf ihrer Person, nicht auf dem Denken begründet ist.« [7]

Wieder fallen die Parallelen zwischen dem väterlichen Werdegang von Kafkas Vater und den dementsprechenden Ausführungen der Söhne im vorhergehenden Kapitel auf. Der Autodidakt, Herrmann Kafka, ließ nur sich und seine Meinung gelten. Der eigene Erfolg hatte ihm ja bewiesen, daß er recht hatte. Somit mußten andere, die nicht mit ihm konform gingen, notwendigerweise im Unrecht sein. Er hatte sich »durch eigene Kraft so hoch hinaufgearbeitet«. Er strahlte das Rätselhafte aus, »das alle Tyrannen haben, deren Recht auf ihre Person, nicht auf ihr Denken begründet ist«. In seiner Welt regierte nur er: der Lehnstuhl als Symbol des Herrschers. Als Allermächtigster vermittelte er seinem Sohn dessen abgrundtiefe Nichtigkeit. Getragen vom Vorsprung der Jahre, der körperlichen Überlegenheit, stellte er seine unvergleichliche Einzigartigkeit noch zur Schau. Die Bewunderung seines kleinen Sohnes war ihm lange Zeit gewiß: »Du... ein wirklicher Kafka an Stärke, Gesundheit, Appetit, Stimmkraft, Redebegabung, Selbstzufriedenheit, Weltüberlegenheit, Ausdauer, Geistesgegenwart, Menschenkenntnis...«[8] Um sich als »wirklicher« Kafka von einem verwässerten Kafka abzuheben, wird dem Sohn gleichzeitig seine Wertlosigkeit vorgeführt:

»Niederdrückend... (wurde es) für mich erst dadurch, daß Du, der für mich so ungeheuer maßgebende Mensch, Dich selbst an die Gebote nicht hieltest, die Du mir auferlegtest. Dadurch wurde die Welt für mich in drei Teile geteilt, in einen, wo ich, der Sklave, lebte, unter Gesetzen, die nur für mich erfunden waren und denen ich überdies, ich wußte nicht warum, niemals völlig entsprechen konnte, dann in eine zweite Welt, die unendlich von meiner entfernt war, in der Du lebtest, beschäftigt mit der Regierung, mit dem Ausgeben der Befehle und mit dem Ärger wegen deren Nichtbefolgung, und schließlich in eine dritte Welt, wo die übrigen Leute glücklich und frei von Befehlen und Gehorchen lebten.«[9]

Die zwei Welten sowie die Sehnsucht nach einer dritten, glücklicheren ist ein immer wiederkehrendes Motiv bei vielen Söhnen. Auch kein »wirklicher« Stammhalter zu sein, zieht sich wie ein roter Faden durch die ganze Therapie. Die Ausgangslage ist oft zum Verwechseln ähnlich: So stellte ein Vater fest, daß man früher solche Söhne wie seinen eigenen nach Amerika geschickt hätte. Dort wären sie entweder zurechtgekommen oder sie wären »halt krepiert«. Und ein anderer Vater bezeichnete seinen Sohn während eines Familiengesprächs als von seiner Frau »heruntergezüchtet«, kein »wirklicher N«, sondern lediglich ein A. Dem Sohn wurde also die Dazugehörigkeit zur väterlichen Welt abgestritten, eine Dazugehörigkeit, nach der er sich heftigst sehnte. Er gehörte nur in die mindere Welt der mütterlichen Familie. Daß dieser Sohn, der von einer Vollmitgliedschaft träumte, sich seiner befleckten, zweiten Welt schämte, ist verständlich. Vor allem, da in der Familie nur der Vater zählte. Auch das Gefühl von Scham und Schande wird von Kafka meisterhaft ausgedrückt. Er spricht seinen weniger wortgewaltigen Leidensgenossen aus dem Herzen:

»Ich war immerfort in Schande, entweder befolgte ich Deine Befehle, das war Schande, denn sie galten ja nur für mich; oder ich war trotzig, das war auch Schande, denn wie durfte ich Dir gegenüber trotzig sein, oder ich konnte nicht folgen, weil ich zum Beispiel nicht Deine Kraft, nicht Deinen Appetit, nicht Deine Geschicklichkeit hatte, trotzdem Du es als etwas Selbstverständliches von mir verlangtest; das war allerdings die größte Schande. In dieser Weise bewegten sich nicht die Überlegungen, aber das Gefühl des Kindes.«[10]

Auffällig ist, daß durch die ganze Anklage stets die Bewunderung für den Vater mitschwingt, seine *Idealisierung*. Der Vater ist gleichzeitig Gott und Teufel: Sowohl die Glorifizierung des Heldenvaters als auch der tödliche Schrecken, von einem solchen Vater zu Nichtigkeit und Machtlosigkeit verurteilt zu werden, von ihm vernichtet zu werden, sind allgegenwärtig: der Vater als Quelle der Sicherheit, des Stolzes und gleichzeitig als Quelle der Furcht, der Angst, ja der Todesangst; die beiden Seiten der Idealisierung.[11]

Bei sich weniger erforschenden Söhnen als Franz Kafka ist meist nur die Verherrlichung des Vaters bewußt. Die Angst sitzt im verborgenen. Sie macht sich in der Erkrankung Luft. Aber auch in den Stunden seiner tiefsten Verzweiflung möchte der Sohn die dunkle Seite seines Vaters nicht wahrhaben: So hatte ein Patient, der nach seinem zweiten psychotischen Schub die Behandlung in der Tagesklinik begonnen hatte, seinen Vater stets in höchsten Tönen gelobt; sein Vater schien unvergleichlich bewundernswert zu sein. Bei einem gemeinsamen Gespräch stellte dieser bewunderte Vater vor allen Anwesenden – also auch vor seinem Sohn – fest: Wenn er bei den ersten Anzeichen der Erkrankung seines Sohnes gewußt hätte, was auf ihn zukommen würde, dann hätte er sich und die ganze Familie erschossen. Nur für den Sohn war diese Aussage nicht schockierend: Der Vater äußere eben eine bittere Wahrheit; er akzeptierte den Vater als »richtenden« Gott, als Herrn über Leben und Tod. Er, der Sohn, hatte das Leben seiner Eltern und Geschwister durch seine Krankheit verdorben. Ihm gebührte der Tod.[12]

Alle Empfindungen, ja das existentielle Gefühl des Kranken wird dabei mit Füßen getreten. Franz Kafka hat dies auch erlitten:

»Unverständlich war mir immer Deine vollständige Empfindungslosigkeit dafür, was für Leid und Schande Du mit Deinen Worten und Urteilen mir zufügen konntest, es war, als hättest Du keine Ahnung von Deiner Macht... Du aber schlugst mit Deinen Worten ohne weiters los, niemand tat Dir leid, nicht währenddessen, nicht nachher, man war gegen Dich vollständig wehrlos.«[13] »Man hätte annehmen können, daß Du mich einfach niederstampfen wirst, daß nichts von mir übrig bleibt. Das ist nun nicht geschehen, das Lebendige läßt sich nicht ausrechnen, aber vielleicht ist Ärgeres geschehen.«[14]

Aber trotz dem »Ärgeren« zweifelt der Sohn nicht am Vater, sondern an sich selbst – das klassische Drama des begabten Kindes[15]: »Nun bist Du ja im Grunde ein gütiger und weicher Mensch, aber nicht jedes Kind hat die Ausdauer und Unerschrockenheit, so lange zu suchen, bis es zu der Güte kommt.«[16] Statt dessen geht die Suche nach dem eigenen Fehlverhalten so lange, bis das Ärgere, die schizophrene Erkrankung, eintritt. Manchmal fällt es dem Außenstehenden wie Schuppen von den Augen, wenn er gleichzeitig mit Vater und Sohn konfrontiert ist. Zum Beispiel erlitt ein angehender Medizinstudent – ausgelöst durch einen Sezierkurs – seinen ersten psychotischen Schub. Während der psychotherapeutischen Sitzungen beschrieb er seinen Vater, der von Beruf Metzger und Gastwirt war, als einen großen cholerischen Mann mit einem hochroten Kopf und einem langen Messer. Bei dem bald darauf folgenden Familiengespräch war ich äußerst erstaunt, ein blasses Männlein zu sehen, das von seinem Sohn um zwei Köpfe überragt wurde. Das Vaterbild der Kindheit und die Wirklichkeit klafften für einen Unbeteiligten spektakulär auseinander. Für den Patienten aber war der Vater noch immer der Große, der Gewaltige, der ihm heilloses Entsetzen einjagen konnte, gegen den er sich bis heute nie hatte wehren können.[17]

Die in dem »Brief an den Vater« ausgedrückten Gefühle und die beiden klinischen Episoden haben eines gemeinsam: Der Vater ist immer noch der Vater der Kindheit, der Vater des Jugendlichen, die Mischung aus gütigem und erschreckendem Gott. Selbst jemand mit den Fähigkeiten eines Franz Kafka schaffte es nicht, den Vater distanziert als Nur-Menschen mit seinen Stärken und Schwächen zu empfinden; denn der sich selbst als schwach einstufende Sohn braucht die Glorifizierung des Vaters, um sich in dessen Schutz in Sicherheit zu wiegen. Ein Bedürfnis, das nur allzu oft mit der Gesundheit bezahlt wird.

Traut sich der Sohn allerdings mit fortschreitender Therapie, seinen Vater realistischer zu betrachten, so ist dies regelmäßig mit aufwallendem schlechtem Gewissen verbunden: Der Sohn fühlt sich als Verräter am Vater, denn er weiß tief drinnen, daß sein Vater von seiner Bewunderung abhängt. Jede »Kritik« wird daher mit einer gleichzeitigen Entschuldigung vorgetragen: »Er hat es sicherlich gut gemeint, nur ich habe nicht dazu getaugt.« Diese immer wieder aufsprießenden Schuldgefühle finden sich bei praktisch allen schizophrenen Patienten:

»Ich sehe meinen Vater als jemand, der sein ganzes Leben geschuftet hat, um etwas dafür zu bekommen, was er nie bekommen hat, nicht von seinen Kindern und auch von seiner Frau nicht. Er ist jemand, der sich aufgeopfert hat, um damit Anerkennung zu bekommen, die ihm irgendwie versagt geblieben ist. Wie jemand, der mit seinem Leben ziemlich unzufrieden ist« (VB).

Vergleichbares schreibt Kafka: »Du hast Dein ganzes Leben lang schwer gearbeitet, alles für Deine Kinder, vor allem für mich geopfert... Ich denke da an Bemerkungen, die in meinem Gehirn förmlich Furchen gezogen haben müssen, wie: ›Schon mit sieben Jahren mußte ich mit dem Karren durch die Dörfer fahren.‹ ›Wir mußten alle in einer Stube schlafen.‹ ... ›Aber trotzdem, trotzdem – der Vater war mir immer der Vater. Wer weiß das heute! Was wissen die Kinder! Das hat niemand gelitten! Versteht das heute ein Kind?‹«[18]

Neben der Tragik des Sohnes haben wir demnach auch die Tragik des Herrschers: Er kann auf sein Werk nicht stolz sein. Und selbst wenn er es könnte, wie bei Franz Kafka, so zählt doch die Leistung des Sohnes in den Augen des Vaters wenig. Der Vater sieht nur sich selbst.

2. Der Vater im Familienalltag

Die väterliche Omnipräsenz ist, wie wir gesehen haben, keine Frage der *Quantität*, sondern eine der *Qualität*. Sich rar zu machen, erhöht die Wirkung, der uns nur zu gut bekannte Mechanismus zwischen Angebot und Nachfrage. Kommt zum geringen Angebot noch die beeindruckende Fassade von Stärke und Unfehlbarkeit, so steigt der

Wert der »Ware Vater« ins Unermeßliche. Der Sohn hat durch die väterlichen Kurzauftritte auch kaum Gelegenheit, hinter die Fassade zu schauen. Für eine sorgfältig begrenzte Zeit kann der Anschein der Perfektion gewahrt werden. Und wo kommt die Selbstinszenierung des Vaters besser zum Tragen als am deutschen Sonntagsmittagstisch: [19]

»Am Sonntagmittag, wenn die Familie am Eßtisch zusammensitzt, dann ist es halt so, daß die Diskussionen hauptsächlich von meinem Vater bestimmt werden, insofern, daß er seine Meinung kundtut.

Seine Meinung wird allgemein angenommen. Er vertritt schon immer im großen und ganzen die Meinung, die eigentlich die richtige ist« (VB).

Daß der Vater seine »richtige« Meinung »kundtut«, hat auf den Sohn – und meist nicht nur auf diesen – eine unfehlbare Wirkung:

»Ich fühle mich meinem Vater gegenüber deshalb so ohnmächtig, weil er immer der Dominante ist und immer der, der mir gesagt hat, was das Richtige ist. Und ich hab auch immer gedacht, was mein Vater sagt, ist richtig. Es gab für mich nur die Meinung meines Vaters. Das war immer der Weisheit letzter Schluß für mich.

Weil er immer recht hatte, hatte ich logischerweise immer unrecht. Ich war nichts als der Meinungsträger meines Vaters. Immer unrecht zu haben, ist was, was ganz schön aufs Gemüt, sprich die Psyche, schlägt« (VB).

Bei diesen Familienritualen sind also richtig-falsch, recht-unrecht, Macht-Ohnmacht klar verteilt. Diese Asymmetrie wird meist schon in der Familiengründungsphase eingeleitet: In unserer Tradition entschließen sich typischerweise solche Paare zum »Bund fürs Leben«, bei denen der Mann älter und größer ist, über eine bessere Schul- und Berufsausbildung verfügt und demnach im Beruf die besseren Aufstiegs- und Verdienstchancen hat. Somit ist von Anfang an klar, wer den Anspruch erheben kann zu definieren, was richtig und falsch ist, was getan und was unterlassen werden muß.[20] Zukünftige Kinder sind von Anfang an Teil einer doppelten Familienhierarchie: die Eltern ein ungleiches Tandem, die Kinder beiden hoffnungslos unterlegen.

Kommt der Sohn nun in das Alter, in dem er selbst beginnt, sich eine eigene Meinung zu bilden, so scheint ein Konflikt unvermeidbar.

»Wenn ich eine andere Meinung hatte als mein Vater, dann war das ein Problem, mehr für mich selbst als für meinen Vater. Ich habe mir daraus ein Problem gemacht. Ich bin dann irgendwo in den Zwiespalt gekommen – da die eigene Meinung, da die Meinung des Vaters. Es war schon so, daß da der Zwiespalt auftauchte, einerseits meine Meinung, andererseits seine Meinung. Und es war eben sehr schwierig, dann das irgendwo auseinanderzuhalten.

Und dann war es meistens so, daß die Meinung meines Vaters dann auch die meinige wurde. Die Tendenz, die Meinung meines Vaters anzunehmen, war immer der leichteste Weg. Und den bin ich oft gegangen« (VB).

Der sogenannte leichteste Weg ist zunächst der anscheinend konfliktfreie. Der Sohn muß dem Vater nicht widersprechen, er muß nicht versuchen, den Vater zu überzeugen oder seine eigenen Ansichten mit anderen Mitteln durchzusetzen. Die Familienharmonie bleibt gewahrt. Daß es für einen Heranwachsenden fast Tollkühnheit erfordert, die Sichtweise des Vaters anzuzweifeln, wird deutlich, wenn man mit einbezieht, wie lücken- und makellos die Selbstinszenierung des Vaters betrieben werden kann:

»Er hat mir immer nur jemand vorgelebt, der in seiner Rolle als Hausvater und in seiner Rolle als Ernährer der Familie, von seiner beruflichen Seite her, wirklich perfekt ist. Er hat sich da auch keinen Fehler zugebilligt oder zugestanden. Ich könnte mich jetzt nicht erinnern, daß er irgend einmal so etwas gemacht hätte.

Mein Vater war, soweit ich ihn kenne, mit meinen 35 Jahren, keinen einzigen Tag krank. Er hat von früh bis spät gearbeitet und war wirklich perfekt in seinem Fach, das er, ohne daß er das gelernt hat, sich selber beigebracht hat. Er hat seine Kinder niemals geschlagen oder seine Frau. Er ist nie fortgegangen alleine, er hat nie etwas getrunken. Es gab nichts, wo er sich irgendwie entblößt hätte. Er war immer der Starke und hat sich immer als jemand dargestellt, der sein Leben voll und ganz im Griff hat.

Und (er hat) damit natürlich allen anderen vermittelt, daß sie ihr Leben nicht im Griff haben, daß sie ihn ja brauchen, daß er immer alles hinkriegt« (VB).

Dieser Sohn beschreibt nicht nur die Perfektion, mit der der Vater seine Rolle gespielt hat, sondern auch die Auswirkungen auf andere, insbesondere auf ihn selbst. Indem der Vater perfekt ist, vermittelt er allen anderen, daß sie nicht perfekt sind und daß sie ihn in ihrer

Schwäche brauchen. Der Vater macht sich also in seinem Alleskönnertum unentbehrlich. Man könnte auch sagen, er macht sich seine Familie untertan, er macht sie abhängig. Seit Kafka hat sich offensichtlich wenig geändert.

Gewiß, die andauernde Abhängigkeit vom Vater bietet dem Sohn auch Schutz, vielleicht sogar Geborgenheit. Vor allem aber zementiert sie die Infantilisierung des Beschützten. Wie soll sich ein Sohn unter diesen Umständen zu einem erwachsenen Mann, zu einem neuen Vater entwickeln? Das Dilemma ist offensichtlich. Es wird noch offensichtlicher, wenn man das nächste Zitat auf sich wirken läßt:

»Also, einen Fehler hat mein Vater zum Beispiel niemandem nachgesehen. Er ist zwar irgendwann darüber hinweggegangen, aber nicht in Form von Verzeihen oder daß es einfach nicht so bedeutungsvoll ist, es ist eigentlich immer im Raum stehengeblieben. Da war immer so ein unversöhnliches Moment von meinem Vater drin, der es eigentlich nicht nachgesehen hat bei anderen, daß sie Schwäche zeigen« (VB).

Vom Sohn wird ganz selbstverständlich Perfektion erwartet, und das ohne Fehlerquote, aus dem Stand, ohne Training. Natürlich ist das das sicherste Mittel, ihn von Anfang an zu entmutigen, da es zwischen Anspruch und Wirklichkeit keine Brücke gibt. Die Brücke des Vaters wurde schon vor Jahren gebaut. Sie ist fest in dessen Hand. Hier stellt sich beim Sohn allmählich der Groll ein, den er zum Kämpfen brauchen könnte. Aber zum Kampf kommt es selten.

»Das einzige, was ich halt als Kind oder Jugendlicher sehr stark an meinem Vater nicht gemocht habe, das war seine Kälte bezogen auf Fehler. Daß er halt keine Fehler zuläßt, daß man immer perfekt sein muß und immer danach streben muß, irgend etwas Besonderes zu werden, etwas Besonderes zu machen« (VB).

Unterläuft dem Sohn dennoch ein in den Augen des Vaters offensichtlicher Fehler, dann steht er alleine da. Dies befürchtet er wenigstens:

»Es war immer so sein Spruch: Einmal hilft man jemandem, ein zweites Mal nicht. Was bedeutet, daß man sich auch ein erstes Mal nicht leisten kann« (VB).

Diese Drohung bleibt so lange wirksam, wie die »Hilfe« des Vaters über das Sein oder Nichtsein des Sohnes entscheidet. In der heutigen

Zeit, in der Jugendliche materiell früher unabhängig sein können, verliert der Vater diese Macht, sobald der Sohn nicht mehr an sie glaubt. Tauchen beim Sohn die ersten Gedanken über mögliche Entstehungszusammenhänge dieser Machtausübung auf, so ist auch der Nimbus der Macht entschärft. Das nun folgende Zitat ist daher bereits als ein Therapieprodukt anzusehen; denn hätte der Sohn diese Überlegungen schon während seiner Adoleszenz anstellen können, dann hätte er sicherlich ein ihn besser tragendes Selbstwertgefühl entwickelt.

»Es kann gut sein, daß mein Vater irgendwo immer beweisen mußte, daß er der Große, der Starke ist. Das ist aber etwas, was ich nicht mit hundertprozentiger Sicherheit sagen kann. Wenn jemand das immer braucht, sich eben nach außen hin so darzustellen, als der Alleskönner – was ich ja auch irgendwo versucht habe –, der kann im tiefsten Inneren nicht die Stärke haben, die er nach außen hin versucht widerzuspiegeln« (VB).

In der Adoleszenzphase[21] ist es für die Entwicklung des Sohnes von zentraler Bedeutung, sowohl die Motivationslage des Vaters als auch seine eigene Situation zu begreifen. Ob der Sohn seinen entstehenden Einsichten glaubt oder sofort wieder an ihnen zweifelt, um die Unterstützung des Vaters nicht zu gefährden, ist eine entscheidende Weichenstellung zwischen Gesundheit und Krankheit. Noch entscheidender ist, ob der Vater die Infragestellung seiner väterlichen Autorität toleriert oder sie bereits im Keim erstickt bzw. mit einer massiven Kampfansage darauf reagiert.

Hier möchte ich zur Verdeutlichung des Problems eine Anekdote aus dem Leben eines Kollegen wiedergeben: Ab seinem 12./13. Lebensjahr – so berichtete er – habe sein Vater regelmäßig mit ihm Schach gespielt. Die anfängliche Überlegenheit des Vaters glich sich mit zunehmender Fertigkeit des Sohns bald aus. Die Gewinnchancen des Vaters waren nunmehr nur noch unwesentlich zu dessen Gunsten verteilt. Da fiel dem Sohn auf, daß der Vater, sobald er ein Spiel verloren hatte, so lange weiterspielte, bis er wiederum in drei Spielen als Sieger hervorging. Dies konnte sich bis tief in die Nacht hinziehen. Mit etwa 14/15 Jahren hatte der Sohn nicht nur diesen Mechanismus durchschaut, er hatte auch den inneren Abstand, den Vater dreimal hintereinander gewinnen zu lassen, um endlich schlafen gehen zu können. Mit dieser tätigen Einsicht schwand auch die vorbehaltlose Bewunderung für den Vater. Mit 12/13 hätte er das – aus seiner heutigen Sicht – noch nicht geschafft; damals waren die Allmacht des Vaters und seine eigene Unsicherheit noch zu groß.

Im Fall dieser Schachduelle hat der Sohn den Vater auf einem Nebenkriegsschauplatz seine Siege erringen lassen. Welche Schauplätze jedoch von Vätern als Kriegsschauplätze definiert werden und mit wieviel Einsatz sie verteidigt werden, hängt von der Person des Vaters ab. Bei für den Kollegen zentraleren Bereichen wäre ein Sich-Zurücknehmen wahrscheinlich fataler für ihn ausgegangen. Sein Vater hat sicherlich den Machtverlust festgestellt, ihn zunächst zähneknirschend und später – so hoffe ich wenigstens – mit Selbstironie hingenommen.

Den Vätern der hier untersuchten schizophrenen Söhne scheint eine solche selbstironische Haltung fremd zu sein. Sie müssen immer die Ersten sein, innerhalb und außerhalb der Familie:

»Und was noch bei meinem Vater war, er hat eigentlich, und das ist mir im Laufe der Jahre immer mehr zum Bewußtsein gekommen, und je älter ich wurde, wurde das für mich immer unangenehmer: Er hat eigentlich niemals einen guten Satz über jemand anderes gesagt, über irgendeine andere Person, irgend etwas lobend erwähnt oder gesagt, das hat die und die Person gut gemacht. Es gab zwar so Sätze, die an einen gerichtet waren: ›Schau mal hin, was der und der alles schon kann oder gemacht hat‹, und im Nachsatz kamen dann immer die bösen Geschichten hinterher.

Es waren eigentlich keine positiven Sätze über jemand, sondern nur um einen anzuspornen oder anzustacheln oder Vergleiche zu machen. Aber sonst hat er nie ein gutes Haar an jemand anderem gelassen. Nicht an seiner Frau, nicht an seinen Kindern, nicht an den Großeltern« (VB).

Den Respekt, die Achtung, die Anerkennung vom Vater zu erringen, scheint unter diesen Umständen aussichtslos. Warum soll der Vater gerade seinen Sohn anerkennen? Er respektiert ja auch sonst niemanden. Und warum soll er seinen Sohn groß werden lassen, wo er doch selbst immer der Größte sein muß? Da wird es beim besten Willen des Sohnes und seiner großen Bereitschaft, den Vater zu bewundern, relativ eng:

»Früher war es so, daß ich ihn regelrecht glorifiziert habe. Ich habe ihn in der Führerrolle gesehen, ›mein Führer‹, so die Art. Aber ich konnte mich halt nie entfalten in seinem Schatten.

Er ist sehr auf sich bezogen und sehr wenig gefühlsbetont. Wenig Wärme versprühend. Er strahlt nicht die Wärme aus, die ich mir immer gewünscht habe. Es war immer so: Das ist Logik, das ist die Marschrichtung, und das wird gemacht« (VB).

Ein »Führer« bringt niemanden zum Blühen. Lebendige Wesen verwelken in seiner Hand; denn für eine quasi-militärische Beziehung sind nicht Liebe und Zuneigung das Leitmotiv, sondern Gehorsam und Autorität. Konsequenterweise spürt der Sohn auch keine fördernde, vergebende, akzeptierende Liebe:

»Ich habe mich jedenfalls von meinem Vater nicht geliebt gefühlt. Das war ein starkes Gefühl und vor allem ein ständiges Gefühl. Und ich habe das auch irgendwie vergleichen können oder bestimmen können, weil ich habe so etwas wie Liebe oder Aufgenommensein gefühlt von meinen Großeltern. Von meinem Vater habe ich dieses Gefühl eben nie vermittelt bekommen. Und ich muß dazu sagen, ich habe auch meinen Vater nicht geliebt, in dieser Zeit. Später, als ich dann älter geworden bin, habe ich eher dann das, was er für mich getan hat, rational als Liebe interpretieren können« (VB).

Ein hierarchisches Vater-Sohn-Verhältnis wird von Anfang an angelegt. Schon früh sorgt der »Herrscher« für den dazugehörigen Abstand, die Kluft. Daß dies Methode hat und nicht auf Unfähigkeit beruht, ist u.a. daran zu erkennen, daß dieselben Männer mit ihren Enkeln meist prächtig auskommen. Und das nicht, weil die Enkelkinder seltene Gäste sind, sondern weil es sich hier um eine Liebes- und nicht um eine Machtbeziehung handelt.[22] Der Großvater möchte von den Enkeln geliebt werden; er muß sie nicht mehr unterwerfen, wie der nachfolgende Bericht zeigt:

»Der Vater war uns gegenüber im Kleinkindalter relativ unzugänglich. Da hat er einfach kein Talent dazu gehabt, mit kleineren Kindern umzugehen, einfach einen Draht zu schaffen.

Das kann er heute im Alter besser als damals bei den eigenen Kindern. Es gelingt ihm bei den Enkelkindern leichter, wo es natürlich eine ganz andere Sache ist. Enkelkinder hat man alle zwei Wochen oder einen Tag, da sieht die Beschäftigung mit einem Kind ganz anders aus.

Früher hat er auf mich, so hat es wenigstens gewirkt, irgendwie eine ablehnende Haltung gegen mich eingenommen, war recht streng. Ablehnend, da tue ich ihm vielleicht unrecht. Also ich sag mal so, es ist auf jeden Fall in der Beziehung zum Vater von mir eine Beziehung entstanden, die in keiner Weise vertrauensvoll gewesen war. Also Vertrauen hatte ich zu meinem Vater nicht, in der Kindheit und Jugend. Ich kann mich auch gut erinnern, daß ich bei Schwierigkeiten oder bei Sorgen, wäre ich zu meinem Vater als allerletzten gegangen.

Ich würde sagen, im Kleinkindalter wird das Vertrauen von Erwachsenen aufgebaut und nicht umgekehrt. Wenn es der Erwachsene nicht aufbaut, dann wird da irgendwo immer eine Kluft sein« (VB).

Das klingt wie ein Mißtrauensvotum. Dieser Sohn und mit ihm viele Söhne haben als Kinder, als Jugendliche kein Vertrauen zu ihrem Vater gehabt. Mit ihren Sorgen wären sie zuallerletzt zu ihm gekommen. Sie haben unter dieser Kluft gelitten, bis in die Krankheit hinein. Und die Väter? Der Abstand mußte anscheinend sein; denn keine Macht ohne Distanz; Liebe verringert die Distanz, macht verletzbar, gefährdet die eigene Position. Die Vormachtstellung scheint wichtiger zu sein als eine liebende Beziehung zum Sohn. Der Vater muß achtgeben, daß er vom Sohn nicht entthront wird. Diese Befürchtung ist beim Enkel selten.

Jean-Paul Sartre charakterisiert den Unterschied in seinen autobiographischen Aufzeichnungen *Les Mots* treffend. Er beschreibt seinen Großvater und dessen Wirkung auf seinen verstorbenen Vater, Emile, sowie auf ihn selbst:

»Zur Zeit, da sein Bart schwarz war, hatte er als Jehova gewirkt, und ich vermute, daß sein Sohn Emile indirekt an ihm gestorben ist. Dieser Gott des Zornes schwelgte im Blut seiner Söhne. Ich hingegen erschien am Ausgang seines langen Lebens. Sein Bart war weiß geworden, mit gelben Tabakspuren, und die Vaterschaft machte ihm keinen Spaß mehr. Hätte er mich erzeugt, er hätte mich unwillkürlich, wie ich glaube, trotzdem noch unterjocht: aus Gewohnheit. Mein Glück war, daß ich einem Toten gehörte: ein Toter hatte die paar Samentropfen verschüttet, die den üblichen Preis eines Kindes ausmachen. Mein Großvater konnte sich an mir erfreuen, ohne mich in Besitz zu nehmen: ich wurde sein ›Wunder‹, weil ihm daran lag, sein Leben als bewundernder Greis zu beschließen; er beschloß, mich als ungewöhnliche Gunst des Schicksals zu betrachten, als ein stets widerrufbares Geschenk; was also hätte er von mir fordern können? Ich beglückte ihn durch meine bloße Gegenwart. Er wurde der Gott der Liebe mit dem Bart von Gottvater.«[23]

Die Söhne haben es schwer; sie werden unterjocht, aus Gewohnheit; sie sterben indirekt am Vater, eine gute Metapher für eine schizophrene Psychose. Der Enkel dagegen wird für den Mann am Abend seines Lebens zum Wunder, zum Geschenk. Der frühere Gott des Zornes gestattet sich, im Greisenalter als Gott der Liebe aufzutreten. Das fördert zwar den Enkel, nimmt den Söhnen aber die Zivilcourage. Die Folgen drückt ein Patient treffend aus:

»Deshalb hab ich wohl Probleme mit Leuten, die älter sind als ich, so ab 35. Ich habe eine Akzeptanz meiner Person nie erfahren. Von Männern, die älter sind als ich, habe ich immer schon das Gefühl vermittelt bekommen: Du bist viel jünger als ich, du kannst gar nichts Vernünftiges erzählen« (VB).

Exkurs: Die Zwickmühle

Die väterliche Einstellung zum heranwachsenden Sohn kann mit der Metapher der Zwickmühle veranschaulicht werden: Einerseits möchte der Vater seine Machtposition behalten; er muß überlegen bleiben; das bedeutet für den Sohn Unterlegenheit, Schwäche, Nichtigkeit. Andererseits wünscht er sich auch einen Stammhalter, einen Sohn, der die Familie würdig erhält, also einen fähigen Sohn. Die beiden Teile der Zwickmühle werden durch einen Patienten plastisch beschrieben:

»Mein Vater hat mir zu verstehen gegeben, daß ich ein relativ schwächliches Kind bin und immer krank war in meinen ersten Lebensjahren. Vater hat mich immer spüren lassen, daß er der Überlegene ist, daß er alles meistert, und der Sohn soll erst mal sehen, ob er das auch zustande bringt. So mit dem Unterton, so ein großer Macker wie ich bist du halt nicht. Er gab mir das beständige Gefühl, ich bin nichts, ich kann nichts, ich werd nichts, ich taug nichts...

Er hat mich nicht gelobt dafür, wenn ich einen Zweier nach Hause gebracht habe in der Schule, auch wenn ich mich angestrengt habe dafür, und vielleicht der Zweier für mich wichtiger war als ein Einser. So war immer gleich die Frage hinterher, warum ist es kein Einser. Das war vielleicht das, daß man immer nur gemessen wurde, der Beste zu sein. Es genügt nicht, gut zu sein, es genügt nicht, sich anzustrengen, sondern ich hörte von meinem Vater immer nur: Man muß der Beste sein. Vor allem vor sich selber der Beste zu sein. So ein ethischer, moralischer Anspruch an sich, immer gut und immer der Beste zu sein und nie einen Fehler zu machen« (VB).

Als Repräsentant der Familie soll der Sohn Leistung erbringen; ihm wird aber gleichzeitig vermittelt, daß er zu schwach, zu klein, zu faul, zu dumm etc. dafür ist. Diese Zwickmühle läßt ihm keine Gewinnchance; denn die Karten sind gezinkt:

»Ein N., der hat einfach gut zu sein. Weil er hat es schließlich auch geschafft. Er hat es schließlich geschafft, trotz Krieg, trotz Gefangenschaft, trotz, daß er als Aussiedler bei Null anfangen mußte. Er hat es auch geschafft. Es ist irgendwie die erste moralische Pflicht von seinem Sohn, das auch zu schaffen« (VB).

In der psychologisch-psychoanalytischen Literatur werden vergleichbare Dilemmata unter den Überschriften »Double-bind«, »paradoxe Kommunikation«, »unmögliche Missionen« und »Zwickmühle« diskutiert.[24] Ciompis Begriff »Zwickmühle« habe ich wegen seiner Anschaulichkeit übernommen. Er spricht in diesem Zusammenhang von einer besonders malignen Form der innerfamiliären Kommunikation, in der Fundamentalbotschaften vermittelt werden, die sich gegenseitig ausschließen.

Im Rahmen unserer Diskussion wird der Sohn mit der väterlichen Erwartung konfrontiert, immer und überall der Beste zu sein, gleichzeitig soll er jedoch schwächer bleiben als der Vater. Der wirklich »Beste« muß der Vater bleiben. Diese in sich widersprüchlichen, also paradoxen Botschaften dienen zum einen der Vertuschung und Verschleierung offener Konflikte; zum anderen blockieren sie die Loslösung des Jugendlichen vom Elternhaus – ein zentraler Punkt, auf den ich später noch ausführlich eingehen werde. Diese Botschaften werden – nach Ciompi – von dem Elternteil initiiert und aufrechterhalten, dessen Bedürfnisse dadurch besonders befriedigt werden, bei der hier diskutierten Problematik dem Bedürfnis des Vaters, Gott-Vater zu bleiben und keine fremden Götter neben sich zu dulden. Ciompi bringt ein solches Beziehungsdrama auf folgenden Nenner: »Ein schwächerer Partner (wird) auf versteckte Art und Weise in ein entwicklungshemmendes und deshalb auf Dauer zerstörerisches affektiv-kognitives Beziehungsnetz und Bezugssystem eingefangen..., aus dem er nicht mehr zu entrinnen vermag.«[25]

3. Der ideale Vater

An dieser Stelle taucht notwendigerweise die Frage auf, was die hier analysierten Vater-Sohn-Konstellationen von denen unterscheidet, die eine nicht krankmachende Entwicklung des Sohnes begünstigen. Natürlich geht eine Erörterung dieser Frage weit über das gesetzte Ziel hinaus. Ich habe mich in dieser Studie bewußt auf die Väter schizophrener Söhne beschränkt, betrachte aber die Ergebnisse dieser Analyse als die Spitze des Eisbergs: Die spektakulären Fälle weisen immer auch auf verborgene Schwierigkeiten hin. Vieles wird unter Wasser gehalten. So hat zum Beispiel eine Umfrage der Zeitschrift *Eltern* unter 2020 Schülern im Alter von acht bis fünfzehn Jahren ergeben, daß sich 70 Prozent der Väter, wenn sie von der Arbeit nach Hause kommen, nicht mit ihren Kindern beschäftigen. Wie präsent bzw. omnipräsent sie für die Gefühlswelt der Kinder sind, bleibt dahingestellt. Von den restlichen 30 Prozent sind Hausaufgaben und Zensuren das beliebteste Gesprächsthema:

»Er will immer zuerst unsere Hausaufgaben sehen oder Klassenarbeiten, die wir zurückbekommen haben. Wenn er zufrieden ist, können wir gehen«, berichtet zum Beispiel ein 13jähriger Gymnasiast, und ein 12jähriger Schüler der Orientierungsstufe stellt fest: »Wenn Vater nach Hause kommt, ist bei uns der Lack ab, der Haussegen hängt schief, und das Schöne des Tages ist vorbei.«[26]

Würden diese Kinder gefragt, wie sie sich ihren Vater wünschten, so kämen sie vielleicht auf ähnliche Gedanken wie dieser 34jährige Patient:

»Die ideale Vater-Sohn-Beziehung stelle ich mir so vor, daß der Vater den Sohn durchaus als Teil von sich begreift, aber eben auch als eigenständigen Menschen. Daß er dem Sohn das Gefühl vermittelt, daß er eben dem Leben nicht mehr oder weniger hilflos ausgeliefert ist, sondern es durchaus selbst in die Hand nehmen kann und sich sein Leben gestalten kann. Das hat eben sehr viel mit Vertrauen zu sich und zum Leben zu tun, daß der Vater das seinem Sohn vermitteln kann.

Und, daß er die Interessen und Neigungen des Sohnes fördert, ihn vielleicht auch darauf aufmerksam macht, immer wenn gewisse Entwicklungen stattfinden, die gefährlich werden könnten. Und das müßte dann auf eine Art und Weise passieren, die nichts mit bloßen Verboten und Geboten zu tun hat.

Das klingt jetzt ein bißchen banal. Aber ich denke mir, daß es für den Sohn wichtig ist, daß er auf seinen Vater in irgendeiner Form stolz sein kann.

Der Sohn muß sich vor allem von seinem Vater geliebt fühlen. Und zwar nicht im Sinne von absoluter Narrenfreiheit und Affenliebe des Vaters zum Sohn, sondern er muß sich ernstgenommen fühlen. Ja, mit Wärme ernstgenommen fühlen. Nicht auf einer nüchternen Ebene.

Und idealerweise würden Vater und Sohn, aus meiner Sicht, sehr viel miteinander sprechen, sich über sehr vieles austauschen und vielleicht auch einiges gemeinsam tun.

Im Konfliktfall, ich gehe jetzt einmal davon aus, daß der Sohn irgendwas getan hat, was dem Vater nicht recht ist, dann sollte der Vater versuchen, ohne seine Gefühle dabei zu verbergen, eben den Ärger, den er da hat, sollte er trotzdem versuchen, auf eine ruhige, überzeugende Art, seinen Standpunkt klarzumachen, zum Nachdenken anzuregen über die Sache.

Ich meine, letzten Endes wird der Sohn entscheiden, ob er so etwas wiederholt oder bleiben läßt. Aber ich glaube, es wäre dann viel gewonnen, wenn durch die Art, wie der Vater auf den Sohn eingeht, in so einem Fall der Sohn nicht anfängt, zu blockieren und zu sagen, jetzt erst recht und so, sondern einfach selbst über die Sache nachdenkt.

Und im umgekehrten Fall, wenn der Vater etwas macht, was dem Sohn nicht paßt, dann sollte der Sohn keine so große Angst vor dem Vater haben, die es verhindern würde, daß er ihm das sagt, daß es ihm nicht paßt. Man muß es sagen können. Also eine große Angst vor dem Vater, das wäre ein großes Problem, weil der Sohn dann ja gar nicht den Mut aufbrächte, dem Vater zu sagen, daß ihm etwas an ihm nicht gefällt. Der müßte mit Gott weiß was rechnen« (VB).

In dieser Beschreibung entsteht das Idealbild eines Vaters, dem man wohl den Orden der *Souveränität* verleihen möchte. Die wesentlichen Punkte lassen sich in etwa so zusammenfassen:

Gefühlsmäßige Einstellung

- Der Vater sieht den Sohn als Teil seiner selbst, respektiert aber gleichzeitig dessen eigenständige, sich entwickelnde Persönlichkeit.
- Der Vater verbirgt seine Emotionen nicht, sondern zeigt seine positiven wie auch seine negativen Gefühle.

- Der Sohn fühlt sich vom Vater geliebt.
- Er hat keine einschränkenden Ängste vor dem Vater.

Erzieherische Einstellung

- Der Vater versucht mit Wärme und Geduld zu überzeugen und zum Nachdenken anzuregen.
- Gebote und Verbote bleiben im Hintergrund.
- Der Vater benutzt keine Einschüchterungsmanöver, die dem Sohn den Lebensmut einschränken.
- Ein solcher Vater wendet sich dem Sohn mit so viel Aufmerksamkeit zu, daß er dessen Interessen und Neigungen erkennt und fördert.
- Andererseits sieht er auch die Schwächen des Sohnes und warnt ihn – ohne ihm die Entscheidungsmöglichkeit zu nehmen – vor Gefahren.
- Dies geht natürlich nur, wenn der Sohn dem Vater wichtig genug ist, daß er viel mit ihm spricht und viel mit ihm gemeinsam unternimmt.
- Unter diesen Voraussetzungen ist anzunehmen, daß der Sohn über das, was er vom und durch den Vater erfährt, nachdenkt, daß er nicht blockiert oder sich in eine Trotzhaltung verstrickt, aus der er möglicherweise nur schwer wieder herauskommt.

Konsequenz

- Der Sohn kann sich auf den Vater verlassen. Der Vater lebt ihm vor, Vertrauen in sich und sein Leben zu haben, und lehrt ihn, das eigene Leben zu gestalten.
- Der Sohn ist stolz auf seinen Vater.

Diese Wünsche entsprechen in groben Zügen dem »idealen Vater« des Theologen und Schriftstellers Ezzelino von Wedel: [27]

»Der Vater hält sich nicht aus der Erziehung seines Sohnes heraus, er versteckt sich nicht hinter seiner Autorität, sondern gibt seine Liebe in verantwortlicher Sorge zu erkennen. Er spricht mit seinem Sohn – nicht nur über die Dinge, sondern auch über Gefühle. Er geht der notwendigen Rivalität mit seinem Sohn nicht aus dem Weg. Sein Hauptziel ist, dem Sohn Freiheit und Selbständigkeit zu ermöglichen. Darin bereitet er den Abschied vor, den er eines Tages vollziehen muß. Eines Tages muß er seinen Sohn ganz loslassen und seinen Anspruch, als Vater respektiert und behandelt zu werden, aufgeben. So kann er die Achtung und Liebe seines Sohnes gewinnen; so entsteht eine tiefe, dauerhafte Beziehung.«

Von Wedel betont zusätzlich, daß väterliche Liebe auch auf das Abschiednehmen, das Los-lassen-Können vorbereitet sein muß. Soll der Sohn ein selbständiger Mensch werden, der seinen Weg im Leben sucht und findet, so muß er sich innerlich und äußerlich vom Vater abnabeln können. Nur wenn dies gelingt, besteht die Chance, daß er zu einer eigenständigen Persönlichkeit heranreift. Weder dem großen Schriftsteller Franz Kafka, der hier zum Zeugen gemacht wurde, noch den schizophrenen Patienten, die in meiner Behandlung waren, ist dieser entscheidende Schritt gelungen. Erst durch die Therapie wurde erreicht, daß der Vater mit den Augen eines Erwachsenen gesehen werden konnte – eine Voraussetzung sowohl für eine mögliche Loslösung als auch für eine eigene Vaterschaft:

»Ich glaub, als erstes würd ich mein Kind vor allem eines sein lassen wollen, daß es Kind ist. Daß ich es nie wie einen Erwachsenen behandle, sondern wie ein Kind. Mein Vater hat mich nie als Kind gesehen, wenn ich einen Fehler gemacht habe als Kind. Wie er mit mir geredet hat, war ich immer nur der kleine Erwachsene.

Also, wenn ich ein Kind hätte, würde ich versuchen, es kindgerecht zu erziehen, den Neigungen des Kindes zu folgen, und vor allem eines nicht zu machen, das Kind in irgendwelche Schubladen zu stecken: musikalisch – unmusikalisch, mathematisch begabt – nicht begabt, technisch versiert – nicht versiert, sondern ich würd versuchen, möglichst viele Fähigkeiten und Möglichkeiten, die in einem Kind schlummern, zu wecken, zu fördern. Nicht in eine Schublade zu stekken, daß er nichts taugt. Weil, mein Vater hat mir immer eingeredet, ich bin mathematisch, technisch, musikalisch, künstlerisch nicht begabt. So bin ich aufgewachsen, in so Schubladen, die irgendwie auf ihn zutreffen, die er vielleicht von sich übernommen hat. Also ich würd versuchen, das Kind halt aufwachsen zu lassen nach seinen Neigungen und die zu fördern, die auftreten.

Und was ich noch machen würde? Ich würd von Anfang an versuchen, daß das Kind mit seinem Körper, nicht nur seinem Kopf, sondern als ganze Person, also auch vom Körper her gerne lebt. Daß es Freude daran hat, also möglichst viel Freude zu vermitteln im Leben.

Auch so vom Körpergefühl her, den Körper nicht als irgendwas Nebensächliches, etwas was man malträtiert zu betrachten, sondern als etwas, was Freude schenken kann. Worauf man stolz sein kann, das würd ich machen, von der sexuellen Aufklärung oder so verklemmten Geschichten ganz zu schweigen.

Mein Sohn sollte vor allem gern leben wollen. Er sollte mit sich und der Umwelt zufrieden sein. Welche Ziele er sich konkret steckt, was er beruflich oder schulisch macht, wär mir eigentlich sekundär. Ein Kind, das als Erwachsener auch gerne lebt, sich selber was zutraut, aber auch seine Grenzen kennt. Aber über seine Grenzen nicht jammert oder sie als schlecht erachtet« (VB).

Diese Beschreibung scheint ein deutliches Gegenprogramm zu dem zu sein, was der Sohn selbst erlebt hat. Durch das Erkennen der eigenen Leiden hat er dazugelernt. Der »neue« Vater sollte ein souveräner Vater sein, dessen Worte kein »Himmelsgebot« sind. Solche Väter wünschen sich die hier analysierten Söhne. Dies bleibt jedoch meist ein frommer Wunsch.

Zwischenergebnis

Der gottähnliche Vater und der nichtige Sohn: Das ist das durchgehende Muster, sowohl bei Kafka als auch bei den hier zu Wort gekommenen, an Schizophrenie erkrankten Söhnen. Der Vater mit Gloriole und Pferdefuß: Der himmlische Schein überstrahlt alles; der Pferdefuß bleibt dem Sohn meist verborgen. Weist er in seiner jugendlichen Scharfsichtigkeit dennoch darauf hin, so versetzt es Blitz und Donner. Die Welt ist, um in Kafkas Bild zu bleiben, dreigeteilt: In der einen Welt ist der Vater mit dem Regieren beschäftigt, die andere Welt ist die Untertanenwelt des Sohnes. Von der dritten Welt, in der die übrigen Leute glücklich und frei von Befehlen und Gehorchen leben, kann der Sohn nur träumen.

Kapitel IV Die Ohnmacht des Sohnes
Erziehung und Konflikt

(Es zeigt sich,) »eine wie starke Macht der Konflikt zwischen Vätern und Söhnen ist, dieser Haß, diese in Haß umgeschlagene Liebe. Bei lebhaften und begabten Naturen bleibt dieser Konflikt selten aus, die Weltgeschichte ist voll von Beispielen.«
Hermann Hesse, Das Glasperlenspiel[1]

Unterdrückung fördert Haß. »Liebende« Unterdrückung fördert selbstzerstörerischen Haß. Das wohl eindringlichste und in der psychoanalytischen Literatur meistdiskutierte Beispiel für die selbstzerstörerische Haß-Liebe eines Sohnes zum Vater ist der Fall Schreber.

Dr. jur. Daniel Paul Schreber (1842–1911) war der an Schizophrenie erkrankte Sohn des berühmten Arztes und Erziehers Daniel Gottlob Moritz Schreber (1808–1861), heute noch bekannt durch die Schrebergarten-Bewegung. Das zu seiner Zeit einflußreiche pädagogische Werk von Schreber senior liest sich aus zeitgenössischer Sicht be- und erdrückend; so muß es wohl auch auf seine beiden Söhne gewirkt haben[2]: Ein Sohn beging Selbstmord, der andere erkrankte an einer schizophrenen Psychose und beendete sein Leben ebenfalls durch Suizid. Beide waren väterlichen Erziehungsgrundsätzen ausgesetzt wie:

»Unterdrücke im Kinde alles, halte von ihm fern alles, was es sich nicht aneignen soll; leite es aber beharrlich hin auf alles, was es sich angewöhnen soll. Indem wir das Kind an das Gute und Rechte gewöhnen, bereiten wir es vor, späterhin das Gute und Rechte mit Bewußtsein und aus freiem Willen zu tun.«[3]

Die hier propagierte Brechung des kindlichen Willens, die Freiwilligkeit des Sklaven, hatte auf den Sohn Daniel Paul verheerende Folgen: Da Schreber junior Teile seines psychotischen Wahnerlebens in den *Denkwürdigkeiten eines Nervenkranken*[4] schriftlich festhielt, hat der »Fall Schreber« wie kein anderer klinischer Fall in der Geschichte der Psychoanalyse die wissenschaftliche Arbeit herausgefordert und angeregt.

Die Person des Vaters wurde dabei allerdings lange Zeit ignoriert; die Forschung konzentrierte sich zunächst ausschließlich auf die Psychose des Sohnes. So hat Sigmund Freud den Fall Schreber zur Grundlage seiner großen Paranoia-Studie[5] gemacht und ist in seinen späteren Schriften immer wieder auf ihn zurückgekommen[6]; der bedeutende französische Psychoanalytiker Jacques Lacan[7] hat in einem für sein Werk zentralen Essay Schrebers Aufzeichnungen herangezogen, um an ihm fundamentale Probleme des Verstehens der Psychose zu erörtern.

Trotz dieses prominenten Interesses und trotz des offensichtlichen Zusammenhangs zwischen den Erziehungsmethoden des Vaters und dem Schicksal der Söhne hat aber erst der Psychoanalytiker William G. Niederland[8] die heutige Fachwelt mit den Publikationen von Schreber senior bekannt gemacht, »der orthopädische Apparate aus Eisen erfand, die das heranwachsende Kind zwangen, in einer fixierten, angeblich natürlichen Haltung zu liegen, zu sitzen, den Kopf zu tragen, um so die Natur bei der Schaffung schöner Kinder zu unterstützen. Diesen Bemühungen hatte Dr. Schreber senior sein Leben gewidmet. Dieses ausgeklügelte und in Deutschland seinerzeit weitgehend anerkannte System körperlicher Erziehung nannte er ›Pangymnasticon‹.«[9] Niederland weist darauf hin, daß Schreber senior ziemlich klein von Statur war und sein Pangymnasticon dem Bedürfnis entsprungen sein könnte, die eigenen körperlichen Mängel auszugleichen.[10]

In den »Denkwürdigkeiten« seines Sohnes haben viele als unverständlich anmutende Wahnphantasien konkrete Bezüge zu den väterlichen Erziehungsapparaturen; so zum Beispiel die Sensationen in Kopf, Brust und Steißbein, die sich in Schrebers Worten von göttlichen Kräften »angewundert« fühlten. Diese körperlichen Sensationen werden in dem Gutachten eines ihn behandelnden Arztes wie folgt beschrieben:

Präsident Schreber »wähnte, daß an seinem Körper allerhand abscheuliche Manipulationen vorgenommen würden, und machte, wie er sich selbst noch jetzt ausspricht, entsetzlichere Dinge durch, als jemand geahnt, und zwar um eines heiligen Zweckes willen. Die krankhaften Eingebungen nahmen den Kranken so sehr in Anspruch, daß er, für jeden andern Eindruck unzugänglich, stundenlang völlig starr und unbeweglich da saß (halluzinatorischer Stupor), anderseits quälten sie ihn derartig, daß er sich den Tod herbeiwünschte, im Bade wiederholt Ertränkungsversuche machte...«[11]

Da man davon ausgehen kann, daß jedes Kind seinen Vater liebt, selbst wenn es von ihm mit willensbrechenden und folternden Erziehungsmethoden verfolgt wird, müssen wir bei Daniel Paul Schreber von der Kombination aus Liebe und Haß ausgehen, die von Hermann Hesse in dem für dieses Kapitel gewählten Motto beschrieben wird: Der geliebte und bewunderte Vater löst durch die Unerbittlichkeit seiner Erziehung Haß aus, der den ihn liebenden Sohn in extreme Gewissenskonflikte bringt. Der Sohn befindet sich, um mit Peter Blos zu sprechen, in einer haßerfüllten Ambivalenz.[12]

1. Der pseudosouveräne Vater

Väter, die diese haßerfüllte Ambivalenz beim Sohn auslösen, charakterisiert der Theologe Horst Herrmann als »wahnsinnig normal«[13]. Kennzeichnend für diese Väter sind Prinzipientreue und Konsequenz bis zur Unmenschlichkeit, vor allem unter vollkommener Absehung des betroffenen heranwachsenden Individuums. Eine solche »wahnsinnige Normalität« wird von Patienten immer wieder beschrieben: Sie bewundern die Prinzipientreue des Vaters, unter dessen Herrschaft sie litten bzw. immer noch leiden. Auf unbeteiligte Personen wirken diese Väter eher ängstlich, übergewissenhaft, zwanghaft. Ihr Mangel an Großzügigkeit, an Souveränität fällt auf. Sie können ihren Söhnen nichts durchlassen, nichts nachsehen, nichts verzeihen, da sie stets ihre eigene Haltung, ihr eigenes Gesicht wahren müssen. Das Unversöhnliche, das Söhne regelmäßig erwähnen[14], gehört zu den hervorstechendsten Merkmalen der »wahnsinnigen Normalität«. Diese Väter geben sich selbst keine Blöße. Während sog. normale Väter doch hin und wieder »den lieben Gott einen guten Mann sein lassen«, muß der »wahnsinnig normale« Vater den äußeren Schein der eigenen Perfektion stets aufrechterhalten.

Für diesen »wahnsinnig normalen« Vater möchte ich den Begriff *pseudosouverän*[15] einführen; pseudosouverän deshalb, weil die zur Schau getragene Souveränität nur Kulisse ist. Dahinter verbirgt sich viel unbewältigte Vergangenheit, gepaart mit Unsicherheit und Angst; alles im eigenen Leben als störend Empfundene wird, so gut es geht, vor anderen und weitgehend sogar vor sich selbst versteckt: Der pseudosouveräne Mensch spielt die Souveränität, die er gern hätte, aber nicht besitzt; ein Zusammenhang, der für Söhne erst durchschaubar wird, wenn es bereits zu spät ist. Dazu eine bereits zitierte Zeugenaussage:

»Es kann gut sein, daß mein Vater irgendwo immer beweisen mußte, daß er der Große, der Starke ist. Das ist aber etwas, was ich nicht mit hundertprozentiger Sicherheit sagen kann. Wenn jemand das immer braucht, sich eben nach außen hin so darzustellen, als der Alleskönner – was ich ja auch irgendwo versucht habe –, der kann im tiefsten Inneren nicht die Stärke haben, die er nach außen hin versucht widerzuspiegeln« (VB).

Diese Diskrepanz zwischen Schein und Wirklichkeit bringt das heranwachsende Kind in extreme innere Konflikte: Es darf nicht sehen und erkennen, was es eigentlich weiß; innere und äußere Zerrissenheit sind die zermürbende Folge. Diese innere Sperre, das Offensichtliche wahrzunehmen, beschreibt Udo Loll bei James Joyce:

»Den Mächtigen (MK: den Vater), von dem James abhängig ist, darf er um keinen Preis real sehen. James muß gegen die Wirklichkeit andenken, gegen sie anfühlen. Er hilft dem Vater selbst auf den Thron, auf dem er ihn bewundern kann. Der Vater darf seine Rolle als Vorbild nicht einbüßen. Der Sohn schützt das Bild, das er vom Vater hat, und dieses Bild ist das Selbstbild von John Joyce. James spürt genau, daß der Vater vorschreibt, wie er gesehen zu werden hat. James schützt die Lebenslüge des Vaters. Er soll stark und männlich bleiben, selbst wenn James sich für ihn schämt. Er soll so bleiben, wie James ihn sieht und sehen muß, denn von ihm hängt doch alles ab. James zwängt sich doch nur für ihn in seine Rolle und der Vater ist nun einmal ›groß‹.«[16]

Und Loll vermutet: »James hat von klein auf die Ahnung für die Kluft zwischen Anspruch und Realität seines Vaters gehabt, auch wenn er sie nicht wahrnehmen durfte.«[17]

2. Väterliche Liebe als Verfolgung des Sohnes

Die gleichen Merk- und Denkverbote gelten ebenso für die »väterliche Liebe« pseudosouveräner Väter. Der Psychiater Morton Schatzman[18] hat in seinem Buch *Die Angst vor dem Vater. Langzeitwirkung einer Erziehungsmethode. Eine Analyse am Fall Schreber* diese Vaterliebe detailliert untersucht. Der englische Titel seines Buches trifft den gemeinten Sachverhalt noch genauer: *Soul Murder. Persecution in the Family.* Bevor ich auf Schatzmans Thesen näher eingehe, möchte ich jedoch einige biographische Details über Daniel Paul Schreber vermitteln, die zum besseren Verständnis beitragen sollen.

Schrebers Vater starb, als der Sohn 19 Jahre alt war. Wegen des Todes des Vaters in einer Entwicklungsphase, in der sich der Sohn altersgemäß noch im Prozeß der Ablösung[19] befinden mußte, konnte die notwendige innere Distanzierung nicht stattfinden: Gefühle der Bewunderung und Idealisierung blieben gleichzeitig mit Gefühlen von Haß und Todeswünschen bestehen. Erstere zementierten die innere Abhängigkeit vom Vater, letztere bewirkten Schuldgefühle. Der Zusammenhang wird in den autobiographischen Aufzeichnungen von Jean-Paul Sartre[20] treffend geschildert:

»Hätte mein Vater weitergelebt, er hätte mich mit seiner ganzen Länge überragt und dabei erdrückt. Glücklicherweise starb er sehr früh. (...) Sterben allein genügt nicht; man muß rechtzeitig sterben. Wäre er später gestorben, ich hätte mich schuldig gefühlt; ein bewußt denkendes Waisenkind gibt sich die Schuld.«

Schuldgefühle müssen Daniel Paul Schreber zeitlebens belastet haben, denn aus den Krankenblättern[21] geht hervor, daß er schon jahrelang an einer Neurose mit hypochondrischen Ideen litt, bevor eine Schizophrenie diagnostiziert wurde. Schreber selbst führte seine ersten beiden psychotischen Schübe auf geistige Überanstrengung zurück:

»Ich bin zweimal nervenkrank gewesen, beide Male infolge von geistiger Überanstrengung; das erstemal (als Landgerichtsdirektor in Chemnitz) aus Anlaß einer Reichstagskandidatur, das zweitemal aus Anlaß des mir neu übertragenen Amtes eines Senatspräsidenten beim Oberlandesgericht Dresden.«[22]

Vor seiner ersten Erkrankung war er zwar als Reichstagskandidat aufgestellt, wurde jedoch nicht gewählt. Politische Wahlen dienen ja häufig der Durchsetzung bestimmter Macht- und Geltungsansprüche: Schreber – Sohn eines berühmten Vaters – versuchte selbst in der Öffentlichkeit hervorzutreten, und dabei ist er gescheitert. Auch das Auftreten der zweiten Krankheitsepisode scheint mit Geltungsfragen in Beziehung zu stehen. Schreber hatte kurz zuvor die Mitteilung von seiner bevorstehenden Ernennung zum Senatspräsidenten beim Oberlandesgericht Dresden erhalten. Der daraufhin ausbrechende psychotische Schub ist wohl kaum damit in Verbindung zu bringen, daß es ihm an fachlicher Qualifikation für sein neues Amt mangelte. Weitaus wichtiger scheint, daß Schreber seine neue Tätigkeit unter dem Gesichtspunkt der notwendigen Konkurrenz mit Vaterfiguren erlebte. Daß für Schreber Macht- und Konkurrenzauseinandersetzungen eine sehr zentrale Rolle spielten, geht aus wichtigen Teilen seines Wahnes unverkennbar hervor.

Ein halbes Jahr vor Ausbruch des letzten Erkrankungsschubes war Schrebers Mutter im Alter von 92 Jahren gestorben. Man kann annehmen, daß der Tod der Mutter auf Schrebers psychischen Zustand eine labilisierende Wirkung ausübte. Ein halbes Jahr später erlitt seine 15 Jahre jüngere Ehefrau einen Schlaganfall. Unmittelbar danach begann sein letzter psychotischer Schub. Vier Jahre später beging er Selbstmord.

Auslöser für seine ersten beiden psychotischen Schübe waren somit Macht- und Konkurrenzkämpfe mit Vaterfiguren, für die Schreber durch seine bewundernde Liebe für den Vater, gepaart mit loderndem Haß, sensibilisiert war. In seinen »Denkwürdigkeiten« erhebt er eine Fülle von Vorwürfen, die sich unmittelbar auf seine Unterjochung und Unterwerfung beziehen. In seinen wahnhaften Auseinandersetzungen mit Gott richtet sich die Feindseligkeit Gottes darauf, ihn zu entmannen und zu verdummen:

»Alle auf Verübung eines Seelenmords, auf Entmannung zu *weltordnungswidrigen* Zwecken (d.h. zur Befriedigung der geschlechtlichen Begierde eines Menschen) und später auf Zerstörung meines

Verstandes gerichteten Versuche sind gescheitert. Ich gehe aus dem anscheinend so ungleichen Kampfe eines einzelnen schwachen Menschen mit Gott selbst, wenn schon nach manchen bitteren Leiden und Entbehrungen, als Sieger hervor, weil die Weltordnung auf meiner Seite steht. (...) Dabei waltet nun aber ein fundamentales Mißverständnis ob, welches sich seitdem wie ein roter Faden durch mein ganzes Leben hindurchzieht und welches eben darauf beruht, daß Gott *nach der Weltordnung den lebenden Menschen eigentlich nicht kannte* und nicht zu kennen brauchte, sondern weltordnungsgemäß nur mit Leichen zu verkehren hatte.«[23]

Sowohl Freud als auch Lacan führen das Wesen Gottes im Schreberschen Wahn auf dessen Vater zurück. Freud stellt zunächst ganz allgemein fest: »Die infantile Einstellung des Knaben zu seinem Vater ist uns genau bekannt; sie enthält die nämliche Vereinigung von verehrungsvoller Unterwerfung und rebellischer Auflehnung, die wir im Verhältnisse Schrebers zu seinem Gott gefunden haben, sie ist das unverkennbare, getreulich kopierte Vorbild dieses letzteren.«[24] Sodann geht er spezifischer auf Schreber ein: »Bei diesem Kranken hat sich die infantile Einstellung gegen den Vater zweiseitig durchgesetzt. Solange der Vater lebte, volle Auflehnung und offenes Zerwürfnis; unmittelbar nach seinem Tode eine Neurose, die sich auf sklavische Unterwerfung und nachträglichen Gehorsam gegen den Vater gründete. Wir befinden uns also auch im Falle Schreber auf dem wohlvertrauten Boden des Vaterkomplexes.«[25] Die psychotische Erkrankung wird erst durch die Macht- und Konkurrenzsituationen mit als übermächtig erlebten Vaterfiguren ausgelöst. Hier kommen sowohl die haßerfüllte Ambivalenz dem Vater gegenüber als auch das komplementäre Gefühl der eigenen Ohnmacht voll zum Tragen.

»Im ganzen aber wird die Krankheit als ein Kampf des Menschen Schreber gegen Gott aufgefaßt, in welchem der schwache Mensch Sieger bleibt, weil er die Weltordnung auf seiner Seite hat.«[26] *Was wir für die Krankheitsproduktion halten, die Wahnbildung, ist in Wirklichkeit der Heilungsversuch, die Rekonstruktion.* Diese gelingt nach der Katastrophe mehr oder minder gut, niemals völlig; eine ›tiefgreifende innere Veränderung‹ nach den Worten Schrebers hat sich mit der Welt vollzogen.«[27]

In seinem »Selbstheilungsversuch« bleibt Schreber der Sieger über den Vater, der eigentlich lebende Menschen nicht kannte, da er »nur mit Leichen zu verkehren hatte«. Welch eine Verurteilung des Vaters, des Arztes und Erziehers!

Dieser Vater wird in den Krankenblättern als zwangsneurotisch beschrieben. Horst Herrmann stellt hinsichtlich seiner Erziehungsideale und Erziehungsanstrengungen fest:

»Ich gebe zu, keinen anderen Autor zu kennen, der die Vater-Erziehung so klassisch perfektioniert hat wie Schreber... Ausgangspunkt der klassischen Pädagogik Schrebers ist eine bestimmte Beobachtung, die in den Rang eines Prinzips erhoben wird...: Unsere Zeit ist kraftlos und schlaff. Schreber erzieht seinen Sohn... zur Stärke. Die vermutete Schwäche wird durch gewollte Stärke ausgetrieben... Der Prozeß der Ertüchtigung ist angereichert durch ein... Kampf-Vokabular (wie) ›Schutzmauern‹, ›niederringen‹, ›edlem Kampf‹, ›Brechen von Trotz und Eigenwillen‹, ›sittlichen Waffen‹ und ›Siegesschwertern der Willenskraft‹.«[28]

Schrebers Erziehung war somit eine kämpferische und zugleich unerbittlich konsequente: Der ›schwache‹ Sohn sollte mit allen Mitteln zu der Stärke erzogen werden, die der pseudosouveräne Vater wahrscheinlich bei sich selbst vermißte.

Bei diesem Erziehungsstil werden unbeugsame Prinzipien mit väterlicher Liebe gleichgesetzt. Der Sohn wird im Namen der Vaterliebe verfolgt: Keine menschliche Schwäche wird entschuldigt, nichts wird nachgesehen, nichts übersehen. Keine Milde waltet. Und das alles »zum Besten des Sohnes«, wie Horst Herrmann immer wieder ironisch betont. Der väterliche Einfluß und der väterliche Erziehungsstil zeitigen bei Schreber junior ihre unselige Langzeitwirkung.

Das Verfolgen von Erziehungsprinzipien wurde nicht nur bei Schreber, sondern auch bei vielen männlichen Patienten zur Verfolgung des Kindes. Der Teufelskreis verfolgender väterlicher Erziehung wird von Morton Schatzman analysiert:

»Die Väter wollen, daß ihr Kind sie liebt, ehrt und ihnen gehorcht. Zum Besten des Kindes. Wenn das Kind dies nicht tut, muß es dazu gezwungen werden. Zum eigenen Besten.

Je mehr das Kind die Verfolgung durch die Väter als Verfolgung wertet, desto mehr verfolgen die Väter das Kind und halten ihre Verfolgung für Liebe.

Das Kind muß zu verbergen suchen, daß es die Verfolgung als Verfolgung erkannt hat. Und es muß zu verbergen suchen, daß es etwas verbirgt. Die Väter sagen ihm, Lügen sei böse. Und weil ein lügendes Kind böse sei, müsse es zum eigenen Besten bestraft werden.

Das Kind erkennt, daß die Väter es am meisten bestrafen, wenn sie sehen, daß es die Verfolgung als Verfolgung erkennt, und es verbirgt, daß es dies tut, und verbirgt, daß es etwas gibt, das es verbirgt.

Das Kind verbirgt vor sich selbst, daß es erkennt, daß die Väter es verfolgen, und es verbirgt vor sich selbst, daß es etwas gibt, was es verbirgt.

Hier wird verdrängt, verleugnet und verworfen, verurteilt und negiert, kurz: gelogen.«[29]

Die ungeheure, ja lebensentscheidende Brisanz dieser Thematik wird offensichtlich, wenn man Schrebers Aufzeichnungen entnimmt, daß seine »Vermessenheit«, sich gegen den Vater aufzulehnen, mit ihm sogar zu konkurrieren, ein an sich »todeswürdiges« Vergehen darstelle. Wenn er für diese Anmaßung schon nicht mit dem Tode bestraft würde, so müsse er sich wenigstens nachträglich unterwerfen. Gegen einen solchen Vater konnte Daniel Paul Schreber nur im Schutze der Krankheit rebellieren.

Das innere Drama des heranwachsenden Sohnes kann wohl nur durch große Schriftsteller ausgelotet werden, die wie Franz Kafka unter ähnlichen Verhältnissen gelitten haben. In seiner Erzählung »Die Verwandlung« beschreibt er die Gefühlslage eines Sohnes, der keine Gnade in den Augen des Vaters findet. Die nun folgende Szene zwischen Gregor Samsa und seinem Vater veranschaulicht Kafkas eigene schmerzhaft empfundene Ohnmacht:

»Als GREGOR SAMSA eines Morgens aus unruhigen Träumen erwachte, fand er sich in seinem Bett zu einem ungeheueren Ungeziefer verwandelt. (...)

(Tage später: Der Vater kam,) (...) die Hände in den Hosentaschen, mit verbissenem Gesicht auf Gregor zu. Er wußte wohl selbst nicht, was er vorhatte; immerhin hob er die Füße ungewöhnlich hoch, und Gregor staunte über die Riesengröße seiner Stiefelsohlen. Doch hielt er sich dabei nicht auf, er wußte ja noch vom ersten Tage seines neuen Lebens her, daß der Vater ihm gegenüber nur die größte Strenge für angebracht ansah. Und so lief er vor dem Vater her, stockte, wenn der Vater stehenblieb, und eilte schon wieder vorwärts, wenn sich der Vater nur rührte. So machten sie mehrmals die Runde um das Zimmer, ohne daß sich etwas Entscheidendes ereignete, ja ohne daß das Ganze infolge seines langsamen Tempos den Anschein einer Verfolgung gehabt hätte. Deshalb blieb auch Gregor vorläufig auf dem Fußboden, zumal er fürchtete, der Vater könnte eine Flucht auf die Wände oder auf den Plafond für besondere Bosheit halten. Allerdings mußte sich Gregor sagen, daß er sogar dieses Laufen nicht lange aushalten würde; denn während der Vater einen Schritt machte, mußte er eine Unzahl von Bewegungen ausführen. Atemnot begann sich schon bemerkbar zu machen, wie er ja auch in seiner früheren Zeit keine ganz vertrauenswürdige Lunge besessen hatte. Als er nun so dahintorkelte, um alle Kräfte für den Lauf zu sammeln, kaum die Augen offenhielt; in seiner Stumpfheit an eine andere Rettung als durch Laufen gar nicht dachte; und fast schon vergessen hatte, daß ihm die Wände freistanden, die hier allerdings mit sorgfältig geschnitzten Möbeln voll Zacken und Spitzen verstellt waren – da flog knapp neben ihm, leicht geschleudert, irgend etwas nieder und rollte vor ihm her. Es war ein Apfel; gleich flog ihm ein zweiter nach; Gregor blieb vor Schrecken stehen; ein Weiterlaufen war nutzlos, denn der Vater hatte sich entschlossen, ihn zu bombardieren. Aus der Obstschale auf der Kredenz hatte er sich die Taschen gefüllt und warf nun, ohne vorläufig scharf zu zielen, Apfel für Apfel. Diese kleinen roten Äpfel rollten wie elektrisiert auf dem Boden herum und stießen aneinander. Ein schwach geworfener Apfel streifte Gregors Rücken, glitt aber unschädlich ab. Ein ihm sofort nachfliegender drang dagegen förmlich in Gregors Rücken ein; Gregor wollte sich weiterschleppen, als könne der überraschende unglaubliche Schmerz mit dem Ortswechsel vergehen; doch fühlte er sich wie festgenagelt und streckte sich in vollständiger Verwirrung aller Sinne (...)

Die schwere Verwundung Gregors, an der er über einen Monat litt – der Apfel blieb, da ihn niemand zu entfernen wagte, als sichtbares Andenken im Fleische sitzen –, schien selbst den Vater daran erinnert zu haben, daß Gregor trotz seiner gegenwärtigen traurigen und ekelhaften Gestalt ein Familienmitglied war, das man nicht wie einen Feind behandeln durfte, sondern demgegenüber es das Gebot der Familienpflicht war, den Widerwillen hinunterzuschlucken.«[30]

So muß sich Franz Kafka, der einzige bzw. einzig überlebende von drei Söhnen, oft gefühlt haben. Auch er hatte eine schwache Lunge; er starb im Alter von 36 Jahren an Tuberkulose; auch er empfand sich in den Augen des Vaters als Ungeziefer, als plump, ungeschickt, kurz, ekelhaft; der »Brief an den Vater« [31] bezeugt es. Der väterlichen Verfolgung, dem väterlichen Bombardement war er genauso hilflos ausgesetzt wie Gregor Samsa. Außergewöhnliche Fähigkeiten, wie Kreativität, wie die Wände hoch- und den Plafond entlangzukrabbeln, vergaß er in seinem Schrecken. Er war gelähmt vor Entsetzen. Nicht alle Söhne können ihre Not so plastisch ausdrücken wie Franz Kafka. Trotzdem ist, nach Hermann Hesse, die Weltgeschichte voll davon. Aber nur wenigen Notleidenden ist vergönnt, ihre innere Pein anderen mitzuteilen.

Die Ohnmacht des Sohnes und sein Aufbegehren gegen die Unerbittlichkeit des Vaters sind auch Thema eines anderen bedeutenden Schriftstellers: In seinem Roman *Der Fall Maurizius* porträtiert Jacob Wassermann sowohl die Rebellion eines Sohnes als auch die Auswirkungen des Machtverlustes auf den Vater. Hier die Ausgangssituation:

»Sie sahen einander nur im Hause. Herr von Andergast, beruflich bis zur Überlastung beansprucht, unternahm weder Spaziergänge noch besuchte er Theater und Konzerte (...) Die Sonn- und Feiertagsnachmittage waren dem Studium aufgesammelter Akten gewidmet.

Mit Etzel (MK: dem Sohn) täglich zwei Stunden zu verbringen, war jedoch eine Lebenseinrichtung, genau wie das Aktenstudium (...) Es kamen nur die Abendstunden in Betracht... Wenn dann der Tisch abgeräumt war, zündete Herr von Andergast die Zigarre an und entspannte sich durch einen merkbaren Willensakt. Haltung und Miene lockerten sich, niemals bis zum unbeachteten Sich-gehenlassen freilich, weit davon (...) Gewöhnlich begann er mit unverfänglichen Fragen, plänkelte eine Weile, griff ein Thema auf, reizte Etzel zum Widerspruch, fand Vergnügen am Widerspruch, parierte mit fechterischer Gewandtheit (...) Er ist verdammt gescheit, dachte Etzel wütend und voll Hochachtung, man kann ihm nicht beikommen (...)

Punkt halb zehn erhob sich Herr von Andergast mit einer Miene, die nicht mehr die geringste Beziehung zum letztgesprochenen Wort hatte; worauf sich Etzel in etwas alberner Überstürzung zur Tür wandte, die Klinke packte und sich mit dem vagen Lächeln eines Menschen verbeugte, der auf abgefeimte Manier überlistet worden ist. Ja, er kam sich geprellt vor, er konnte nicht sagen, warum, und jedesmal, wenn er aus dem Zimmer ging, fühlte er sich ›entlassen‹, ungefähr wie nach einem Verweis beim Rektor.« [32]

Die inszenierte Überlegenheit des Vaters und die Hilflosigkeit des Sohnes werden in dieser Passage auf den entscheidenden Punkt gebracht: Gibt der Vater zu verstehen, daß die Unterredung beendet ist, so fühlt sich der Sohn ›entlassen‹, wie nach einem ›Verweis‹ vom Rektor. Auch für die begabtesten Söhne – wie Etzel oder Gregor Samsa – gibt es da kein Entrinnen.

3. Der Konkurrenzkampf zwischen Vater und Sohn

Kalkulierte Machtausübung des Vaters und Ausgeliefertheit des Sohnes sind in unserer Tradition fest verankert. Zum bekannten Repertoire gehört auch das Aufbegehren des Sohnes, der Konflikt während der Adoleszenz. Für den Ausgang dieser Auseinandersetzungen existieren wiederum zahlreiche Vorbilder: Bei souveränen Vätern darf der Sohn punktuell gewinnen. Je mehr es dem Vater an Souveränität gebricht, um so wahrscheinlicher geht es um Unterwerfung oder Verwerfung; der Sohn, der sich nicht unterordnet, wird verstoßen.

Was sich für den Sohn wie ein Kampf um Leben und Tod, um psychisches Leben oder psychischen Tod, anfühlen kann, mag aus der bewußt erlebten Perspektive des Vaters – wenigstens im nachhinein – ganz harmlos wirken. Wie der nun zu Wort kommende Vater eines schizophrenen Patienten haben vielleicht auch die Väter von Andergast und Kafka empfunden:

»Ich war, was die Erziehung betraf, war ich passiv, nicht aktiv. Ich habe indirekt Einfluß genommen, und zwar nicht direkt, leider, muß ich da sagen. Und zwar, ich war blockiert durch den Beruf. Das ist jetzt eine Feststellung, keine Entschuldigung. Ich war blockiert, zumal ich exakt in der Zeit, als G. geboren wurde, die Firma gewechselt habe und dann die einmalige Chance bekam, etwas aufzubauen, vom Stand Null an aufzuziehen. Das dauert natürlich Jahre, und das sind genau die Jahre bis zur Pubertät. Und deshalb war ich in der Erziehung nicht aktiv.

Es gab aber eine Sache, wo ich mich ganz bewußt an der Erziehung beteiligt habe, was so eine gewisse Steuerung betraf. Und zwar meine Devise war, immer an der ›langen Leine‹ laufen lassen, um Gottes willen nur nicht autoritär. Das war im Berufsleben so. Im Berufsleben war das positiv, war die lange Leine, war das positiv und da war ich also irgendwie immer besonders stolz drauf, die lange Leine« (VB).

»Um Gottes willen, nur nicht autoritär«, statt dessen nur »an der langen Leine«: Dieser Vater kam sich sicherlich großzügig und modern vor. Nicht erwähnt wird dabei, daß das Terrain für den »Auslauf« so gewählt ist, daß der Vater ganz selbstverständlich der Dompteur bleibt: »Er ist verdammt gescheit, dachte Etzel wütend und voll Hochachtung, man kann ihm nicht beikommen.« Dieser kleine Satz weist alle Elemente auf, die dem Sohn zum Verhängnis werden können: die Hochachtung vor, die Wut auf und die Ohnmacht gegenüber dem Vater. Zutiefst empfundene Bewunderung, gärender Groll und aussichtslos erscheinende Ohnmacht sind das Material, aus dem schizophrene Psychosen gemacht sind. Zwei dieser Elemente sind sogar Kinderweisheit:

Der Kaiser von Rom,
der hatte einen Sohn,
der Sohn war viel zu klein,
um Kaiser zu sein.

Bekannt ist auch das Phänomen des »Kaisers ohne Kleider«: Jeder könnte sehen, daß der Kaiser anders sein will, als er ist; aber nur ein Kind wagt, dies zu benennen. Das spontane Kind wird jedoch spätestens während der Adoleszenz gebremst, und zwar, sobald es anfängt, für den Geschmack des Vaters zu fähig zu werden. Dazu das Beispiel eines später erkrankten Sohnes:

»Dieses Gebirge, das fand ich streckenweise schon ganz schön krankhaft. Da mußte er (der Vater) Höchstleistungen bringen. Ich, persönlich, habe das als Herausforderung betrachtet. Ein Indianer kennt keinen Schmerz, mit 15 Jahren.

Ich mein, wie jeder Mensch mit seinem Vater konkurriert, so wollte auch ich mit meinem Vater konkurrieren, indem man versucht, leistungsmäßig dasselbe zu bringen oder wenigstens in die Nähe zu kommen. Für mich war der Vater immer ein Vorbild und ein Konkurrenzgegner.

An diesen Gebirgsunternehmungen bin ich über mich hinausgewachsen. Einmal habe ich ihm gesagt, das wirft er mir noch heute vor: ›Vater, du wirst doch nicht schlappmachen.‹ Es war Schnee, bis zum Bauch sind wir versunken. Vater hat gesagt: ›Da kehren wir um.‹ Und großspurig wie ich war, hab ich gesagt: ›Vater, du wirst doch nicht schlappmachen.‹ Das war der Anlaß, da hat er sich herausgefordert gefühlt, da hat er weitergemacht. Auf der Talstation war ich total erschöpft. Ich konnte mich nicht mehr erwärmen.

Es war ein verbissener Kampf zwischen uns« (VB).

Auch hier werden nur zwei der drei krankmachenden Komponenten benannt, die Bewunderung des Vaters und die eigene Ohnmacht: Der Vater ist Vorbild und Konkurrenzgegner zugleich; der Sohn wagt es nicht, ihn zu übertrumpfen; sein Ehrgeiz beschränkt sich darauf, »leistungsmäßig dasselbe zu bringen oder wenigstens in die Nähe zu kommen«. Hält er diese implizite Spielregel nicht ein, dann wird es ernst: Der Vater fühlt sich herausgefordert; es kommt zum »verbissenen Kampf« zwischen Vater und Sohn.

Läßt man diese Anekdote auf sich wirken, so fragt man sich unwillkürlich, ob es sich um den Kampf des Vaters oder den des Sohnes handelt. Hätte der »erwachsene« Vater nicht seinen Stolz bezwingen und Verantwortung für den Sohn übernehmen können, statt die Gesundheit des Sohnes zu riskieren? Dieser Vater konnte offensichtlich keine »Niederlage« ertragen. Die stichelnde Bemerkung des 15jährigen genügte, um jede Vernunft außer acht zu lassen und innerlich auf »Endsieg« zu schalten. Diese Herausforderung blieb folgerichtig auch die letzte des Sohnes. Deshalb wird sie wahrscheinlich als »Heldengeschichte« immer wieder berichtet. Nur einmal hatte er es gewagt, seinem Vater zu trotzen, er hat dabei »verloren«. Er hatte seine Lektion gründlich gelernt; denn als er sich anschickte, seinen Vater beruflich zu überrunden, erkrankte er an einer schizophrenen Psychose. Dazu der Kommentar des Sohnes:

»Ich habe wahrscheinlich gedacht, er ist immer der Stärkere, und das soll er auch bleiben. Ich habe wohl eine unterschwellige Angst, daß mein Vater verliert. Ich stehe und falle mit meinem Vater« (VB).

Hier taucht die Angst[33] auf, die meist unterschwellig bleibende Angst; sich diese Angst erkennen zu trauen, ist Produkt der psychotherapeutischen Behandlung. Der Zusatz: »Ich stehe und falle mit meinem Vater« zeigt jedoch das prekäre Selbstbewußtsein des Sohnes; ohne meinen Vater bin ich nichts; dieses Grundgefühl wurde ihm und vielen Söhnen quasi eingehämmert. Ohne deinen Vater wirst du zugrunde gehen! Die Ironie ist, daß gerade die Abhängigkeit vom Vater wesentlich dazu beiträgt, den Sohn gesundheitlich zugrunde zu richten. Diese Einsicht kommt allerdings oft zu spät. Während seines zweiten psychotischen Schubes hatte der gerade zitierte Sohn die innere »Gewißheit«:

»Ich muß kontra geben, ich muß ihm kontra geben. Ich muß kontra geben gegen meinen Vater!« (VB).

Aber bis es zu dieser Einsicht kommt, gibt es noch viele Gelegenheiten für mögliche Kämpfe. Neben der körperlichen eignet sich vor allem die schulische Leistung gut für den verkrampften Wettbewerb: Spieglein, Spieglein an der Wand, wer ist der Beste im ganzen Land?

»In der Schule war ich bis 15 ein braver, angepaßter, aber mittelmäßiger Schüler. Mit 16 hab ich angefangen, zu rackern. Ich hab bewußt auf Noten gearbeitet. Vater hatte den Komplex, daß er keine Fremdsprachen konnte. Das war für mich die Herausforderung, alles mögliche an Sprachen zu lernen, was es gibt.

Mit 16/17 hat mich schwer der Ehrgeiz gepackt. Ich wollte das beste Abitur an der Schule machen. Da kam in der letzten Klasse ein Neuer. Der war viel besser als ich und viel lockerer. Er ließ mir den Vortritt. Wir erhielten gemeinsam den Preis für das beste Abitur« (VB).

Offensichtlich hatte »der Neue« einen anderen Vater. Der »Neue« ließ dem vom Ehrgeiz Besessenen den Vortritt. Er hätte ihn ohne Anstrengung überholen können, wie Herr S. einräumte. Er begnügte sich jedoch mit dem gemeinsamen Preis.

Der verbissene Kampf zwischen Vater und Sohn hat also nicht den Rang eines Naturgesetzes. Meiner Erfahrung nach wird die Konstellation: Er oder ich! von pseudosouveränen Vätern initiiert und aufrechterhalten. Der bergsteigende Vater hätte dem 15jährigen seinen kleinen Triumph großzügig gönnen können. Er wäre damit seiner väterlichen Fürsorgepflicht viel gerechter geworden. Außerdem hätte er die gute Gelegenheit nutzen können, ihm zu zeigen, daß auch die Fähigkeiten eines Vaters begrenzt sind und daß risikoreiche Unternehmungen wohldurchdacht sein müssen. Diese Größe fehlt dem pseudosouveränen Vater. Tragisch ist, daß sich vielleicht sowohl der Vater als auch der Sohn danach sehnen, auch einmal schwach sein zu dürfen, ohne sofort das Gesicht zu verlieren. Ein Sohn drückte das folgendermaßen aus:

»Das ist einer der großen Punkte bei mir, daß ich darum gekämpft habe, einmal schwach sein zu dürfen. Ich war ein schwaches Kind. Ich bin gehänselt und beleidigt worden und Gott weiß was, in der Familie, vom Vater. Es war für mich ein Bedürfnis, auch einmal schwach sein zu dürfen. Ich konnte es jahrelang nicht. Ich war nach außen eine Maske, ein Roboter« (VB).

Ein anderer Sohn war über alle Maßen erstaunt, als sein Vater einmal äußerte, er »brauche« die Mutter. Zum Zeitpunkt dieses Eingeständnisses war der Patient bereits 23 Jahre alt; die Vorstellung, als richtiger Mann ein von allen Menschen unabhängiger Einzelkämpfer sein zu müssen, ein Höchstleistungsroboter, hatte sich bereits unwiderruflich in ihn eingegraben. An dieser Fehlerwartung ist er gescheitert. Daß zwischen dem, was sein Vater propagierte, und dem, was er tatsächlich lebte, eine bemerkenswerte Diskrepanz bestand, hat er – zu seinem größten Erstaunen – erst in der Behandlung entdeckt.

4. Der Konflikt und seine befürchteten Folgen

Der aufreibende Konflikt zwischen Vater und Sohn wird von allen Patienten geschildert. Sind die in der Adoleszenz zwangsläufigen Auseinandersetzungen mit dem Vater erst als Kampf angelegt, dann gibt es selten einen Ausweg. Daß ein Reiben am Vater zur Selbstfindung des Heranwachsenden dazugehört und daher fruchtbar sein kann, wird in der Verbissenheit übersehen. Übersehen wird auch, daß der Vater wirklich gewinnen würde, wenn er den Sohn an seiner Seite groß werden ließe. Aber seine Angst, die Vormachtposition zu verlieren, läßt solche Langzeitüberlegungen nicht zu. Der pseudosouveräne Vater kann es nicht riskieren, seine Grundposition aufzugeben:

»Das war ein ständiges Reiben über ein paar Jahre, wobei mein Vater eigentlich immer ein bißchen zurückgesteckt hat, ein Stückchen weit zurückgegangen ist, aber eigentlich seine Grundposition nicht aufgegeben hat, daß er ein toller Macker ist und eigentlich unheimlich viel leistet, und das solle erst einmal jemand nachmachen« (VB).

Durch einen anderen Sohn wird der Zusammenhang noch präzisiert:

»Ich hatte immer Spielräume, aber nur so lang, wie mein Vater das akzeptiert hat« (VB).

Der Vater hält den Sohn »an der langen Leine«, wie weiter oben beschrieben; der Sohn hat zwar zunächst die Illusion der Bewegungsfreiheit, wird aber beim ersten ernsthaften Konflikt erkennen, wie kurz diese lange Leine in Wirklichkeit ist.

Auch der »Befreiungskampf« von der langen Leine wird verbissen, zentimeterweise, ausgetragen:

»Dieses Gefühl, daß er immer der Bessere und der Überlegene sein muß, dagegen habe ich in meiner Jugendzeit und während meiner Pubertät protestiert und habe darum gekämpft, um einen Platz in der Familie« (VB).

Oder:

»Ich glaube, daß ich mich so relativ früh, so zwischen 13 und 14, relativ früh, ich kann mich nicht mehr genau erinnern, es war nur so ein fluktuierendes Gefühl, es war nichts Beständiges, es war nichts Wesentliches, ich habe da auch mit Ellenbogen ziemlich versucht, mich in der Familie durchzusetzen« (VB).

Bald verliert der Sohn die Geduld; er sieht keine Fortschritte; er will nicht länger als kleiner Junge behandelt werden; er will als eigenständige Person respektiert werden. Der Konflikt nimmt andere Formen an:

»Ich hatte immer das Gefühl, man wird nur dumm angeredet von zu Hause. Man kennt kein freundliches Wort. Ich habe mich halt einfach als Person nicht respektiert gefühlt, und das war für mich das Schlimmste.

Und da habe ich mir halt gedacht, so mit 13, 14, da habe ich mich ein Stück freigestrampelt. Ich habe dann auch die Kämpfe durchgeführt mit meinem Vater und habe mein eigenes Leben irgendwie gelebt. Ich war ziemlich verschlossen, ich habe meinen Eltern nichts erzählt.

Das erste Ziel, das ich so mit 13, 14 hatte, ich wollte einen eigenen Schlüssel haben fürs Haus. Ich wollte kommen und gehen und machen können, was ich wollte« (VB).

Den eigenen Schlüssel hat er bekommen. Er hat jedoch bald gemerkt, daß es in wirklich zentralen Fragen keine Kompromisse gibt. Für ihn und für andere Söhne waren die Spielräume eben nur so groß, wie der Vater sie zuließ. Überschreitungen der Grenzen wurden unnachsichtig geahndet. Von konkreten Drohungen bis zu abschrekkenden Beispielen reichte das Erziehungsrepertoire des Vaters. Da hätte schon Tollkühnheit dazugehört, um sich aus der Position der Ohnmacht herauszuwinden. Im verbissenen Kampf geht es, wie mit der Wortwahl angedeutet, nicht zimperlich zu. Der um sich schlagende Sohn sucht nach Schwachstellen beim Vater und findet sie auch todsicher, und sei es in seiner Vergangenheit:

»Während der Pubertät und in den Jahren danach, wo ich zur Schule ging, habe ich natürlich häufige Auseinandersetzungen mit dem Vater gehabt, wo es dann letztendlich über das Thema Politik, letztendlich immer wieder hinkam zu dem Punkt Drittes Reich. Und wo wir auf jeweils das Unverständnis des anderen getroffen sind.

Um was es da inhaltlich jetzt ging, das kann ich heute gar nicht mehr wiederholen. Das war damals, also wo der Vater inhaltlich so einen Rechtsruck machte und so neues Verständnis oder altes Verständnis von der rechten Ordnung bekam.

Da waren die 68er Jahre damals der Auslöser. Das ist der Zeitpunkt, wo er eigentlich innerlich einen Wechsel machte und auch so für sich, so mehr in entschuldigender Weise, die Vergangenheit aufgearbeitet hat und: ›Na, so schlecht war es damals ja doch nicht.‹

Und so in dem Entstehen des neuen/alten Bewußtseins haben dann halt immer Streitigkeiten, die sich an allen möglichen Kleinigkeiten entzündet haben, wo es dann so war, daß jeder seine Meinung recht lauthals hat loswerden müssen« (VB).

Der Sohn, getragen von Zeitströmungen, wittert seine Chance: Der Auslöser, das Inhaltliche sind fast gleichgültig. Der Sohn begehrt auf und begehrt natürlich um so mehr auf, je stärker er die väterliche Verfolgung empfunden hat. Die Positionen verhärten sich zusehends:

»Vor 68, wo der Staat so in der Wiederaufbauphase war, wo eigentlich zwischen den Generationen, wo es kaum Konflikte gegeben hat, hat der Vater SPD gewählt und hat sich eigentlich mehr demokratisch verhalten als dann nachher. Während sich das bei ihm so durch die Erlebnisse und Nachrichten der 68er Jahre, die Studentenrevolte, geändert hat. Da spielte ja alles mit rein, die Musik, wofür die ältere Generation, er zumindest, kein Ohr dafür hatten, bloß Chaos vermuteten, Rauschgift und so etwas« (VB).

Dieser Sohn hatte die Achillesferse des Vaters bemerkt; der Kampf zwischen Vater und Sohn wurde immer unerbittlicher. Der Vater befürchtete Chaos in der Familie, d. h. die Unterhöhlung seiner

Autorität. Der unbotmäßige Sohn mußte weg: Er kam ins Internat. Für seinen Bruder wurde damit gleichzeitig ein Exempel statuiert.

Die Phrase »ein Exempel zu statuieren« gehört zu den verbreitetsten im männlichen Machtvokabular. In der öffentlichen Diskussion ist sie genauso gängig wie im privaten Bereich. Was Söhne zu befürchten haben, sollten sie aufmüpfig bleiben, kann auch an weiblichen Familienmitgliedern vorexerziert werden:

»Meine Schwester hat, in den Augen des Vaters, einen Fehler gemacht... Da war sie eine Aussätzige ab dem Moment, weil sie so widervernünftig gehandelt hat. Das war ein Fehler, der nicht verzeihbar war für meinen Vater. Da ging es jahrelang nur um diesen Fehler. Wie konnte die Schwester nur so etwas tun. Das konnte kaum mehr in Worte gefaßt werden, so groß war die Schande oder das Versagen meiner Schwester. Es wurde zum Tabu erhoben« (VB).

Die Gefahr, wie ein Aussätziger behandelt zu werden, ist real. Der erste Sohn hat es am eigenen Leib, der zweite bei seiner Schwester hautnah erlebt. Dazu kommt die »Schande« für die Familie: Die ganze Familie könnte in Verruf kommen! Was werden die Verwandten, die Nachbarn, die Kollegen dazu sagen! Das Gespenst der vermeintlichen öffentlichen Schande ist, neben der Verstoßung, eine zusätzliche Sanktionsandrohung des Vaters: Als Familienoberhaupt muß er über den guten Namen der Familie wachen:

»Wenn ich so etwas wie Schande der Familie bereitet hätte. Uneheliches Kind in die Welt gesetzt z. B. plus schulisches Versagen, plus vielleicht noch ein bißchen ins falsche Milieu bewegen, er hätte mich nur einmal rausgeholt, ein zweites Mal nicht« (VB).

Ein anderer Sohn hatte in einem früheren Zitat schon treffend bemerkt, wenn einem nur einmal, also kein zweites Mal, geholfen wird, dann kann man sich auch das erste Mal nicht erlauben. Diese und andere Drohungen jagen dem Kind, dem Jugendlichen Angst und Schrecken ein:

»In meiner Vorpubertätszeit, als ich irgendwelche Schwierigkeiten immer angeblich gemacht hätte, an die ich mich nicht erinnern kann, wurde immer gedroht, daß ich in ein Internat abgeschoben werde. So wurde mir um 10, 11, 12, ich weiß nicht ganz genau, damit gedroht, daß ich ins Internat komme.

Da wurde ich damals auch zu einem Arzt geschickt, so mit 10, 11, weil meine Eltern sich nicht erklären konnten, daß ein Kind so viel liest. Ich war halt für sie nicht ansprechbar. In meiner Vorpubertätszeit habe ich auf sie nicht reagiert. Ich war für sie ein absolut trotziges, aufsässiges, widerspenstiges Kind, das zwar nicht geschrien oder gebrüllt hat, sich einfach nur ihnen verweigert hat. Nichts von ihnen angenommen hat. Ich habe mich verkrochen, ich habe gelesen, mich zurückgezogen.

Und dann wurde gedroht, wenn das weiter so mit mir geht, komme ich in ein Internat. Eine der Drohungen war Internat, Jugendgefängnis etc.

Das war immer so die Drohung, das Fallengelassenwerden. Verstoßen von der Familie heißt dann, kein Geld, keine Zuwendung, keine Sicherheit und Bestrafung« (VB).

Also nicht nur das Tun, sondern auch das Unterlassen kann für den Sohn konsequenzenreich sein. Ein phantasiebegabtes Kind verbindet mit Internat, Jugendgefängnis wahrste Horrorszenarien. Die Drohung, »verstoßen« zu werden, hinausgestoßen zu werden aus der Familie, kommt einem subjektiven Weltuntergang gleich; denn die Familie – wie sie auch sein mag – ist alles, was ein Kind kennt. Nicht umsonst hat »die Fremde« in der deutschen Umgangssprache eine so bedrohliche Anmutung. Die Angst, in die Fremde verstoßen zu werden, ist für ein Kind sicherlich noch sehr viel größer als die Befürchtung, die materielle Sicherheit zu verlieren.

Die antizipierten, an anderen Familienmitgliedern vollzogenen bzw. am eigenen Leib erfahrenen Folgen des Widerstands gegen die väterliche Gewalt lassen das dritte krankmachende Element, die Angst, bewußt werden. Neben der Bewunderung für die Omnipotenz des Vaters und dem Gefühl der eigenen Ohnmacht gesellt sich also als dritte im Bunde die Angst hinzu: die Angst, fallengelassen, verworfen, verstoßen zu werden. Die drei Eckpunkte des krankmachenden Teufelskreises können wie folgt symbolisiert werden:

Bewunderte Macht des Vaters ⟷ **Ohnmacht des Sohnes**

↖↘ ↗↙

Angst des Sohnes

Exkurs: Der schizophrenogene Charakter extremer Vater-Sohn-Bindungen

Die bis jetzt diskutierte Abfolge von Idealisieren, Konkurrieren, Aufbegehren ist einerseits typisch für jede gesunde Entwicklung im Jugendalter. Sie wird nach Stierlin[34] dann problematisch, wenn eine extreme Bindung zwischen einem Elternteil und dem Kind bestehenbleibt, die *einseitig komplementären* Charakter hat: Auf die hier diskutierte Problematik angewandt heißt das, daß die Erziehung zur vermeintlichen Stärke einerseits *komplementär* ist: sie nützt – oberflächlich gesehen – sowohl dem Vater als auch dem Sohn. Sie ist andererseits jedoch *einseitig*, da sie vom Vater initiiert und aufrechterhalten wird, denn der pseudosouveräne Vater braucht mindestens einen Menschen, der vorbehaltlos zu ihm aufsieht.

Blos zitiert einen seiner Patienten, der die Gefühlslage der einseitig komplementären Bindung genauestens kennzeichnet:

»Ich weiß, daß mein Vater mich liebte, aber er brauchte mich nur als den Sohn, den er haben wollte, nicht als das Kind, das ich war. Er brauchte ein Publikum, er brauchte Lob... Ach, diese kriecherische Bewunderung, die Götter fordern! Ich merkte nie, wie sehr ich ihn verehrte, daß ich ihn brauchte wie einen Gott. Aber Vater erwartete Vergötterung – er erwartete sie von mir... Es war mein Vater, von dem ich Liebe und den Nährstoff des Lebens erhoffte. Was er mir geben konnte, war Geld. Diese goldene Nabelschnur band mich an ihn. Meine Lebensangst beruhte darauf, daß ich dieses Lebensblut, das von ihm kam, zu verlieren fürchtete. Aus Angst vor dem Verhungern unterwarf ich mich ihm.«[35]

Die Angst vor dem Verhungern, vor der das väterliche Geld retten soll, steht sicherlich stellvertretend für eine viel tiefer sitzende Angst. Sie wurde bereits von einem anderen Patienten mit »Ich stehe und falle mit meinem Vater« beschrieben: Ohne meinen Vater, ohne seinen Schutz, ohne sein Geld, bin ich nichts. Nicht mitgedacht wird, daß der Vater die goldene Nabelschnur nicht durchtrennt, um die für ihn lebensnotwendige Vergötterung des Sohnes zu behalten. Er **k**ödert, **k**auft, **k**orrumpiert ihn. Neben den drei »K«s fördert er noch ein viertes: die **k**riecherische Bewunderung, und zwar lebenslang.

Für das Bedürfnis des Vaters, bewundert zu werden, sind Erwachsene, auch die eigene Ehefrau, entweder keine adäquaten oder zumindest keine verläßlichen Partner.[36] Anders läßt sich die Beziehung zum Sohn gestalten, die vom Vater gefühlsmäßig auf »ewig« angelegt ist. Die mit allen Mitteln aufrechterhaltene Vergötterung kann – wie wir gesehen haben – einen geradezu alttestamentarischen Charakter annehmen: Gott-Vater und das Kind Gottes; Gottes-Zweifel sind Blasphemie; Kompromisse sind unzulässig: Man glaubt, oder man glaubt nicht.

Stierlin schreibt, daß »extreme Bindungen« zwischen Eltern und Kindern eine Wurzel schizophrener Störungen zu sein scheinen:

»Wir (haben) bemerken können, wie viele Eltern ihren potentiell schizophrenen Kindern fast von der Geburt an ein Gefühl tiefer und archaischer Loyalität einimpfen. Von Anfang an vermitteln sie ihnen, daß jede Freude und Bedeutung, die von ihnen getrennt erlebt wird, und jede Abwendung von ihnen, den bindenden und allmächtigen Eltern, das größte Verbrechen des Kindes ist, das die Eltern nur verletzen kann und möglicherweise sogar ihren Tod bedeutet. Auf diese Weise werden die seinem Alter entsprechenden Entwicklungen des Kindes in Richtung auf eine relative Autonomie in seiner Vorstellung gleichbedeutend mit einer mörderischen Aggression, die auf diejenigen gerichtet ist, die ihn am meisten ›lieben‹ und von denen er glaubt – oder besser: konditioniert wurde zu glauben – daß er sie am innigsten liebt.«[37]

Was hier für bestimmte Eltern beschrieben wird, kann direkt auf Väter und ihre an Schizophrenien erkrankten Söhne angewandt werden. Ein paar Seiten weiter stellt Stierlin nämlich fest:

»Die Adoleszenz bringt den Tag der Abrechnung... Sie treibt die Generationen zu dem kritischen Punkt, an dem sich das Drama der zentrifugalen und zentripetalen Kräfte, von Druck und Zug, der versuchten Individuation und Ablösung... entrollt.«[38]

Zwischenergebnis

Während der Phase der Adoleszenz prallen Liebe und Haß funkenspeiend aufeinander, die (nach Hermann Hesse) »in Haß umgeschlagene Liebe«. Dieses Konfliktpotential kann wie folgt zusammengefaßt werden:

- Der pseudosouveräne Vater braucht die Bewunderung des Sohns.
- Der Sohn fühlt sich gebraucht und verwechselt das mit Geliebtwerden.
- Das Gefühl, gebraucht zu werden, gibt dem Sohn eine Pseudosicherheit, die ihn abhängig macht.
- Begleiterscheinung der inneren Abhängigkeit vom Vater ist das Gefühl der eigenen Ohnmacht verbunden mit der Angst, fallengelassen zu werden.
- Ohnmacht und Angst fördern ohnmächtige Wut.
- Es entsteht eine haßerfüllte Ambivalenz zum Vater, die bewußt als Liebe erlebt wird.

Kapitel V Machtmodell
Richter und Urteil

»Niemand hat dem König geraten, seinen Sohn hinrichten zu lassen. Dieser Gedanke ist ihm selbst gekommen (...) Er sah das Bild eines großen Gerichts, in dem das Weltgericht sich spiegelt.«
Jochen Klepper, Der Vater, Roman eines Königs[1]

Der Vater, der – historisch verbürgt und von Jochen Klepper literarisch aufbereitet – mit dem Gedanken spielte, seinen Sohn hinrichten zu lassen, war Friedrich Wilhelm I., König von Preußen, 1713–1740; der Sohn, Kronprinz Friedrich, der ihm als Friedrich II. auf den Thron folgte; das Verbrechen, das der Sohn begangen hatte, war die Flucht des 18jährigen vor Vater und prinzlicher Pflichterfüllung.

Schon früh war Kronprinz Friedrich, der Philosophie, Literatur und Musik liebte und die französische und englische Lebensart verehrte, in schärfste Auseinandersetzungen mit seinem Vater geraten. Friedrich Wilhelm I. versuchte, seinen Sohn mit aller Härte den von ihm in Preußen durchgesetzten Grundsätzen von Pflichtbewußtsein, Sparsamkeit und Unbestechlichkeit zu verpflichten. Diese Prinzipien des »Soldaten-Königs«, die später als preußische Tugenden angesehen wurden, hatte der Sohn – in den Augen seines Vaters – verraten, und damit hatte er vor allem ihn verraten. Aber obwohl dem König der Sinn danach stand, seinen Sohn für diesen Verrat an seinem Herzen mit dem Tode zu bestrafen, sprachen dynastische Gründe dagegen. Statt dessen befahl der König die Exekution von Hans Hermann von Katte, dem Vertrauten Friedrichs, der von dessen Fluchtplänen gewußt hatte; das Urteil des Kriegsgerichts zu lebenslanger Haft wandelte er eigenhändig in die Todesstrafe um.

In seinem eindrucksvollen Werk *Der Vater, Roman eines Königs* bemühte sich Jochen Klepper, den verzehrenden Groll des Vaters auf den Sohn nachzuempfinden:

»Nichts war dem König unerträglicher, als wenn er das, was geschehen war, als einen Jugendstreich hingestellt sah (...) Die Verwundung seines Herzens war zu tief. Seine Gedanken waren zu umdüstert. Das Gericht, das er halten sollte, hatte zu ungeheuerliche Formen in ihm angenommen. Aber was es war, das ihn so entsetzlich traf, vermochte er nicht zu nennen (...) [Er wollte] den Fluchtplan des Sohnes mit Hochverrat verquicken. Er suchte nach Kapitalverbrechen, weil es für das Verbrechen, das in Wirklichkeit geschehen war, keinen Namen gab: den Hochverrat, der an seinem Herzen verübt worden war. Wie gehetzt suchte er nach dem schweren und einzigartigen Verbrechen, in dem endlich alle Quälereien, Enttäuschungen, Verrate des Herzens, Hintergehungen, Bloßstellungen, Auflehnungen, Verspottungen wurzelten, die er Jahre hindurch erduldet hatte.«[2]

Die mörderische Wut im König erkennend, warnte ihn eine mutige Hofdame: »Bis jetzt taten Sie sich etwas darauf zugute, ein gerechter, frommer König zu sein, und dafür segnete Sie Gott. Nun wollen Sie ein Tyrann werden; fürchten Sie sich vor Gottes Zorn. Opfern Sie Ihren Sohn Ihrer Wut; aber seien Sie dann auch der göttlichen Rache gewiß. Gedenken Sie Zar Peters und Philipps von Spanien. Sie starben nach ihrem Frevel ohne Nachkommenschaft, und ihr Andenken ist den Menschen ein Greuel.«[3] Das Beispiel von anderen Herrschern, die ihre Söhne töten ließen, wiegt schwer für einen König, der in dynastischen Kategorien denkt.

In diesem für ihn unlösbar erscheinenden inneren Konflikt suchte Friedrich Wilhelm I. priesterlichen Rat: »In der Heiligen Schrift, Majestät, steht das Wort eines Königs aufgezeichnet, das er dem kommenden König weitergab für den künftigen Sohn: ›Züchtige deinen Sohn, solange Hoffnung da ist; aber laß deine Seele nicht bewegt werden, ihn zu töten.‹«[4] In diesen »Warnungen« offenbart sich die ganze Macht des königlichen Vaters: Er ist der Herr über Leben und Tod, der Richter über seinen Sohn.

Friedrich Wilhelm I., »Vater, König und Richter in einem«[5], ringt sich zu einer Begnadigung des Sohnes durch, aber nicht zu einer Vergebung: Auf der Feste Küstrin, weitab von der Hauptstadt Berlin, wurde der Kronprinz unter Arrest gehalten, alle prinzlichen und militärischen Ehrenbezeugungen wurden ihm aberkannt: Ein Deserteur hatte die Ehre, als Prinz behandelt zu werden und die Uniform zu tragen, verwirkt.

»Des Königs Sohn Friedrich ging wie ein Toter, den keines Menschen Auge sah, in der Feste Küstrin umher. Er tat, was ihm die anderen befahlen (...) [Monate später] Noch irrte der Sohn, ein Leichnam und Schatten, im engen Kreis seiner kärglichen Freiheit umher, von fremdem Willen geleitet und erhalten.«[6] Er »verfiel in eine Art Delirium (...) Er konnte die Trommelwirbel jenes Novembermorgens nicht vergessen, an dem einer sterben mußte für ihn. Er aß nicht. Er trank nicht.«[7]

Die erste Begegnung mit dem Vater nach einem Jahr der Verbannung war für Friedrich nichts als Qual:

»Er kannte bis zum Überdruß, was da begann: eine jener programmatischen Reden des Vaters, die immer von Anfang an wiederholen mußten und nicht davon lassen konnten, zu predigen und zu erziehen (...) Der Sohn möge ihm doch nur sagen, was er mit seinen Launen, mit seinem widerspenstigen Herzen gewann, als er alles haßte, was sein Vater liebte (...) Dies waren gerade wieder die verhaßtesten Tiraden, die der Prinz nicht mehr ertrug; denen er ein Ende bereiten mußte, sollte es noch jemals eine Freiheit für ihn geben! Das einzige Mittel schien ihm die Lüge. Leidenschaftlich, hoch und teuer versicherte er, daß er nunmehr ganz Seiner Majestät christlichen und orthodoxen Meinung beistimme. Aber es war eine furchtbare Erregung, in der er die kalte, heuchlerische, einstudierte Formel hervorstieß.«[8]

Die Lüge zeitigt die erhoffte Wirkung: »Da nahm (der König) das Gesicht seines Sohnes in seine beiden Hände und hob es zu sich empor (...) Er zog den Kopf des Sohnes nahe an seine Brust, mit beiden Armen umschloß er ihn fester und fester; er sprach ganz nahe zu ihm, sehr leise, nur für ihn: warm und rauh und atemlos.«[9] Der Königssohn hatte sich unterworfen.

Dieser Roman ist aus der Perspektive Friedrich Wilhelms I. geschrieben; er ist sowohl ein meisterhaftes Beispiel für die »väterliche Liebe als Verfolgung«, wie sie im vorhergehenden Kapitel analysiert wurde, als auch für den Vater als Richter. Der Vater ist jedoch nicht immer ein gerechter Richter: Kronprinz Friedrich, wie viele andere Söhne, mußte für Enttäuschungen, Niederlagen und Demütigungen büßen, die dem Vater von anderen zugefügt worden waren. Es hatte genügt, daß der Sohn durch seine anders gerichteten Interessen auf unverheilte Wunden, auf sogenannte Schwächen hinwies; so schien es dem Vater, als ob der Sohn alles haßte, was er liebte.

Zu einer wirklichen Aussöhnung konnte sich der Vater – nach Einschätzung des Politologen Christian Graf von Krockow – daher auch nie durchringen. In seinem Buch *Friedrich der Große. Ein Lebensbild*[10] diagnostiziert er das Königsdrama: »Vater und Sohn: Sie prallen aufeinander in der Wut und im Schrecken, in Verachtung und Angst, im Haß. Aber sie gehören zusammen, sie bedingen sich, sie kommen voneinander nicht los.« Und er gibt das väterliche Urteil über den ganz und gar verstockten und mißratenen Sohn wieder, indem er einen an den Kronprinzen gerichteten Brief zitiert:

»Sein eigensinniger böser Kopf, der nicht seinen Vater liebet; denn wenn man seinen Vater liebet, so tut man, was er haben will, nicht wenn er dabei steht, sondern wenn er nicht alles sieht. Zum anderen weiß er wohl, daß ich keinen effeminierten Kerl leiden kann, der keine menschlichen Inklinationen hat, nicht reiten noch schießen kann (...) und in nichts meinen Willen tut, als mit der Force angehalten; nichts aus Liebe, und er alles dazu nicht Lust hat, als seinem eigenen Kopf folgen, sonsten alles nichts nütze ist.«[11]

Durch solch einen Sohn fühlte sich der Vater bloßgestellt, eine unverzeihbare Sünde, wie uns schon das Alte Testament lehrt.

1. Väterlicher Fluch und väterlicher Segen

Nicht umsonst ist das Thema, den Vater in seiner »Blöße« zu sehen, ein zentrales Thema der *Vätergeschichten* des Alten Testaments. Als exemplarisch für die Vater-Sohn-Beziehung gelten die *Fluch- und Segenssprüche* in *Noah und seine Söhne* (9, 18–27). Hierzu der biblische Text:

»Die Söhne Noahs, die aus der Arche gingen,
waren Sem, Ham und Japhet.
Und Ham, das ist der Vater Kanaans.
Diese drei sind die Söhne Noahs,
und von ihnen hat sich die ganze Erde verteilt.

Und es begann Noah, ein Ackersmann,
Weinberge zu pflanzen.
Und als er von dem Wein trank, ward er trunken,
und er lag entblößt in seinem Zelt.
Da sah Ham, der Vater Kanaans, die Blöße seines Vaters,
und er sagte es seinen beiden Brüdern draußen.
Aber Sem und Japhet nahm(en) das Kleid,
legten es auf ihrer beider Schulter,
gingen damit rückwärts

und bedeckten so die Blöße ihres Vaters,
wobei ihr Gesicht rückwärts gewandt war,
so daß sie die Blöße ihres Vaters nicht sahen.

Als nun Noah aus seinem Weinrausch erwachte,
merkte er, was ihm sein jüngster Sohn angetan hatte,
und er sprach:
Verflucht Kanaan!
Knechtesknecht sei er seinen Brüdern!

Und er sprach:
Gesegnet Jahwe, der Gott Sems,
aber Kanaan sei sein Knecht!

Gott schaffe dem Japhet Weite,
daß er wohne in den Zelten Sems,
und Kanaan sei sein Knecht!«

Westermanns biblischer Kommentar zum Alten Testament legt die Fluch- und Segenssprüche folgendermaßen aus: »Hört man die Erzählung zunächst unter Absehen von der Frage, was die Fluch- und Segenssprüche bedeuten, so erzählt sie von einem Geschehen unter Einzelpersonen. Der Lebenskreis, in dem das Geschehen spielt, ist die Familie; es wird erzählt, was zwischen einem Vater und seinen Söhnen geschieht. In einer (...) Situation verhält sich einer der Söhne unehrerbietig, die anderen beiden ehrerbietig dem Vater gegenüber.

Das eine hat den Fluch, das andere den Segen des Vaters zur Folge.«[12] »Wo das Kind die eigenen Eltern ›bloßstellt‹ (in diesem weiteren Sinn ist die Tat des Ham gemeint), ist das heile Verhältnis zwischen Eltern und Kindern bedroht. Der Vater muß den Sohn verfluchen, der ihn entehrt hat, und so verursacht das Schänden des Vaters ein Dasein in Schande (...) Hier zum erstenmal wird angekündigt, daß ein Bruder Knecht seiner Brüder sein soll. In die familiäre Struktur bricht eine ihr fremde soziale Struktur ein: Knechtschaft.«[13] Dieser Kommentar spricht für sich. Er zeigt die wesentlichen Elemente der Fluch- und Segenssprüche auf:

- Dem Vater gebührt Ehrerbietung: Seine Blößen dürfen nicht gesehen werden.
- Seine Bloßstellung bestraft der Vater mit der Verfluchung des Sohnes.
- Der Fluch des Vaters bewirkt für den Sohn ein Leben in Schande.
- Schande wiederum bedeutet, seine Ansprüche als Sohn zu verlieren, Knecht zu werden.
- Das Übersehen der Schwächen des Vaters, das aktive Zudecken seiner Blößen, erbringt den väterlichen Segen.
- Der väterliche Segen bringt dem Sohn ein Leben in Ehre.

Ein verfluchter Sohn ist ein minderwertiger Sohn, der seine Rechte als Sohn verwirkt hat; einer, der den Makel der Schande und somit der Knechtschaft ein Leben lang mit sich trägt. Ein gesegneter Sohn ist ein Herr, kein Knecht. In den Fluch- und Segenssprüchen geht es also um Fragen von sozialem und psychischem Leben bzw. von sozialem und psychischem Tod.

Die väterliche Macht über den Sohn gehört allerdings nicht – wie mancher Leser nun denken mag – der Urgeschichte der Menschheit an. Söhne pseudosouveräner Väter befürchten vergleichbare Reaktionen auch heute noch: Dies drückte ein von mir behandelter Sohn drastisch aus:

»Wenn ich das machen würde (sich gegen den Vater auflehnen), dann gibt's 'nen großen Krieg. Wenn's ehrlich hart auf hart geht, dann geht's ehrlich auf Leben und Tod, so blöd das klingen mag. Das klingt hart, aber ich muß aufpassen, was ich mach.

Weil mein Vater, den Stolz, den mein Vater hat, innerlich – wenn's hart auf hart geht, dann sagt er sich: Im Endeffekt hab ich ihn gemacht, da kann ich ihn auch zerstören.

Wenn ich nur daran denke, da krieg ich schon so richtige Krämpfe im Kopf« (VB).

Schon das gedachte Aufbegehren des Sohnes ist hier mit existentiellen Ängsten verbunden, mit Todesängsten. Ob die geäußerten Befürchtungen realistisch sind, sei dahingestellt. Die väterlichen Drohungen verfehlen auf jeden Fall nicht ihre verunsichernde und krankmachende Wirkung.

Die Auswirkungen des *väterlichen Fluchs* auf die Psyche des Sohnes werden in dem berühmten autobiographischen Roman von Karl Philipp Moritz, einem Zeitgenossen Goethes, eindrücklich dargestellt. In seinem Buch *Anton Reiser*[14] beschreibt Moritz seine eigene verlorene Kindheit und Jugend, die von der auf ihn gerichteten zerstörerischen Tendenz seines Vaters geprägt war. Der Theologe und Soziologe Horst Herrmann faßt in seinem bereits erwähnten Buch *Vaterliebe* diese menschliche Tragödie prägnant zusammen:

»Als der Vater endlich den Sohn verflucht, ist eine langgehegte Angst erfüllt. Das Kind weiß sich definitiv verachtet. Es ist der Vaterliebe unwert (...) Künftig sieht er sich nie mehr im Oben, sondern im tierischen Unten. Wie ein Hund begnügt er sich mit den Brosamen der Anerkennung, die vom Tisch der Väter zu ihm herunterfallen. Er freut sich, überhaupt noch wahrgenommen zu werden.«[15]

Im Gegensatz dazu wird die fast magische Qualität des *väterlichen Segens* immer wieder betont. Die schicksalsbestimmende Auswirkung der Verweigerung bzw. der Gewährung des väterlichen Segens wird von Peter Blos am Beispiel von Charles Darwin beschrieben:

»Als der junge Darwin im Alter von zweiundzwanzig Jahren das Angebot erhielt, sich der Expedition der *Beagle* anzuschließen, brannte er darauf, den Auftrag anzunehmen, doch sein Vater verweigerte ihm die Erlaubnis. Angesichts des väterlichen Verbots war der junge Darwin bereit, die Anstellung als Naturforscher auf der *Beagle* abzulehnen, die ihm einen Ausweg aus seiner schwierigen beruflichen Lage verhieß. Zum Glück für Darwin und den Fortschritt wissenschaftlichen Denkens schaltete sich sein Onkel Josiah Wedgwood ein und bat Darwins Vater, dem Neffen zu erlauben, das Angebot anzunehmen. Der Vater ließ sich erweichen und erteilte seinen

›Segen‹. Das schützende Zauberwort erlaubte es nun seinem Sohn, vom drohenden Zerwürfnis mit seinem Vater entlastet, die fünfjährige Reise auf der *Beagle* anzutreten.«[16]

Mit dem väterlichen Segen konnte Darwin nicht nur sein eigenes Leben aufbauen, sondern auch die Vorstellung des Menschen von seiner Welt und von sich selbst entscheidend verändern. Hier wird die Funktion der väterlichen Fluch- und Segenssprüche auf den eigentlichen Nenner gebracht:

– Der Vater hat die Macht, den Sohn mit reinem Gewissen, ohne Schuldgefühle, mit der Rückendeckung der väterlichen Billigung, ziehen zu lassen.
– Er hat aber auch die Macht, seine wohlwollende Zustimmung an Bedingungen zu knüpfen: Der Sohn muß erst Vorleistungen erbringen. So bleibt der Sohn, immer auf den väterlichen Segen hoffend, an den Vater gebunden.
– Und schließlich kann der Vater den Sohn verfluchen, fallenlassen, verwerfen, verstoßen, ausstoßen.
– Als Richter fällt der Vater somit das Urteil über den Sohn:

  gut – böse
  fähig – unfähig
  Segen – Fluch

  Wie vor Gericht beinhaltet die Urteilsfindung einen Prozeß im doppelten Sinn des Wortes, den Gerichtsprozeß und den Prozeß der Entwicklung der Vater-Sohn-Beziehung, der den Hintergrund für das Urteil bildet.

Was in beiden Prozessen stattfindet, ahnt der Sohn häufig nur unbestimmt; zu spät begreift er oft, daß sein sich entfaltendes Potential vom Vater als direkter Angriff auf die eigene Person empfunden wird. Ihm geht es ja zuallererst darum, die Liebe des Vaters zu erhalten oder zu gewinnen. Zudem möchte er stolz auf seine sich entfaltenden Fähigkeiten sein und vom Vater dafür anerkannt, gelobt werden. Daß sich sein allmächtiger Vater durch des Sohnes aufkeimende Männlichkeit bedroht fühlen könnte, liegt zunächst außerhalb seines Denkhorizontes.

Das Grundgefühl eines solchen Sohnes, sein Tasten im dunkeln, seine Unkenntnis über die Art der väterlichen Anklage und seine Verurteilung werden von Franz Kafka im Roman *Der Prozeß* bedrükkend nachgezeichnet:

»Jemand mußte Josef K. verleumdet haben, denn ohne daß er etwas Böses getan hätte, wurde er eines Morgens verhaftet.«[17]

»Der Gedanke an den Prozeß verließ ihn nicht mehr. Öfters schon hatte er überlegt, ob es nicht gut wäre, eine Verteidigungsschrift auszuarbeiten und bei Gericht einzureichen. Er wollte darin eine kurze Lebensbeschreibung vorlegen und bei jedem irgendwie wichtigeren Ereignis erklären, aus welchen Gründen er so gehandelt hatte, ob diese Handlungsweise nach seinem gegenwärtigen Urteil zu verwerfen oder zu billigen war und welche Gründe er für dieses oder jenes anführen konnte.«[18]

[Nach einem Jahr der verwirrenden und bedrohlichen Undeutlichkeiten zieht Josef K. Bilanz:] »Das einzige, was ich jetzt tun kann, ist, bis zum Ende den ruhig einteilenden Verstand behalten. Ich wollte immer mit zwanzig Händen in die Welt hineinfahren und überdies zu einem nicht zu billigenden Zweck. Das war unrichtig. Soll ich nun zeigen, daß nicht einmal der einjährige Prozeß mich belehren konnte? Soll ich als ein begriffsstutziger Mensch abgehen? Soll man mir nachsagen dürfen, daß ich am Anfang des Prozesses ihn beenden wollte und jetzt, an seinem Ende, ihn wieder beginnen will? Ich will nicht, daß man das sagt.«[19]

[Am Vorabend seines einunddreißigsten Geburtstags holen ihn zwei schwarzgekleidete Herren ab:] »Dann öffnete der eine Herr seinen Gehrock und nahm aus einer Scheide, die an einem um die Weste gespannten Gürtel hing, ein langes, dünnes, beiderseitig geschärftes Fleischermesser, hielt es hoch und prüfte die Schärfe bei Licht. Wieder begannen die widerlichen Höflichkeiten, einer reichte über K. hinweg das Messer dem anderen, dieser reichte es wieder über K. zurück. K. wußte jetzt genau, daß es seine Pflicht gewesen wäre, das Messer, als es von Hand zu Hand über ihm schwebte, selbst zu fassen und sich einzubohren. Aber er tat es nicht, sondern drehte den noch freien Hals und sah umher. Vollständig konnte er sich nicht bewähren, alle Arbeit den Behörden nicht abnehmen, die Verantwortung für diesen letzten Fehler trug der, der ihm den Rest der dazu nötigen Kraft versagt hatte (...) An K.s Gurgel legten sich die Hände des einen Herrn, während der andere das Messer ihm tief ins Herz stieß und zweimal dort drehte. Mit brechenden Augen sah noch K., wie die Herren, nahe vor seinem Gesicht, Wange an Wange aneinandergelehnt, die Entscheidung beobachteten. ›Wie ein Hund!‹ sagte er, es war, als sollte die Scham ihn überleben.«[20]

So endet Josef K., und so endet die Erzählung: Das Gefühl der Schande überragt seinen Tod. Das über ihn gefällte Urteil hat er nie begriffen; er war sich keiner Schuld bewußt. Bis zuletzt hoffte er auf die Freisprechung, den Segen; es traf ihn aber die Verurteilung, der Fluch.

2. Das aufgeschobene Urteil

Da der ehrlich gemeinte Segen des Vaters eine in jeder Hinsicht gesundheits- und entwicklungsfördernde Wirkung auf den Sohn hat, ist dieses Phänomen in den von mir analysierten Krankengeschichten leider nicht aufzufinden. Verbreitet ist dagegen die hinhaltende Tendenz des Vaters – der erwachsene Sohn wartet immer noch auf den väterlichen Segen. Dieser Segen wird vom Wohlverhalten und von der Leistung des Sohnes abhängig gemacht. Ob der Sohn sich bewährt, hängt per definitionem einzig und allein von ihm selbst ab. Wie im preußischen Königshaus wird allerdings im- oder explizit erwartet, daß der Sohn seine Widerspenstigkeiten aufgibt und sich dem Willen des Vaters unterwirft, aus Opportunitätsgründen letzten Endes lügt. Dabei sind die väterlichen Erwartungen selten klar formuliert; sie sind außerdem jederzeit revidierbar. Selbst Überanpassung ist daher keine Garantie für einen späten Segen, für das gleichberechtigte Aufgenommenwerden in die »patria familia«, wie dies ein Sohn ausdrückt:

(Da war er) »wirklich erst mal auf mich stolz, daß ich mein Studium so gut gepackt hatte, eine gute Stelle bekommen habe, da war er erst mal richtig stolz auf mich. Er hat mir zu verstehen gegeben, daß ich so langsam jetzt in die ›patria familia‹ hineinwachsen kann, so langsam sein Nachfolger werden kann« (VB).

Diesem Sohn wird vermittelt, daß er »so langsam« in die *patria familia* hineinwachsen kann, »so langsam« sich als Nachfolger des Vaters qualifiziert. Dieses »so langsam« ist verräterisch. Es klingt wie die ewigen Versprechungen eines Partners, sich voll zu seiner Geliebten, seinem Geliebten zu bekennen, wenn... Übersehen wird dabei, daß der permanente Schwebezustand den Bedürfnissen der einen Hälfte des Paares zumindest entsprechen kann. Die durch die Uneindeutigkeit geschaffenen Abhängigkeiten werden – wie die Erfahrung lehrt – häufig *ad infinitum* verlängert. Die Angst vor einem den Schwebezustand klärenden Konflikt kann vielfältiger Natur sein. So gesteht ein 38jähriger Akademiker mit überdurchschnittlichem Einkommen:

»Wenn ich gegen meinen Vater opponiere, was kommt dabei raus? Dabei kommt bloß ein Streit raus. Er gibt nicht nach. Dann wird's schwierig. Dann kommen die Engpässe: Geld usw. Es könnte so weit kommen, daß er mich enterbt. Immer diese materielle Angst, die ich noch heute habe« (VB).

Diesem Sohn wurde vermittelt, daß er ohne den finanziellen Rückhalt des Vaters »verhungern« müsse, eine Realitätsdeutung, die er verinnerlicht hat. Die »materielle Angst« hat er kontrafaktisch noch heute, mit 38 Jahren. Er hat den väterlichen Segen immer noch nicht erhalten und wird ihn auch sicherlich nie erhalten; denn mit zunehmendem Alter und vorhersehbarer Gebrechlichkeit wird der Vater wahrscheinlich seine Zügel eher straffen als lockern. Der Vater befürchtet die späte, einseitige Loslösung des Sohnes und damit – neben dem Verlust seiner physischen Kraft – noch den zusätzlichen Verlust seiner psychischen Macht. In zwei seiner psychotischen Schübe kam die uneingestandene und ohnmächtige Wut dieses Sohnes auf den Vater voll an die Oberfläche: In einer seiner Wahnphantasien war der Vater der uneheliche Sohn des letzten deutschen Kaisers:

»Deshalb konnte er sich erlauben, was er wollte« (VB).

Er selbst hatte sich einen anderen, einen besseren Vater ausgesucht.

Die Wut des Sohnes auf den ihn weiter bindenden Vater entspringt seiner inneren Knechtschaft: Seine Abhängigkeit vom Vater ist Ausdruck eines Oben-Unten-Verhältnisses, eines Herr-Knecht-Verhältnisses, eine Empfindung, über die auch Peter Blos berichtet: Bei der Therapie eines 40jährigen kam »heftigste Wut auf seinen Vater zum Vorschein, der, wie er nun zu erkennen begann, seine männliche Identität niemals unterstützt und anerkannt hatte – (...) nie seinen ›Segen‹ gegeben hatte. Er entdeckte in diesem fortgeschrittenen Alter die verleugnete Inkompetenz seines Vaters, seine Schwäche, seinen Egoismus, seine vorgetäuschte Großzügigkeit.«[21]

Diese Erkenntnis kommt jedoch meist erst *nach* der Erkrankung;

und selbst da werden kaum Handlungskonsequenzen daraus gezogen. Die späte Einsicht gleicht häufig einem kurzen Aha-Erlebnis, das schnell wieder im Nebel der Angst entschwindet. Was sich dahinter verbirgt, wird in folgendem Zitat ausgedrückt:

»Für mich wäre es schlimm gewesen, wenn mein Vater eine Schwäche gezeigt hätte. Ich will meinen Vater stark sehen. Ich hätte ihn ungern in einer Schwächeposition erlebt« (VB).

Einmal fragte mich nach einem Familiengespräch ein damals 35jähriger Sohn sogar: »Waren Sie von meinem Vater beeindruckt?« Er erwartete ganz offensichtlich ein: »Ja, sehr.«

Solange der Sohn noch auf den Segen des Vaters wartet, muß dieser stark bleiben. Der Vater könnte zwar, nach Ansicht eines Sohnes,

»im Konkurrenzkampf etwas nachgeben, so daß ich etwas stärker werden könnte« (VB),

aber sonst soll er Omnipotenz ausstrahlen. Es könnte ja der väterliche Schutz entfallen, d. h. die Illusion, daß der Vater letzten Endes alles richten kann. Daß der Sohn in seiner Krankheit erleben mußte, daß der Vater gar nichts richten konnte, genauso hilflos war wie er, führte zu keiner Korrektur des Phantasiegebäudes. »Ich stehe und falle mit meinem Vater« müßte in »Mein Vater steht, und ich falle« umgewandelt werden; oder noch zutreffender: »Da ich dazu beitrage, daß mein Vater steht, habe ich für mich selbst keine Kräfte mehr; folglich falle ich.«

Dieser Leitsatz kann durch ein eindrucksvolles Beispiel des Psychiaters und Psychosenforschers Paul Matussek untermauert werden:

»Der Vater (eines) Patienten kam zu mir in die Sprechstunde und bat mich um die Übernahme der Behandlung seines damals 20jährigen Sohnes, der mit einer schizophrenen Psychose in einer Privatklinik untergebracht sei. Das Ersuchen des Vaters war eindringlicher als in vergleichbaren Fällen. Ihm kamen Tränen in die Augen, als er darauf hinwies, daß der erkrankte Sohn sein Lieblingssohn sei, und er sich auch deswegen besonders stark betroffen fühle. Die Tränen wirkten bei einem so harten und erfolgreichen Geschäftsmann ungewöhnlich, zumal der Vater auch sonst etwas Forderndes in seinem Auftreten hatte.«[22]

Erst im Laufe der Behandlung wurde ersichtlich, wie dringend der Vater diesen Sohn in seelischen Notsituationen brauchte:

»Nur ihm schüttete er sein Herz aus (...), nur dieser Sohn brachte es fertig, den verschlossenen und mißtrauischen Vater redselig zu machen. Der Sohn wußte genau, welche Themen er anzuschneiden hatte, um damit den Vater auch stark zu machen. Keines der anderen Kinder konnte das so gut wie er. Vor allen Dingen waren die anderen es leid, den Vater mit allen möglichen Tricks zu seiner Stärke aufzublasen.«[23]

Aber vor der Einsicht über die krankmachenden Zusammenhänge stehen – für diesen und andere Söhne – viele Denkbarrikaden. Sie sind nur mühsam und mit fremder Unterstützung zu überwinden. Ohne diese Hilfe wird die früh eingeimpfte, magische Vorstellung nie entzaubert; denn sie beruht auf dem zutiefst verinnerlichten Gefühl, daß er, der Sohn, auf den Vater angewiesen und ohne ihn den Unbilden des Lebens schutzlos ausgeliefert ist:

»Die Ängste also, ja diese Zukunftsängste und immer dieses Sicherheitsbedürfnis! Immer irgend jemanden im Rücken haben zu müssen, wenn es nicht geht, oder wenn es nicht so läuft, wie man es sich vorstellt! Immer so ein Sicherheitsbedürfnis, überhaupt kein Mut und keine Risikobereitschaft! Weil ich das nie irgendwo gelernt habe und irgendwo nie gebraucht habe, weil, wenn problematische Dinge kamen, war immer mein Vater da« (VB).

Ein nur allzu trügerischer Glaube. Die dahinterliegende Verzweiflung wurde von einem Patienten zusammengefaßt: »Wenn mich schon mein Vater nicht liebt und nicht anerkennt, wer soll mich dann lieben und anerkennen?« (VB). Daher wird weiter um den väterlichen Segen geworben; denn erst nach dessen Erteilung kann der Sohn sich selbst lieben und akzeptieren.

Kein Mut, keine Risikobereitschaft zu haben, von Zukunftsängsten geplagt zu werden, dieses mangelnde Vertrauen in die eigenen Fähigkeiten ist das Produkt der väterlichen Vergangenheitserfahrung aus Kriegs-, Gefangenschafts- und Wiederaufbauzeiten, aus schwerer Kindheit und Jugend. Durch diese väterliche Gefühls- und Erfahrungsmischung ist der Sohn geprägt. Er hat die väterlichen Ängste durch seine extreme Bindung an den Vater wie ein Schwamm aufgesaugt; die Ängste des Vaters sind zu seinen geworden. Er hat nie gelernt auseinanderzuhalten, welches die Ängste des Vaters und welches seine eigenen sind. Er konnte dies auch nicht lernen, denn der Vater hatte *per definitionem* keine Ängste. Er hat sie zum Teil vor sich, aber auf jeden Fall vor allen anderen verborgen; so glaubte er wenigstens. Dennoch sind sie ihm aus allen Poren gedrungen und von seinem sensiblen, ihn liebenden Sohn aufgespürt worden. So ist es erklärlich, daß ein vor 20 Jahren 14–15jähriger bereits »materielle Ängste« hatte, obwohl er finanziell behütet aufwuchs, in der Schule beste Leistungen erbrachte und sich einer guten körperlichen Kondition erfreute. Diese Ängste können erst verstanden und abgebaut werden, wenn der Sohn deren Ursprung verstehen lernt. Die in der Kindheit und Jugendzeit aufgesaugten väterlichen Ängste machen den Sohn manipulierbar: Er ist und bleibt vom väterlichen Urteil abhängig. Aber der Vater ist ein pseudosouveräner Richter. Er will die Macht des ultimativen Entscheidungsträgers nicht aufgeben.

Die Wut auf den Vater, der ihm den Segen vorenthält, wird verdrängt, verleugnet. Er braucht ja den Vater noch: Dies erinnert mich an einen Sohn, der beim groß gefeierten 60. Geburtstag des Vaters nicht eingeladen war und nun hoffte, wenigstens zum 61. eingeladen zu werden: Irgendwann wird auch mir die väterliche Gnade zuteil! Dieser Vater hat bei einem Familiengespräch seine ganze Lebensgeschichte – seit seiner Heimkehr aus dem Krieg und Gefangenschaft – ausschließlich als eine Serie von beruflichen Erfolgen und damit verbundenen Verbesserungen der Wohnsituationen dargestellt. Ehe, Geburt der Kinder kamen – und das auch nur auf Nachfrage – lediglich als reine Daten vor. Dem dabeisitzenden Sohn fiel bei der Erzählweise seines Vaters nichts Besonderes auf, obwohl er – als Anlaß der Begegnung – im väterlichen Leben überhaupt nicht auftauchte. Für ihn war das »ganz normal«. Erst während der Auswertung dieses auf Video aufgezeichneten Gesprächs entfuhr ihm der Stoßseufzer: »Wenn ich mich selber mehr entwickelt hätte und nicht immer in den Schatten von meinem Vater gestellt hätte, dann wären die Ängste nicht so extrem heute oder weniger oder vielleicht gar nicht da« (VB).

Aber auch diese Hoffnung ist bei pseudosouveränen Vätern trügerisch, da die Voraussetzungen für den Segen allein von ihm bestimmt werden. So schreibt Udo Loll über das Verhältnis von James Joyce zu seinem Vater:

»Der Vater bleibt unbefangen in der Position des Richters, weil er sich James nicht unter-, sondern überlegen fühlt. Alles andere wäre für John ein ausgesprochen sonderbarer Gedanke, den er nie akzeptieren würde. Weil der Sohn in seinem Schatten ist und bleibt, hat John die Macht, Anerkennung zu geben oder zu entziehen, und handle es sich dabei selbst um den Roman des Jahrhunderts. Das was der Sohn leistet, zählt für ihn nicht als männliches Attribut, und zwar grundsätzlich nicht. Es taugt nicht für sein männliches Prestige. ›*Ein Kerl*‹ hätte er werden sollen und nicht ein vergeistigtes Etwas.«[24]

Schon davor hat Loll festgestellt:

»Die Erziehungsmethode des ›Ja-aber‹ ist eine Säule der Vaterbindung. Die Schwelle des erlösenden väterlichen Segens wird dabei so hoch gehängt, daß der Sohn, mag er tun was er will, mag er sich mühen und ringen wie er will, an ihr stets scheitern muß. Vor allem darf er nicht *mehr* werden als der Vater. Diese Grenze seiner Entwicklung steht unumstößlich fest. Sollte es James wagen, über diese Schwelle zu schreiten, bricht der väterliche Himmel über ihm zusammen.«[25]

Diese Erziehungsmethode kann mit Hilfe einer Anekdote aus meinem Bekanntenkreis veranschaulicht werden: Der 12jährige Sohn kommt mit seinem Zeugnis nach Hause. Als der Vater sich über seine Noten abfällig äußert, verteidigt sich der Sohn mit der Bemerkung: »Aber ich habe doch ein überdurchschnittlich gutes Zeugnis!« Worauf der Vater losbrüllt: »Ja orientierst du dich jetzt schon am Durchschnitt!!«

3. Das gefällte Urteil

Befolgt der *sich unterwerfende* Sohn das innere Motto »Er ist der Stärkere, und das soll er auch bleiben«, so wollte und konnte der *verworfene* Sohn in seiner Adoleszenz nicht mehr zu Kreuze kriechen: Er begehrte auf und scheute nicht davor zurück, die »Blößen« seines Vaters aufzudecken. Damit hat er ihn, wie die Geschichte von Noah und seinen Söhnen lehrt, entehrt. Wird der Vater durch den Sohn bloßgestellt, so verliert er – falls die Vater-Sohn-Beziehung auf Sieg und Niederlage angelegt ist – sein Gesicht. Er muß, wie im Alten Testament, um sein Gesicht zu wahren, den Sohn verfluchen, verstoßen, ihn fallenlassen, sich auf jeden Fall von ihm lossagen. So *bricht* der Vater mit dem unbotmäßigen Sohn, er *verwirft* ihn.

In der Falldarstellung in Kapitel I wurde bereits eine Episode beschrieben, in der ein Vater seinen Sohn verflucht hat: Der Vater von Herrn P. wurde als unbeherrscht und gewalttätig dargestellt; er habe seine drei Söhne öfters brutal gezüchtigt; sie hätten sich in Reih und

Glied aufstellen müssen, dann sei einer nach dem anderen verprügelt worden. Als sich Herr P. im Alter von 15 Jahren einmal diesen Prügeln widersetzte, muß ihn sein Vater »auf ewige Zeiten verflucht« haben. Von da an sei er ausgestoßen gewesen. Er habe nie mehr Prügel bekommen. Ein Jahr lang habe der Vater nicht mehr mit ihm gesprochen. Dieser Sohn, der jüngste von dreien und als solcher der Liebling des Vaters, hat seinen Vater vor den beiden anderen Söhnen bloßgestellt; er hat sich in deren Gegenwart seiner Autorität widersetzt. Der Vater »mußte« somit vor seinen anderen Söhnen seine Autorität zurückgewinnen, um seine Herrscherposition nicht vollends einzubüßen.

Die Parallelen zu Noah und seinem jüngsten Sohn, Ham, sind augenscheinlich. Sowohl in Noahs Familie als auch in der von Herrn P. hätten die beiden älteren Söhne den Widerstand gegen den Vater wahrscheinlich nicht gewagt. So wurden Ham und Herr P. verflucht. Was das gefühlsmäßig für den Verfluchten bedeutet, beschreibt der Patient sehr anschaulich:

»Wenn ich's ganz einfach und ganz hart sagen soll: Man ist eine Null-Person, eine nicht existierende Person. Jemand, der nicht zählt, lebensunwert. Jemand, der charakterschwach ist, und alles läuft auf Charakterschwäche hinaus. So eine Charakterschwäche, so eine Schande vor den Leuten. Das Schlimmste vom Schlimmen« (VB).

Wenn man nun weiß, daß eine schizophrene Erkrankung nicht nur von dem Betroffenen selbst, sondern auch von Außenstehenden als Makel, als extreme Niederlage erlebt wird, und wenn man zudem weiß, daß der Kranke in diesen Phasen auf die Hilfe seiner »Brüder« besonders angewiesen ist, dann versteht man auch, was mit »Fluch«, »Schande« und »Knecht seiner Brüder« gemeint sein kann. Wie in »Anton Reiser« bewirkt der Fluch des Vaters, daß sich der Sohn von da an selbst als verachtenswert ansieht, als jemanden, der von »Brosamen« leben muß.

In einem anderen, im Anhang ausführlich analysierten Beispiel erwähnt ein Vater den Bruch mit seinem Sohn selbst:

»Man muß natürlich die ganze Sache, oder ich jedenfalls sehe es so, mehr längsschnittmäßig sehen. Wenn wir mal von einer Entfremdung sprechen oder einer Kluft, dann ist das natürlich nicht seit gestern, sondern das begann in etwa mit seinem 13. Lebensjahr...

Ich glaube, daß es richtiger wäre, wenn man die Sache mit dem

12./13. Lebensjahr beginnen sieht. Damals ist ein Bruch eingetreten« (VB).

Davor hatte der Vater erzählt, daß sich der Sohn in diesem Alter geweigert habe, immer wieder über die Schule ausgefragt zu werden, »über die Lehrer, über die Mitschüler, über seine Leistungen«. Als der Vater nach einiger Zeit nicht mehr bereit war, »es jedesmal wieder zu einem Fehlschlag kommen zu lassen«, kommt es zum Bruch. Als Hintergrundinformation ist von Bedeutung, daß der Vater, selbst früher Schüler dieses Gymnasiums, als ein in der Öffentlichkeit bekannter Bürger dem Elternbeirat angehörte. Durch einen ungeratenen, sich verweigernden Sohn sah er sich vor den Lehrern und Beiratskollegen bloßgestellt. Mit einem solchen Sohn wollte er nichts mehr zu tun haben; er ignorierte ihn von da an; er ließ ihn als Sohn fallen. Dieser Sohn »brachte es nicht«, konnte es seiner Meinung nach vielleicht nicht bringen, wie er abwertend feststellte. Er war von da an nicht mehr zu einem Gespräch mit dem Sohn bereit. Beide lebten – mit Unterbrechungen – schweigend nebeneinander im selben Haus. Das Familiengespräch wurde vom Sohn schriftlich in die Wege geleitet.

Daß das Fallengelassenwerden für den Sohn einer Katastrophe gleichkommt, schimmert durch jeden Bericht. Der Sohn sieht sich selbst als charakterschwach, als Null-Person. Von da an handelt er häufig auch verantwortungslos. Wenn er schon nicht geschätzt wird, dann schätzt er sich selbst auch nicht mehr. Dies trifft zum Beispiel auf einen Sohn zu, dessen älterer Bruder gefährlich in die Drogenszene verwickelt war. Für einige Zeit war der Patient der Hoffnungsträger seines Vaters, bis er den väterlichen Erwartungen nicht mehr entsprach. Der Vater verleugnete von da an den Sohn, der seine wenig erfolgreiche Vaterschaft offensichtlich machte. Solche Söhne gerieten ihm nicht zur Ehre, sie entehrten ihn, sie stellten ihn vor anderen bloß. Für den betroffenen Sohn fühlte sich das folgendermaßen an:

»In der Phase um die 14 bin ich irgendwo fallengelassen worden. Man hat eben das Interesse an mir verloren. Ja, in der Pubertät war es dann so, daß es eben hieß, aus dem wird sowieso nichts Gescheites. Da ist Hopfen und Malz verloren. Da kann man nichts machen, und da hat es dann immer so geheißen, aus dem wird eh nichts mehr.

Mit 15 Jahren habe ich das Gefühl gehabt, daß mich mein Vater nicht mehr ernst nimmt, daß es ihm wurst ist, was ich mache. Da hieß es, da kann man eh nichts mehr machen« (VB).

Andere Söhne sind vor die Entscheidung gestellt worden: entweder Internat oder permanenter Konflikt mit dem Vater; so beschreibt es ein Sohn, der in den 68er Jahren seinen Vater wegen dessen Nazi- und Kriegsvergangenheit angegriffen hat. Dieser Sohn hatte die Blöße seines Vaters aufgedeckt. Seine »Wahl« war die zwischen Scylla und Charybdis:

»Er hat damals gesagt, ich könnte in ein Internat gehen und somit von zu Hause weg oder in eine andere Schule am Ort. Und ich habe mich dann wegen der Konflikte fürs Internat entschieden. Die Konflikte waren massiv.

Im Internat, da war es dann so ein Schwanken zwischen, vielleicht schafft er es doch noch, wieder Vernunft anzunehmen, bis eben, bei dem ist Hopfen und Malz verloren« (VB).

Der Sohn, bei dem »Hopfen und Malz verloren ist«, aus dem »eh nichts mehr wird,« mit dem der Vater gebrochen hat, ist zunächst froh, frei zu sein, dem Ganzen entflohen, entronnen zu sein. Der *Bruch des Vaters* mit dem Sohn wird für kurze Zeit als *Ausbruch aus der Vatergewalt erlebt*:

»Ich wollte immer nur weg, ich wollte weg, aus der Situation und aus allem.

Auf jeden Fall war das ein Ausbruch, so ähnlich wie mein Vater sich vielleicht selbständig im Leben behauptet hat, nachdem er mit 8 Jahren Waise wurde, so hab ich mich irgendwo vielleicht auch gefühlt: Als jemand, der für sich alleine steht und von sich allein rauskommen muß aus so einem Gefühl ›alles ist schlecht, alles ist mies‹« (VB).

Und obwohl der 14–15jährige sich innerlich wie ein Achtjähriger fühlt, der von nun an allein für sich sorgen muß, gibt es eine kurze Periode des Hochgefühls:

»Mein eigener Eindruck ist halt so, daß ich das Gefühl hatte, so ab 14/15, so wie ich im Internat war, daß ich irgendwie angefangen habe, selbständig zu leben. Da hat mir das Leben, ab diesem Moment, ein bißchen Spaß gemacht. Während ich an die Zeit der Kindheit eigentlich nur mit Bedrückung zurückdenke« (VB).

Aber die Befreiung hat eine Kehrseite; nach dem ersten Genuß der neuen Konfliktfreiheit fühlt sich der Sohn allein im Leben, ausgesetzt, ausgestoßen:

»Zeitweise war ich ganz froh über die neue Freiheit, weil ich eben um gewisse Dinge rumgekommen bin, die ich nicht so gerne gemacht habe. Aber letzten Endes ist dadurch schon so etwas wie Eifersucht entstanden, auf meinen Bruder. Und auch so das Gefühl, zurückgesetzt zu sein und nicht akzeptiert zu sein so richtig« (VB).

Das Schlimme ist, daß in vielen Internaten sich solche »befreiten« Kinder und Jugendlichen häufen. Dies führt, so wurde mir berichtet, vielfach zu einer Atmosphäre der aggressiven Langeweile. Mit anderen Worten, solche Internatsschüler haben eine ihnen selbst nicht bewußte Wut im Bauch. Daher können sie mit sich und den anderen nichts Rechtes anfangen. Dazu kommen noch Schuldgefühle. Neben der Angst beschleunigen diese Gewissensbisse und die damit verbundenen Zweifel an sich selbst die Wahrscheinlichkeit eines »bösen Endes«:

»Man steht alleine da, und es kommen auch Schuldgefühle auf, daß man sich überlegt, warum es so ist, und was man da verschuldet hat, daß es so ist. Aber gleichzeitig oder ziemlich schnell kommt dann auch der Trotz, daß man es dann eben überhaupt nicht mehr recht machen will.

Später war es die Angst vor verweigerter Zuneigung oder einfach die Angst, ignoriert zu werden, so mitzulaufen, aber eigentlich gar nicht so recht zu zählen. Und was mich auch sehr belastet hat, war, daß ich davon ausgegangen bin, daß mein Vater meinen Werdegang mehr skeptisch beurteilt und das böse Ende eigentlich immer schon vorhergesehen hat« (VB).

Das »böse Ende«, die andere Version des väterlichen Fluchs; dieser Fluch lastet auf dem Sohn. Es kommen zwar noch Aufbäumversuche, kurze oder längerfristige Hoffnungsschimmer, aber mit der ihn verurteilenden Hypothek auf den Schultern wird jede zusätzliche Belastung bald zur unerträglichen Last.

4. Das Machtmodell

In dem diesem Kapitel zugeordneten Motto spielt der preußische König, Friedrich Wilhelm I., mit dem Gedanken, seinen einzigen Sohn und künftigen Nachfolger hinrichten zu lassen. Diese Überlegung ist nicht der Phantasie eines Schriftstellers entsprungen, sondern ist eine historische Tatsache, die damals ganz Europa beschäftigte. Friedrich

Wilhelm I. schwebte dabei ein Kriegsgericht vor oder – überhöht betrachtet – ein »Weltgericht«, vor dem sein Sohn verurteilt würde. Sicherlich nicht ohne Grund ist der »göttliche Richter« und sein »Jüngstes Gericht« Teil unseres religiösen und somit kulturellen Hintergrundes. Wie die Halb- und Viertelgötter auf Erden, so richtet auch Gott, der Vater, im Himmel. Er urteilt, verteilt Belohnung und Strafe. Die Teilhabe an seiner Welt, dem Himmel, ist das Lebensziel jedes Rechtgläubigen. Erringt er keine Gnade in den Augen des Herrn, so trifft ihn das Fegefeuer, ein unbegrenzter Wartezustand, oder die Hölle, die Verdammnis. Welche Parallelen zum urteilenden und verurteilenden väterlichen Richter!

Schenkt man diesem Zusammenhang größere Aufmerksamkeit, so fällt auf, daß unser Alltagsleben voll von richterlichen Metaphern ist: das Richten, Rechten, Recht-behalten-Wollen; das Hinrichten, Gerichtet-Werden, Sich-Rechtfertigen, Im-Unrecht-Sein, bis zum verinnerlichten »mit sich selbst ins Gericht gehen«. Die ganze Ausdruckspalette spiegelt eine jahrtausendealte Erfahrung wider, und zwar die männliche Definitions-, Urteils-, Rechts- und Gerichtswelt, in die Frauen über lange Zeit nur mit Einschränkungen zugelassen wurden. Wie bei Kindern galt – und gilt in vielen Regionen dieser Erde immer noch – ihr Zeugnis vor Gericht nur eingeschränkt, und zwar im mehrfachen Sinn des Wortes. Ohne auf diese Problematik näher eingehen zu wollen, kann hier festgestellt werden, daß speziell die alles Wesentliche regulierende Institution der Rechtsprechung bis vor kurzem eine rein männliche Institution war: Männer saßen zu Gericht, das »juristische Prinzip« war traditionellerweise ein männliches Prinzip. Auch das Richten, das Urteilsprechen innerhalb der Familie ist Männersache und somit eine Angelegenheit zwischen Vätern und Söhnen.

Der Vater kann ein souveräner oder pseudosouveräner Richter sein. Er hat – wie wir gesehen haben – die Macht, lebensentscheidende Urteile über den Sohn zu fällen. Der *souveräne väterliche Richter* urteilt unter Einbeziehung seiner eigenen Stärken und Schwächen; er respektiert die sich entwickelnde Person des Sohnes; er wird – wie der »ideale Vater« in Kapitel III – seine Gefühle kennen, seine Entscheidung nicht durch eigene Probleme beeinflussen lassen. Der *pseudosouveräne väterliche Richter* ist dagegen in erster Linie mit dem eigenen Machterhalt und der damit verbundenen Außendarstellung beschäftigt. Ein potentieller, und sei es nur partieller Verlust von Macht läßt in ihm bereits die Befürchtung aufkommen, daß er selbst zum Degradierten, zur Null-Person wird.

Beide, der souveräne und der pseudosouveräne Richter, sind für ihr Urteil bzw. die Verzögerung des Urteils verantwortlich. Sie sind zudem verantwortlich für die Verhandlungsatmosphäre, das »Prozeßritual«. Nicht umsonst haben die 68er Studenten, die gegen die Väter aufbegehrten, als einen ihrer Schauplätze das Gericht gewählt. Der Ausspruch von Fritz Teufel, als er aufgefordert wurde, sich vor dem Richter zu erheben, »Ja, wenn es denn der Wahrheitsfindung dient«, ist mit gutem Grund legendär geworden; mit dieser Bemerkung sagte er aus, daß es bei Gericht nicht immer nur um die Wahrheitsfindung geht, sondern auch um Macht und das dazugehörige Ritual.

Auch Franz Kafka hat seine zentralen Werke, die alle auch eine Auseinandersetzung mit seinem Vater nachzeichnen, wohlüberlegt *»Der Prozeß«*, *»Das Urteil«* oder auch *»Das Schloß«* genannt; *»Der Prozeß«* und *»Das Urteil«* enden beide mit einem Todesurteil, der Verfluchung; vor dem »Gesetz des Schlosses« möchte K. »zur Ruhe kommen. Dieses Verlangen muß (jedoch) unerfüllt bleiben ohne das Hinzukommen der Gnade.«[26]

Die Beziehung zwischen einem pseudosouveränen Vater[27] und seinem Sohn ist durch Macht geprägt. Ich spreche deshalb von einem *Machtmodell*: Es liegt in der Macht des väterlichen Richters, den Sohn »zur Ruhe kommen« zu lassen bzw. ihm die Ruhe zu nehmen. Durch den väterlichen Urteilsspruch wird der Sohn zum ebenbürtigen Mann emporgehoben oder in eine tiefere Welt fallengelassen. Daß die Erlangung des väterlichen Segens oft ohne Vermittlung nicht möglich ist, zeigt das Beispiel von Charles Darwins Onkel. Auch Mütter sind regelmäßig Teil des Gesamtprozesses: Ihre Rolle kann sich von der Verteidigerin über die Staatsanwältin bis hin zur Zeugin oder Mitangeklagten erstrecken. Die Rahmenbedingungen der Vater-Sohn-Beziehung dürfen daher nicht vernachlässigt werden; denn ohne Verteidigung (z. B. Mutter oder Onkel) ist der Sohn eines pseudosouveränen Vaters in einer extrem exponierten Lage: Auf sich allein angewiesen, verliert er – selbst bei so außergewöhnlicher Kreativität wie bei Franz Kafka – meist den Prozeß. Verbriefte Rechte können zwar die Position des Sohnes stärken, wie z. B. das Recht des

Kronprinzen auf die Nachfolge, es gehört aber auch eine Portion Glück dazu; denn wäre Friedrich Wilhelm I. nicht mit 52 Jahren, sondern mit 85 Jahren gestorben, dann wäre Friedrich nicht mit 28 Jahren preußischer König geworden. Seine Unterwerfung unter den Vater hätte für ihn vielleicht noch andere Folgen angenommen als die in den Zitaten beschriebenen.

Hat der Vater nicht die Souveränität, den Sohn zu segnen, obwohl dieser nicht perfekt ist, dann ist der Sohn mit zwei extrem gesundheitsgefährdenden Möglichkeiten konfrontiert:

- Der *sich unterwerfende Sohn* bleibt der Adoleszente, der in einen Konkurrenzkampf mit dem Vater Verwickelte, einen Kampf, bei dem er permanent verliert. Je länger dieses Unterwerfungsverhältnis dauert, um so destruktiver ist es für den Sohn.
- Der *verworfene Sohn* steht nach der Verurteilung durch den Vater alleine da. Er weiß sich definitiv verachtet, der Vater- und Menschenliebe unwert. Er sieht sich nicht mehr im Oben, sondern im Unten und kämpft verzweifelt um seine Dazugehörigkeit zur männlichen Welt.

Sowohl beim unterworfenen als auch beim verworfenen Sohn handelt es sich um das Opfer einer *Machtbeziehung*.

Exkurs: Machtmodell oder Delegationsmodell

Im Unterschied zu dem hier eingeführten *Machtmodell* spricht der Heidelberger System- und Familientherapeut Helm Stierlin von einem *Delegationsmodell*. Nach Stierlins Ansicht delegieren Eltern an ihre Kinder Aufträge, deren Erfüllung die Anerkennung der Eltern nach sich ziehen kann. Unmöglich zu erfüllende Aufträge oder »unmögliche Missionen« können ein verletzliches Individuum so überfordern, »daß ihm eine altersadäquate Individuation und Trennung und schließlich auch die Sozialisation mißlingen. Gewisse Formen eines solchen Versagens können dann in schizophrenen Störungen ihren Ausdruck finden. Das geschieht typischerweise während der Adoleszenz, wenn Aufgaben der Individuation und Loslösung an Kinder und Eltern große Anforderungen stellen.«[28]

Innerhalb dieses Delegationsmodells unterscheidet Stierlin zwischen *bindenden und ausstoßenden Szenarien*. Beim ausstoßenden Modus »lehnen die Eltern ihre Kinder ab, vernachlässigen sie und forcieren die Trennung der Generationen. Hier klammern sich Eltern nicht auf Gedeih und Verderb an ihre Kinder und züchten nicht eine pathologische Loyalität heran, wie das im bindenden Szenarium der Fall ist, sondern sie sehen ihre Kinder als Plage und menschlichen Ballast, den es loszuwerden gilt.«[29]

Im bindenden Modus, der in dem Zitat ebenfalls charakterisiert wurde, spricht Stierlin zwar von Eltern, bezieht sich jedoch in seinen Fallbeispielen und Ausführungen – meines Wissens – ausschließlich auf *klammernde, mystifizierende, schizophrenogene Mütter*, deren schädliche Wirkung auf sensible Kinder – seiner Meinung nach – von einem geradlinigen Vater ausgeglichen werden kann: »Je nachdrücklicher solch ein Vater seine stärkere Realität durchsetzt, um so wahrscheinlicher ist es, daß er ein anfälliges Kind aus dem ›schizophrenogenen‹ Umkreis der Mutter herauszieht. Ein solcher Vater wird es aber wahrscheinlich einem ausbeuterisch delegierten Kind – und ebenso anderen Familienmitgliedern – auch leichter machen, sich kreativ mit seinen schwierigen und konfliktträchtigen Aufträgen auseinanderzusetzen. Denn dieser Vater leistet nun einen Beitrag dafür, daß in der Familie sinnvolle Bezüge gelten, daß sich differenzierte und artikulierte Positionen ausbilden können, die eine faire Diskussion der familiären Konflikte, Ausbeutungsverhältnisse und Verdienstkosten ermöglichen.«[30] Daß der Dreh- und Angelpunkt für eine spätere psychische Erkrankung des Kindes in erster Linie bei der Mutter gesucht wird, ist, wie man sieht, für fast alle Wissenschaftler und Praktiker so selbstverständlich, daß die Frage nach dem *pathogenen Einfluß des Vaters* erst gar nicht gestellt wird.

Nicht nur in der eindimensionalen Einschätzung des Vaters, sondern auch in der Charakterisierung der bindenden und ausstoßenden Szenarien unterscheidet sich das hier entwickelte Machtmodell vom Delegationsmodell. Die Basis der krankmachenden Vater-Sohn-Beziehung ist zwar auch, wie oben ausgeführt, eine extreme Vater-Sohn-Bindung. Diese Bindung wird jedoch nicht in erster Linie durch die Delegation väterlicher Probleme, Defekte auf den Sohn bestimmt, sondern überwiegend durch die pseudosouveräne väterliche Machtausübung über den Sohn, also durch den Machtmißbrauch des Vaters. Ein Machtausübender, dem es an der dazugehörigen Souveränität mangelt, kann nicht fördern; er kann nur unterwerfen und verwerfen.

Während in Stierlins ausstoßendem Szenarium Kinder als »menschlicher Ballast« angesehen werden und in seinem bindenden Szenarium Kinder zu extremer Loyalität verpflichtet und mit unmöglich zu erfüllenden Aufträgen überlastet werden, braucht der seine Macht mißbrauchende Vater einen Sohn, der sich ihm bewundernd unterordnet. Beim Machtmodell geht es demnach um die Frage: Wer definiert die Welt, wer hat das Sagen, wer spricht Recht, und wer wird für seine Insignien der Macht bewundert? Es geht um den Richter, der nicht ohne Robe gesehen werden darf und dem die lebensentscheidende Sanktionsmöglichkeit des Urteils zur Verfügung steht.

Zwischenergebnis

Sowohl als Unterworfener als auch als Verworfener ist der Sohn *psychisch äußerst gefährdet*, da er sich durch den inneren Dialog mit dem Vater nicht von dessen *Definitionsmacht* lösen kann:

- Als *Unterworfener* bleibt er vom Vater abhängig und entwickelt nicht nur ihm gegenüber, sondern auch gegenüber anderen Vaterfiguren eine Erfolgs- und Aggressionshemmung, die ihm die entsprechenden Entwicklungsmöglichkeiten nimmt und ihm immer wieder Niederlagen einhandelt.
- Als *Verworfener* steht er, mit einem Makel behaftet, viel zu früh alleine in der Welt. Er wird zum *Einzelkämpfer*, der es dem Vater und dem Rest der Welt beweisen will, daß er dennoch ein richtiger Mann ist. Tief drinnen hofft er immer noch auf eine späte Anerkennung durch den Vater, auf seinen Segen.

Bei beiden Konstellationen ist die Gefahr groß, daß der Sohn, der durch eine derart zerstörerische Macht-Beziehung geprägt ist, unter zusätzlichen Belastungen zusammenbricht.

Kapitel VI Krise des Sohnes
Verausgabung und Ausweglosigkeit

(Etzel von Andergast) »sieht aus wie ein Gestürzter, der sich langsam erhebt und hilflos um sich schaut und nach dem Weg fragt, den er verloren oder verlassen hat. Da, wo er steht, geht's nicht weiter; er schaut sich um und erkundigt sich, wo es weitergeht.«
Jakob Wassermann, »Der Fall Maurizius« [1]

Etzel von Andergast, der 16jährige Sohn eines einflußreichen Staatsanwalts, hatte alles darangesetzt, einen Justizirrtum seines Vaters aufzuklären. Aber obwohl es ihm gelang nachzuweisen, daß sein Vater – aus Großmanns- und Karrieresucht – an der lebenslangen Haft eines Unschuldigen maßgeblich beteiligt war, erwiesen sich seine Anstrengungen als vergebens: Statt einer Wiederaufnahme des Prozesses, der Leonhart Maurizius öffentlich rehabilitiert hätte, hatte sein Vater, Herr von Andergast, dessen Begnadigung veranlaßt, nach 19 Jahren unschuldig verbüßter Haft.

Für den 16jährigen Sohn, der noch an eine höhere, über seinen Vater hinausgehende Gerechtigkeit geglaubt hatte, brach eine Welt zusammen. Die schwere Krise, die diese himmelschreiende Ungerechtigkeit bei dem jungen Etzel auslöste, wird von Jakob Wassermann eindringlich geschildert: »Wie ein Gestürzter«, der »hilflos… nach dem Weg fragt, den er verloren« hat, für den es nicht mehr weiterzugehen scheint, sieht er aus; er sucht nach Hilfe, nach Orientierung; er sucht seine Mutter, die Herr von Andergast – schon seit neuneinhalb Jahren geschieden – mit rechtlichen Mitteln vollkommen aus seinem Leben gedrängt hatte: »Die drakonischen Scheidungsbedingungen verpflichteten die Frau, sich von ihrem Kinde fernzuhalten, sie durfte ihn weder sehen noch ihm schreiben; selbstverständlich war es auch ihm verboten, ihr zu schreiben, und niemand durfte in seiner Gegenwart von ihr sprechen.«[2] Der Roman endet mit: »Man soll meine Mutter holen.« Der Sohn Etzel lehnt sich zum ersten Mal gegen das Verbot des Vaters auf.

Immer wieder mit Lebenskrisen konfrontiert zu sein, nicht mehr zu wissen, wie es weitergeht, sich verloren, verlassen zu fühlen, das ist das Grundgefühl vieler Patienten vor ihrer schizophrenen Erkrankung. Selbst wenn Hilfe angeboten wird, kann sie meist nicht wahrgenommen werden; und auch wenn sie angenommen wird, wird sie selten geschätzt. Denn dem Sohn wurde frühzeitig der Leitsatz eingeprägt: Selbst ist der Mann! Daß es sich dabei um eine väterliche Ideologie handelt, die der Vater selbst nicht befolgt, hat er bis dahin noch nicht durchschaut:

»Ich hab mich immer auf meine eigene Person zurückgeworfen gefühlt. Als jemand, obwohl er Eltern hatte und auch eigentlich immer materiell unterstützt wurde, immer das Gefühl hatte, alleine im Leben zu stehen. Ich hatte auch immer das Gefühl, wenn irgendwelche Aufgaben oder irgendwelche Situationen da waren, daß es nur an mir liegt, wie die zu bewältigen sind.

Ich bin nie jemand gewesen, der in der Lage war, Hilfe bei anderen zu suchen. Ich war einfach unfähig, zum Beispiel ein Problem zu schildern und zu sagen, da komm ich nicht damit zurecht, da brauch ich Hilfe. Wenn, dann bin ich eher aus der Situation geflüchtet oder hab mich selber zermartert. Aber ich war nie in der Lage, so etwas wie die eigenen Stärken und Schwächen in Relation zum eigenen Verhalten zu bringen. Ich schwankte immer zwischen Extremen: Entweder ich konnte alles, oder ich konnte nichts« (VB).

Das Schwanken zwischen »Ich kann alles, oder ich kann nichts«, das Pendeln zwischen Selbstüberschätzung und Ohnmachtsgefühl charakterisiert die strategisch wichtigen Phasen im jungen Leben dieser Söhne. Immer dann, wenn sie mit Vaterfiguren konfrontiert sind, wiederholt sich das eingeätzte Muster, wie auch bei Herrn P., den wir schon aus dem ersten Kapitel kennen. Hier eine gekürzte Version der bereits zitierten Aufzeichnung:

»Ich fühlte mich zu dieser Zeit absolut nicht wohl, die Lehre war aber die einzige Möglichkeit, von zu Hause wegzukommen. Sie fing eigentlich ganz gut an (...) Leider wurde die Freude bald getrübt, denn wie es in der Firma ablief, das Verhalten vom Meister B., wie die Leute so drauf waren, das packte ich nicht, dagegen sträubte ich mich, dagegen lehnte ich mich auf (...) Als ich dann eines Tages beschloß, zu ihm zu gehen, es war ungefähr nach zwei Monaten Lehrzeit, um ihm zu sagen, daß ich kein Vertrauen zu ihm habe, aufgrund von den Dingen, die er so anrichtet, ließ er sich zuerst alles von mir ausführlich erzählen (...) [Dann] sagte er zu mir in vollem Ernst und voller Härte, falls ich kein Vertrauen zu ihm habe, soll ich die Konsequenz ziehen und die Lehre abbrechen (...) Von da an, also zwei Monate nach Lehrbeginn, begann für mich ein Scheißleben in der Lehre« (KG).

Das Drama mit dem Vater, dem »strafenden Gott«, dem be- und verurteilenden Richter wiederholt sich: von der Begeisterung über die verzweifelte Suche nach väterlicher Anerkennung bis zum Hinterfragen, Aufbegehren, Unterwerfen oder Verworfenwerden. Selbstverständlich wiederholen sich vergleichbare Dramen an Stellen, die Ähnlichkeiten mit der erlebten Vater-Sohn-Beziehung aufweisen; denn bevor Ereignisse tatsächlich einen krankheitsauslösenden Effekt haben, wird in der Realität immer wieder der gute, ein besserer Vater gesucht. Diese Suche, die damit verbundene Hoffnung, das Scheitern und die Konsequenzen des Scheiterns zermürben den Sohn langsam. Jeder neue Kampf füllt das Faß ein wenig mehr, bis es überläuft.

1. Labilisierende Ereignisse

In den beiden oben zitierten Passagen kommt ein generelles Unwohlsein – durchbrochen von kurzen Hoffnungsschimmern – zum Ausdruck, ein Grundgefühl, das sich vor und während der Adoleszenz steigert. Nicht von ungefähr hat Stierlin die Adoleszenz als die Zeit bezeichnet, in der die »Abrechnung«[3] erfolgt. Dieses belastende Lebensgefühl wurde von vielen Patienten in zahlreichen Variationen immer wieder thematisiert:

»Als Schüler war ich die ganze Zeit mit den Problemen beschäftigt, die in meinem Kopf waren. Ich habe über lange Jahre Mathematik-Nachhilfe gekriegt. Wir haben da aber nicht gerechnet, wir haben geredet. Innere Werte wie Sinn des Lebens oder warum komme ich nicht zurecht mit meinem Leben. Was ist mit Beziehungen, und warum habe ich dauernd ein negatives Lebensgefühl und kann das Leben nicht genießen, wie man so schön sagt, und sehe alles so eher düster?« (VB).

Diesem Sohn fehlte offensichtlich ein Partner, der die entwicklungsbedingten Probleme eines Pubertierenden mit ihm besprochen hätte; hier wäre der Vater gefragt gewesen. Er hätte seinen Sohn langsam auf die männliche Welt hinführen müssen. Kulturell sind diese Initiationsrituale, wie Firmung, Konfirmation, Jugendweihe, Bar-Mitzwa, zwar vorhanden; sie haben jedoch ihre Funktion als Einführung in das Erwachsenenleben meist verloren. Aber statt dem Sohn – mit der liebevollen Unterstützung des Erfahreneren – den Weg zu ebnen, konkurriert der Vater häufig mit ihm und fürchtet dessen wachsende Stärke. So sucht der Heranwachsende, der junge Erwachsene Anerkennung, Zuwendung und Schutz bei anderen Vaterfiguren:

»Den Chef habe ich immer für den großen Gönner gehalten, wie einen echten Vater. Daß er so seine schützende Hand über mich hält und alles wohltuend über mich breitet. Daß er mir sagt, was ich machen soll, so daß ich gerade das Richtige mache. Und daß er das nach außen richtig darstellt.

Ich hab da jedenfalls 'ne Vaterfigur in dem Chef gesehen, und immer, wenn 'ne Konkurrenz von einem Kollegen kam, dann war der eben schlecht« (VB).

Der Sohn erhofft sich den großen Gönner, der schützend und wohltuend seine Hand über ihn hält, ihn anleitet. Diese Sehnsucht ist so groß, weil die Kluft zwischen dem wirklichen und dem erwünschten Vater als extrem schmerzlich erlebt wird. Kommt so ein vermeintlich besserer Vater auch nur in Sicht, dann darf nichts und niemand dazwischenkommen. Es ist allerdings eine prekäre Angelegenheit, die ganze Bestätigung der eigenen Person beim Meister, beim Vorgesetzten zu suchen, beim Übervater, auch wenn dieses Bedürfnis verständlich ist. Die ungestillte Sehnsucht nach einem guten Vater entspringt der kurzen Spanne im Leben des Kindes, in der er der Liebling des Vaters war und dieser ihm alles bedeutete.[4] Damals war – für eine flüchtige Zeit – die Welt für Vater und Sohn in Ordnung. Dieser »Idealzustand« war und ist nicht mehr einzufangen. Statt dessen ist die Gefahr sehr groß, daß der Sohn genau das wiederholt, was ihm der Vater vorgelebt hat, und worunter er selbst gelitten hat:

»Wenn man natürlich genauer hinsieht, dann muß man sich auch fragen, ob ich dieser Rolle, die mein Vater mir vorgelebt hat, ob ich der nachgeeifert bin. Ich muß sagen, ich habe versucht, mein Leben lang, irgendwie auf dem Weg, den ich eingeschlagen habe, halt irgendwie der Beste zu sein und meinen Mann zu stehen. Das ist eigentlich das, was ich halt nie irgendwo erreicht habe, irgendwie der Beste zu sein. Ich habe es dann eigentlich schon erreicht gehabt, der Beste zu sein von meinem Bereich, aber irgendwie war das dann schon der große Grätschschritt in die Psychose hinein« (VB).

Die zitierten Aussagen zeigen die kräfteverschleißende Störungsanfälligkeit dieser jungen Männer: Vor dem Hintergrund einer großen Bedrückung, eines negativen Lebensgefühls ersehnt sich der Sohn einen anderen, besseren Vater, dessen Gunst er zu finden hofft; dafür strengt er sich an; auch deshalb will er der Beste sein. Allerdings muß er stets befürchten, von Mitkonkurrenten ausgebootet zu werden. Die permanente Anstrengung und die stets lauernde Gefahr zehren an seinen Kräften. Der erste »große Grätschschritt in die Psychose« ist getan, wie dies soeben formuliert wurde.

Zusätzlich labilisierende Wirkung haben Situationen, die an die eigene Ausgeliefertheit, an die eigene Macht- und Hilflosigkeit erinnern. Typisch dafür sind Erlebnisse, die bereits den Stempel der männlichen Erwachsenenwelt tragen, also mit der Hoffnung auf Unabhängigkeit verbunden sind. Dazu zählen, neben der bereits erwähnten Lehrzeit, u.a. Bundeswehr, Zivildienst, Studium oder Berufsleben:

»Beim Bund, da waren viele Schleifer zu Hause in der Kompanie. Es war nicht sehr angenehm, dort den Wehrdienst zu absolvieren. Es hat mir sehr zugesetzt. Weniger die körperliche Schinderei, sondern eher wegen der geistigen Schinderei« (VB).

Auch von seiner damaligen Freundin und späteren Ehefrau wurde diese Zeit als äußerst problematisch beurteilt:

»Ja, die Bundeswehrzeit war eigentlich 'ne recht schwierige und schlimme Zeit. Er hat so darunter gelitten, daß er zwei-, dreimal unter der Woche, in der Nacht, nach N. gekommen ist. An eine Situation kann ich mich noch recht gut erinnern: Ein Gespräch, das er mit einem Vorgesetzten hatte, und er hatte immer das Problem, daß er Schwierigkeiten hat zu reden, wenn er strammstehen soll; da war er ziemlich am Boden zerstört. Also das war eine schwierige Zeit für ihn« (VB).

Das »Strammstehen« vor Vorgesetzten: Da taucht vor dem geistigen Auge der kleine Junge auf, der seinem Vater Rede und Antwort stehen muß, der schon wieder etwas verbrochen, etwas ausgefressen hat und oft gar nicht weiß, was. Mich erinnert dieses Bild an eine traurige Episode aus dem Leben eines Freundes: Als kleiner Junge sollte er – auf Geheiß des Vaters – im Keller Briketts aufstapeln. Als der Vater das Werk begutachtete, bekam er ob der krummen und schiefen Reihen einen Tobsuchtsanfall. Er schickte den Sohn zornig weg. In der Küche wusch sich das weinende, mit Ruß verschmierte Kind und hinterließ ein schwarzes Handtuch. Als der Vater das Handtuch sah, schlug er es dem Sohn um die Ohren und schrie: »Warum schlage ich dich jetzt, sag, warum schlage ich dich!« Und der Kleine: »Weil ich in die Hose gemacht habe.« – Die Engländer haben dafür einen treffenden Ausdruck: »Scaring the shit out of somebody.« Leiderfahrene Söhne haben Angst vor Strammsteh-Situationen.

An der Schwelle zum Erwachsenendasein, meist das erste Mal von zu Hause weg, ist es besonders verheerend, wieder an die eigene Ohnmacht erinnert zu werden. Die oft noch bestehende finanzielle Abhängigkeit vom Vater spielt zusätzlich eine große Rolle. So war es für den nächsten Patienten eine ausgesprochene Mutprobe, dem Vater zu gestehen, daß er sein Studium wechseln wollte:

»Denn wie soll man's erklären, mein Vater hat halt den Anspruch: Man muß wissen, was man will und was man anfängt, das macht man ordentlich und zieht das durch. Und insofern war mir das schon recht unangenehm.

Es war auch ein Problem, mir das selbst einzugestehen: Wenn du 'ne Ausbildung machst und unterbrichst die, daß das dann mit Ängsten verbunden ist, daß man 'ne Sache anfängt und die nicht zu Ende führt. Und am unangenehmsten ist halt, es dem gegenüber zu vertreten, der das Studium finanziert, das ist ganz klar. Mit so 'ner Entscheidung geht wohl niemand gern zu seinem Vater und sagt: ›Das schreiben wir jetzt in den Wind, ich fang jetzt wieder was Neues an‹« (VB).

Dazu kommt das Gefühl vieler Patienten, dem Vater beweisen zu müssen, daß man seine Erwartungen erfüllt oder sogar übertrifft:

»Das Gefühl war sicher da, es dem Vater gegenüber beweisen zu müssen, und den Anspruch hab ich sicherlich in einer überhöhten Weise an mich schon gestellt« (VB).

Viele der hier analysierten Patienten sehen die Phase der Adoleszenz[5] als die Zeit ihrer ersten Lebenskrisen. Auch die frühen, noch tastenden Liebesbeziehungen sind ungeheuer enttäuschungsanfällig:

»Ich hab am Anfang einen recht übersteigerten Treuebegriff gehabt, und mich hat das (die erste Untreue seiner Freundin) – da kann ich mich noch erinnern – unheimlich enttäuscht und getroffen. Ich hab da eine sehr zart besaitete und empfindliche Haut gehabt, weil ich mir das gar nicht vorstellen konnte, daß die B. mir untreu wird« (VB).

Und ein anderer Erzähler schließt aus seinen frühen Erfahrungen:

»Ich hab schon viele Enttäuschungen gehabt und nicht so das Gefühl, daß man sich auf jemand verlassen kann« (VB).

Lehre, Bundeswehr, Zivildienst, Studium, erste Freundschaften, das alles sind oft schwer umschiffbare Klippen. Meist können die Kratzer, Dellen, kleinere Schäden noch repariert werden. Im Berufsleben bläst jedoch ein schärferer Wind. Die Gefahr einer Havarie nimmt zu, wie der Bericht über Herrn D. zeigt:

»Vor der Erkrankung sei er im allgemeinen mit seinem Leben sehr gut zurechtgekommen. Allenfalls in der Jugend habe er Selbstwertprobleme bezüglich Sexualität und in der Beziehung mit seinem Vater gehabt.

Eine erste persönliche Krise gab es nach dem Auslandsaufenthalt in A. Er sei über zwei bis drei Monate depressiv gewesen, habe Suizidgedanken, zum Teil sehr konkret, gehabt. Hintergrund sei eine Auseinandersetzung mit seinem vorgesetzten Direktor gewesen. Er habe den Direktor sehr enttäuscht, da er entgegen dessen Vorstellung frühzeitig nach Deutschland zurückkehren wollte.

Zudem habe es eine Auseinandersetzung mit seinem Vater gegeben. Dieser habe damals den elterlichen Betrieb seinem größeren Bruder übertragen. Er sei darüber sehr bestürzt gewesen, habe sich mit seinem Vater heftige Diskussionen geliefert.

Die Depression sei dann vollständig verschwunden, u.a. als er ein Versöhnungsgespräch mit seinem Direktor führte« (KG).

Dieser Bericht enthält die wesentlichen Elemente, die von der biographischen Gebrochenheit über die Krise allmählich zur Erkrankung führen. In diesem Abschnitt einer Krankengeschichte werden die labilisierenden Faktoren, wie sie zum Teil auch von anderen Patienten geschildert wurden, beeindruckend zusammengefaßt:

– Selbstwertproblematik bezüglich des Vaters,

- Selbstwertproblematik bezüglich der Sexualität,
- beides zusammen ergibt Probleme mit der eigenen männlichen Identität sowie
- Auseinandersetzung mit einer Vaterfigur und/oder
- Auseinandersetzung mit dem eigenen Vater.

Die Krise von Herrn D. wird – dem Anschein nach – durch ein »Versöhnungsgespräch mit dem Direktor« überwunden. Die noch größere Krise, die Erkrankung, steht erst bevor.

2. Auslösende Ereignisse

Das vielbemühte Sprichwort »Der Krug geht so lange zum Brunnen, bis er bricht« drückt anschaulich aus, daß viele kleine Erschütterungen zum großen Zusammenbruch beitragen können: Ein weiterer Schlag, d.h. ein auslösendes Ereignis, und das »Gefäß zerbricht«. Dieser Schlag kann sowohl im beruflichen als auch im familiären Bereich bzw. in einer Liebesbeziehung erfolgen. Allgemein gesprochen bereiten die unterschiedlichsten labilisierenden Vorkommnisse den Boden für den Auslöser. Dies kann mit Hilfe der Fortsetzung der Geschichte von Herrn D. veranschaulicht werden:

»Die eigentliche Krankheitsentwicklung setzte dann erst bei einem erneuten beruflichen Auslandsaufenthalt ein. Er sei damals sehr engagiert, euphorisch, beharrlich, selbstüberzeugt gewesen. Im Juni habe er dann einen Konflikt mit der Firmenleitung gehabt. Diese habe eine Vereinbarung, die er mit einer anderen Firma getroffen hatte, revidiert und dagegen entschieden. Er sei dann sehr erregt nach Deutschland zur Zentrale geflogen, habe sich durchsetzen wollen, worauf der Beschluß der Firmenleitung korrigiert wurde.

Es sei dann zunehmend zu größeren Problemen im Betrieb gekommen. Nachdem dann erneut eine seiner Vereinbarungen mit einer anderen Firma von der Direktion wieder zurückgenommen wurde, habe er eine Notiz an die Zentrale geschrieben, daß er eventuell nicht mehr weiterarbeiten wolle. Dies habe er auf die Bitte seines Vorgesetzten wieder zurückgenommen. Dabei, glaube er, habe er sich irgendwie ›das Genick gebrochen‹« (KG).

Herr D. hatte wiederholt versucht, es einer Vaterfigur, seinem Vorgesetzten, recht zu machen, wider sein besseres Wissen. Nun mußte er die »Fehlentscheidungen« seines Chefs selbst verantworten. Nicht zu seinem Entschluß, die Weiterarbeit aufzukündigen, gestanden zu haben, sei – nach seinem eigenen Gefühl – der Knackpunkt gewesen.

Daß ein Erwachsener, der der Rolle des Sohnes verhaftet bleibt, in Schwierigkeiten kommen muß, zeigt auch das nächste Beispiel. Schon die Möglichkeit, seinem Chef standzuhalten, ihn sogar fachlich zu überflügeln, löst bei diesem Patienten großes Unbehagen aus:

»Ich habe mich in was verwickelt, was den Chef in den Schatten stellen könnte. Ich habe an die Säule des Vaters gepinkelt. Da habe ich Angst bekommen. Da ist's gefährlich geworden« (VB).

Generell muß gesagt werden, daß das, was der Patient selbst als Auslöser betrachtet, von Therapeuten oft nicht so ernst genommen wird, wie es – meines Erachtens – genommen werden sollte; denn der Patient ist selbst der Experte für sein eigenes Leben. Interessiert sich der Therapeut ehrlich für ihn, schenkt er ihm Glauben, dann teilt er auch sein Wissen mit. Zusammen mit der eigenen fachlichen Kompetenz können daraus manche gesundheitsfördernde Durchbrüche erzielt werden. Leider wissen es viele Therapeuten – wie viele Väter – immer »besser«, manchmal selbst so erfahrene und angesehene wie der Münchner Psychiater Paul Matussek. Ich möchte daher ein von ihm angeführtes Beispiel zum Thema »Auslöser« hier ausführlich zitieren, um dem Leser aufzuzeigen, wie der Patient in seiner Hilflosigkeit bestärkt werden kann, wenn man ihm, erstens, nicht glaubt und, zweitens, ihm seine neue Abhängigkeit vom Therapeuten vorführt oder gar einredet.

Matussek schildert den Therapieverlauf eines schizophrenen Patienten, der nach zweijähriger psychotherapeutischer Behandlung erneut einen psychotischen Schub erlitt.[6] Als auslösende Anlässe für den psychotischen Schub kamen nach Matusseks Einschätzung folgende Ereignisse in Frage: 1. Die Unterbrechung der Behandlung wegen eines Urlaubs des Therapeuten. 2. Eine gemeinsame Ferienfahrt des Patienten mit Nicht-Familienangehörigen. 3. Die urlaubsbedingte Abwesenheit der Eltern des Patienten nach dessen Rückkehr.

Im Gespräch mit dem Patienten benannte der Psychiater diese drei Faktoren als verständliche Motive für den Rückfall. Zwei Tage später sagte der Kranke jedoch sinngemäß: »›Was Sie mir da erzählten über die Abwesenheit meiner Eltern und Ihre Abwesenheit, das mag ja alles stimmen, auch meine Fahrt nach Italien war sicherlich nicht einfach.‹ Er glaube aber, daß er das alles ganz gut gemeistert hätte, wenn nicht *sein Vater zwei Tage vor seiner Abreise ihm seine gefühlsmäßige Verachtung zum Ausdruck gebracht hätte* [meine Hervorhebung]. Der Vater habe sich auf seine Reise in einer Weise vorbereitet, als wenn er gar nicht da und er nur ein ›Dreck‹ sei. Als der Vater dann zur Mutter über ihn etwas gesagt hätte, etwa in dem Sinn, daß er [der Patient] fort müsse, sei es dann mit ihm geschehen. Er sei in die Stadt gegangen und habe da die ersten Stimmen gehört, wobei er gemerkt habe, daß seine Krankheit wieder beginnen würde.«

Paul Matussek interpretiert diese Äußerung seines Patienten nun folgendermaßen: »An diesem Beispiel sind die Einzelheiten weniger wichtig als die Tatsache, daß der Eindruck des Patienten über den wirksamsten Anlaß sich nicht mit dem deckt, was man von außen als veranlassendes Ereignis anzunehmen geneigt ist. Es handelt sich also um die Frage der Bewertung der Wirksamkeit eines Anlasses. *Sicherlich täuscht sich der Patient* [meine Hervorhebung], wenn er glaubt, die genannten äußeren Veränderungen seines Lebens hätten nur wenig mit dem Beginn seiner Psychose zu tun.« Daraus zieht Matussek dann den Schluß: »In dem genannten Fall war *das Verhalten des Vaters also nicht der entscheidende Anlaß* [meine Hervorhebung]. (...) Für die anderen objektiv sicherlich auch wirksamen Anlässe fehlte aber das Anlaßgefühl. (...) Es ergibt sich daraus die Notwendigkeit der *Unterscheidung von objektiv wirkenden und subjektiv erlebten Anlässen* [Hervorhebung des Autors].«[7]

Ich selbst hätte – hoffentlich – dem Patienten und seiner Selbsteinschätzung Glauben geschenkt. Daß die ausgedrückte Verachtung des Vaters den Sohn schmerzhaft getroffen hat und bei ihm auf nur allzu fruchtbaren Boden gefallen ist, erscheint im Lichte der vorliegenden Untersuchungen nur allzu plausibel. Auch Alice Miller mißt in ihrem überarbeiteten Buch »Das Drama des begabten Kindes«[8] dem Problem des Verachtetwerdens extrem krankmachende Bedeutung bei. Aber leider werden die Verachtung des Kindes, des Adoleszenten, des jungen Erwachsenen und die Vater-Sohn-Beziehung fast nie in die therapeutischen Überlegungen mit einbezogen. Statt dessen stehen der Therapeut selbst, die Mutter und allgemeine labilisierende Umstände im Vordergrund.

Aber kehren wir zu Auslösern zurück, deren Stellenwert unumstritten ist, zum *Verlust* zentraler Bezugspersonen. Für den unter- oder verworfenen Sohn ist es meist besonders schlimm, wenn der Vater, dessen Segen er immer noch erhofft, stirbt oder gar Selbstmord begeht. Der ganze Kampf um Anerkennung scheint dann umsonst gewesen zu sein. In bezug auf James Joyce bringt Loll dies auf folgenden Nenner: »Der Tod des Vaters raubt ihm die Hoffnung auf das, was ihm bis zuletzt das Wichtigste war: die väterliche Anerkennung. Aber sie ist selbst noch in den letzten Worten ausgeblieben, der Quell ist endgültig versiegt (...) Das Begräbnis des Vaters beerdigt seine bis dahin nie ganz versiegende Hoffnung, lähmt sein Leben und seine Schaffenskraft.«[9] Zurück bleibt eine ohnmächtige Wut, die der Sohn meist gegen sich selbst richtet und die sich u. a. in einer Psychose manifestieren kann. Diese Wut wird aber erst in der Psychotherapie als solche erkannt; davor wird sie, falls überhaupt, als Angst erlebt. So entfuhr einem 40jährigen Sohn in einem Gruppengespräch: »Ich hoffe nur, daß ihm (dem Vater) im Jenseits nicht das vergolten wird, was er mir auf Erden angetan hat« (VB).

Auch ein anderer Patient reagierte mit Wut und Trotz. Aber erst viel später merkte er – laut Krankengeschichte – weshalb: »Im Juli habe er vom Tod seines Vaters erfahren. Dieser habe Selbstmord begangen. Er habe kaum Trauer verspürt, eher Wut, sei nicht zur Beerdigung gefahren« (KG).

Mit dieser Tat des Vaters, der sich »feige seiner Verantwortung entzogen« hatte, brachen für ihn gleich zwei Welten zusammen: die Scheinwelt des so perfekten Vaters und sein an dessen »Vorbild« modelliertes Leben. Plötzlich schien alles sinnlos. Für wen hatte er sich denn so angestrengt! Nun mußte er ohne den Segen des Vaters auskommen. Bezeichnenderweise sind beide Söhne kurz nach dem Tod ihres Vaters erkrankt.

Eine Welt kann auch durch den Verlust der Mutter zusammenbrechen, durch Tod oder durch Scheidung. Mit dem Verlust der Mutter zu einer Zeit, in der der Sohn noch eine warme Unterstützung, eine Alliierte, eine Verteidigerin gegen den väterlichen Richter braucht, bleibt er alleine zurück. Er muß den Prozeß des Lebens ohne Verteidigung führen. Selbst wenn er das Glück hat, eine neue Alliierte, eine Freundin zu finden, ist er gefährdet; denn ein jedes Verlassenwerden wird für ihn fortan zur existentiellen Bedrohung:

»Mit der G. war ich zwei Jahre zusammen, sozusagen Jugendliebe.

Da ging meine Beziehung mit ihr in die Brüche. Das hat bei mir so 'ne Depression ausgelöst. Da hab ich die ganze Zeit geweint und hab mich bloß noch ins Bett verkrochen. Sie hat mich verlassen, und das war für mich sehr hart. Und ich hab' das erste Mal an mir gespürt, daß da Gefühle hochkommen, die ich davor immer unterdrückt habe. Da habe ich den Boden unter den Füßen verloren« (KG).

Wie es sich anfühlt, den Boden unter den Füßen zu verlieren, wenn der Verlust der Freundin, der Ehefrau droht, beschreibt der nächste Erzähler:

»Ich ging auf der Straße in München und hatte mit meiner Frau noch Kontakt. Kontakt in der Form, daß wir uns verstritten hatten und wir nur im Vorwurfston miteinander umgehen konnten.

Und dann ging ich allein durch die Stadt in München, und auf einmal hatte ich das Gefühl, von allen beobachtet zu werden. Vielleicht das Gefühl, allen etwas beweisen zu müssen. Ich weiß es nicht genau.

Ich ging dann an der Frauenkirche vorbei, und dann haben die Glocken geläutet. Und dann bekam ich das erste Mal in meinem Leben Todesangst. Todesangst. Das war eine ganz neue Angst für mich« (VB).

Die lange Zeit unterdrückten Gefühle von Wut und Angst sind zu einer brodelnden Glut angestiegen. Wie bei einem Vulkan erhöht jeder zusätzliche Druck die Ausbruchsgefahr: Das Gefühl der Todesangst ist die Folge. Gibt es für das Magma aus Wut und Angst keine Ausweichmöglichkeiten mehr, so bricht die Lava aus, unheilbringend, scheinbar unkontrollierbar. Vielleicht hilft dieses Bild, um das Bedrohliche der siedenden Gefühlsmassen zu veranschaulichen. Zu lange hat sich tief drinnen vieles zusammengebraut. Der Ausbruch ist mit einem massiven Gefühlsschwall verbunden, der viele Erscheinungsbilder haben kann.

Trotzdem kann der Ausbruch der Erkrankung zunächst als Rettung empfunden werden. Wie das »reinigende« Feuer allerdings schon nach kurzer Zeit nur Asche hinterläßt, so folgt auf die »Rettung« bald die große Verzweiflung. Das Ausmaß der Wut, Angst und Verzweiflung kann jedoch – so glaube ich – niemand nachvollziehen, der es nicht selbst durchleben mußte. Um den Zustand dieses Leidens verständlicher zu machen, möchte ich eine kurze Begebenheit erzählen, die mich außerordentlich beeindruckt hat:

Ein mir bekannter Psychiater lag nach einem Unfall in einer Rehabilitationsklinik. In seinem Krankenzimmer befand sich ein junger Familienvater, querschnittsgelähmt, vom Hals abwärts. Er konnte nur noch den Kopf bewegen. Dieser Mann war nun erstaunlicherweise immer so gut gelaunt, daß der Psychiater ihn daraufhin ansprach. Ohne den Beruf des Fragenden zu kennen, antwortete der Querschnittsgelähmte sinngemäß: »Ach, wissen Sie, vor meinem Unfall hatte ich eine Psychose, und dagegen ist eine Querschnittslähmung ein Zuckerlekken.« Ich glaube, diese Auskunft spricht für sich. Ich für meine Person jedenfalls kann mir kaum etwas Schlimmeres vorstellen, als für den Rest meines Lebens gelähmt zu sein.

Das Entsetzliche eines psychischen Zusammenbruchs wird für den Außenstehenden vielleicht durch den Traum eines Patienten nachvollziehbarer; er verdeutlicht die sich zuspitzende Eskalation bis zur »totalen Katastrophe«:

»Ich bin abends mit F. und T. in der Stadt, gehe spazieren oder einkaufen. Allmählich verdüstert sich der Himmel, die Wolken schieben sich bedrohlich ineinander. Ein starker Wind kommt auf, der sich jedoch bald wieder legt, und die ersten Blitze erscheinen am Himmel. Es breitet sich eine eigenartige, tödliche Stille aus, die nur von dem immer öfter wiederkehrenden Donner unterbrochen wird. Wir kauern uns ängstlich am Straßenrand nieder, um dem Blitzschlag zu entgehen.

Plötzlich wird die Situation für mich unerträglich. F. hat große Angst. Die Luft wird immer geladener und stickiger. Man ahnt ein großes Unheil. Schließlich halte ich es nicht mehr aus und flüchte über die Straße in Richtung eines U-Bahn-Schachtes, wo ich hoffe, Unterschlupf finden zu können. Dabei höre ich eine seltsame, mir fremde Stimme: Nicht davonrennen, wir sind alle verletzt, wir sind alle verletzt!

Ich erreiche jedoch schon den Schacht, komme aber immer schwieriger vorwärts, weil sich die Luft eigenartig zu verdicken scheint. Und tatsächlich, als ich über die Brüstung springe, in halber Höhe, bleibe ich plötzlich stecken, wie wenn alles auf einmal versteinert oder vereist wäre. Ich verharre in meinem Sprung und mir ist, als ob die totale Katastrophe hereinbricht, so daß ich erschreckt aufwache« (KG).

Das war natürlich »nur« ein Traum. Der Träumer ist aufgewacht. Doch in der beginnenden Psychose fängt der wirkliche Alptraum erst an.

Exkurs: Schizophrenie: Begriffs- und Standortbestimmung

Bevor im nächsten Kapitel dargestellt wird, wie sich eine ausbrechende Schizophrenie für den Erkrankten »anfühlt«, erscheint es mir sinnvoll, zu klären, was unter einer schizophrenen Psychose verstanden wird und welche Position dieser Untersuchung zugrunde liegt.

Ganz allgemein gesagt, ist der Oberbegriff der Schizophrenie die »Psychose«, der durch die Endung »-ose«, d. h. Erkrankung, gekennzeichnet ist. Vergleichbar mit der »Somatose«, der Erkrankung des Körpers, handelt es sich also bei der Schizophrenie um eine Erkrankung der Psyche. Durchforstet man die einschlägige psychiatrische, psychologische und psychoanalytische Fachliteratur, so wird deutlich, daß über die Frage, was die Schizophrenie überhaupt sei, Uneinigkeit herrscht. Es bestehen nicht nur unterschiedliche Ansichten über das Phänomen der Schizophrenie, sondern auch Ungewißheiten über die Ursachen dieser Erkrankung; Annahmen über mögliche Entstehungszusammenhänge reichen von rein somatischen bis zu rein psychogenetischen Hypothesen.

Vereinfacht gesagt, geht die somatische Hypothese von neurochemischen Normabweichungen im neurophysiologischen Bereich aus. Die einschlägige Schizophrenieforschung verfolgt zum Beispiel Fragen wie: Sind Halluzinationen nichts anderes als Ausdruck neurochemisch bedingter Wahrnehmungsstörungen? Oder anders formuliert: Interpretiert der Patient sensorische Störungen, die er als unerklärlich und beunruhigend empfindet, im nachhinein als Wahnvorstellungen? Für Vertreter der Somatohypothese – zum Beispiel die Bonner Schule[10] – ist der Wahn ein »regressiv-reaktiver Bewältigungsversuch eines letztlich genetisch-biologisch determinierten kognitiv-affektiven Störungsprozesses«.[11]

Die genau entgegengesetzte Hypothese rückt psychogenetische Ursachen von Schizophrenien in den Vordergrund. Diesem Ansatz zufolge führen frühkindliche Traumata zur Entwicklung einer schizoiden Persönlichkeit und bereiten damit den Boden für eine spätere manifeste schizophrene Erkrankung. Im Mittelpunkt der von Psychoanalytikerinnen wie Frieda Fromm-Reichmann[12] und Marguerite A. Sechehaye[13] vertretenen Ansicht stehen Verwundungen durch zwischenmenschliche Beziehungen: Das Vertrauen des Kindes zu seiner Beziehungsumwelt ist so massiv gestört worden, daß es sich aus dem Kontakt mit der Welt zurückzieht und bei unvermeidbaren Konflikten äußerst empfindlich reagiert. Dies entspricht auch dem Denkansatz von Alice Miller, die sich seit geraumer Zeit allerdings von der Psychoanalyse distanziert hat.

Im Gegensatz zu diesen beiden Extremen vertritt der Psychiater Luc Ciompi [14] eine multifaktorielle Hypothese, die genetische, frühkindlich entwicklungsbedingte und traumatische Aspekte mit einbezieht. Nach seiner Sichtweise, die er als affekt-logische bezeichnet, wirken genetisch / somatische (wie Konstitution, Sensibilität etc.) und psychosoziale Einflüsse (wie frühkindliche Traumata, familiäre Kommunikationsstile etc.) zusammen und ergeben eine verletzliche Persönlichkeit, die unter streßbedingter Überforderung an einer akuten Schizophrenie erkranken kann. Dieser Ansatz hat unter dem Etikett »Vulnerabilitätshypothese« [15] weite Beachtung und Anerkennung gefunden.

Der Psychiater Felix Böcker stellt, bezogen auf die Diskussion möglicher Ursachen für schizophrene Erkrankungen, fest: »Die Forschung der letzten Dezennien hat eine ganze Reihe von Zusammenhängen aufgedeckt, die ohne Zweifel von Bedeutung sind. Psychoanalytische, daseinsanalytische, entwicklungspsychologische, strukturpsychologische Untersuchungen und andere haben jeweils für Teilaspekte der Erkrankung Erklärungsansätze aufgezeigt. Keine dieser Deutungen läßt sich jedoch auf alle Menschen anwenden, bei denen eine Schizophrenie diagnostiziert werden muß (...) Dabei muß eine Hypothesenbildung zwangsläufig den Mut und das Risiko beinhalten, noch bestehende wissenschaftliche Lücken zu überspringen (...) Psychologie und Psychiatrie können (...) ohne solche Vorstöße ins bisher Dunkle ihrer Forschungsaufgabe nicht gerecht werden. Ein Beweis für die Richtigkeit der Hypothese ist also von vorneherein nur bruchstückhaft möglich. Ihre Relevanz kann sich aber in der klinischen Praxis und vor allem in der therapeutischen Effizienz erweisen.« [16]

Für die praktisch-therapeutische Arbeit und die forschende Analyse hat sich für mich Ciompis Sichtweise schon seit langem als besonders hilfreich und therapeutisch wirksam erwiesen. Allerdings habe ich – wie dieses Buch zeigt – diesen Ansatz um zwei mir wesentlich erscheinende Teilaspekte erweitert: um die Bedeutung der

Adoleszenz und der Vaterbeziehung für die psychosexuelle Entwicklung des männlichen Jugendlichen.[17]

Trotz der unterschiedlichen, aber keineswegs mit dem Anspruch auf Vollständigkeit wiedergegebenen Positionen kann von einem gemeinsamen Nenner ausgegangen werden: Hypothesenübergreifende Einigkeit herrscht darüber, daß der heutige Schizophreniebegriff sich in erster Linie am Vorliegen von *massiv wahnhaften und halluzinatorischen Erlebnissen* im Sinn der »Symptome ersten Ranges« nach Kurt Schneider[18] orientiert. Typisch für Schizophrenien ist somit eine tiefgreifende Störung der persönlichen Identität: Durch die Verwischung der klaren Unterscheidung zwischen der inneren und äußeren Realität kommt es zu einer teilweisen Aufhebung der Ichgrenzen.[19]

Über diese Kernsymptomatik hinaus unterscheidet Ciompi drei Phasen: Die prämorbide Phase (von Geburt bis zum Krankheitsausbruch), die akute Phase und die chronische Phase. Seine Grundthese ist, daß die akute Phase Voraussetzung dafür ist, daß man von einer Schizophrenie sprechen kann. Zu einem chronischen Verlauf muß es bei adäquater Behandlung nur in wenigen Ausnahmen kommen. Sich auf verschiedene Langzeituntersuchungen stützend, argumentiert Ciompi zu Recht, daß die Diagnose »Schizophrenie« ihr Odium der Unheilbarkeit verloren hat.[20]

Die akute Phase ist für Ciompi also das eindeutig Krankhafte. Die prämorbide Phase ist dagegen durch zahlreiche schlecht bewältigte Krisen gekennzeichnet, die den Betroffenen immer mehr schwächen. Nach empirischen Untersuchungen der englischen Schule um Wing[21] fällt die akute Phase der Schizophrenie – statistisch gesehen – mit psycho-sozialer *Überstimulation* zusammen, während die chronische Phase durch eine psycho-soziale *Unterstimulation* gekennzeichnet ist. Nach Wing und anderen Vertretern der britischen Schule können chronische Psychosen daher auch als Produkt mangelnder Behandlung und / oder hospitalisierender Institutionen angesehen werden. Nimmt man die empirisch begründeten Auswirkungen von Über- und Unterstimulation ernst, so kann die Schizophrenie weitgehend als Reaktion besonders sensibler bzw. vulnerabler Menschen auf zu große Belastungen aller Art verstanden werden.

Für eine bessere Ein- und Zuordnung des Phänomens der akuten schizophrenen Erkrankung scheint die Unterteilung des Psychiaters

Klaus Conrad[22] in seinem Buch *»Die beginnende Schizophrenie«* von großem Nutzen. Er unterscheidet:

1. Eine *Anfangsphase*, die durch eine ängstlich-gespannte, erwartungs- und bedeutungsvolle Grundstimmung gekennzeichnet ist.

Wing spricht hinsichtlich der Anfangssymptome von »neurotischen Symptomen« wie Depression, Ängsten, Spannung, Reizbarkeit, Zerstreutheit, hypochondrische Klagen, die vor dem akuten Schub auftreten können.[23]

2. In der *paranoiden Phase* kommt es zur wahnhaften und halluzinatorischen »Offenbarung« neuer Bedeutungszusammenhänge.
3. In gewissen Fällen tritt dann, in der *katatonen Phase*, ein zunehmender Verfall aller psychischen Funktionen ein.

Conrads These ist, daß der Patient die paranoide Phase durchlaufen muß, bevor die katatone Phase erreicht wird. Auf jeder Stufe kann es entweder zu einem weiteren Fortgang der Entwicklung, zu einem Stillstand, zur völligen Rückbildung oder zu einem Übergang in Residuen verschiedenen Ausmaßes kommen.

Bemerkenswerterweise stimmen diese Phasen mit den progressiven Störungen überein, die in der modernen Krisen- und Life-event-Forschung beschrieben werden. Ciompi zieht daraus den Schluß: »Wir gelangen trotz des heillosen Durcheinanders von gängigen Konzepten zur akuten Schizophrenie zu einem erstaunlich kohärenten Gesamtbild: *Die akut psychotische Dekompensation läßt sich als krisenhafte Störung der Informationsverarbeitung im Sinne der Überforderung eines von vornherein mehr oder weniger labilen und stellenweise defektuösen affektiv-kognitiven Bezugs- bzw. Verarbeitungssystems empfindlicher und vulnerabler Menschen auffassen* (...)« [Und er folgert:] »Der schizophrene Mensch ist damit nicht mehr der radikal Andere und Fremde, Unzulängliche, Unverständliche, als der er bisher in und außerhalb der Psychiatrie galt, sondern er darf dann vielleicht endlich als das erscheinen und verstanden werden, was er vermutlich ist (...): Ein armer, fragiler, verwirrter und nach außen eigentümlich abwehrender Mensch, der sich aus einer ihn überfordernden Konfusion in ein abstruses Refugium zu retten versucht, das allerdings nur noch mehr Schwierigkeiten schafft.«[24]

Sowohl Ciompis Einteilung der schizophrenen Erkrankung als auch Conrads Unterteilung der *akuten Phase* sind für die Diskussion der labilisierenden Ereignisse in Kindheit und Jugendzeit und der späteren Erkrankung äußerst hilfreich. (Auf chronische bzw. sich chronifizierende Zustände wird in dieser Untersuchung nicht eingegangen.) Sowohl die prämorbide als auch die akute Phase ist in Ciompis Beschreibung einer an Schizophrenie erkrankten Person enthalten:

Prämorbide Phase:	
Grundgegebenheit	»ein armer, fragiler Mensch«
Akute Phase:	
Anfangsphase	»überfordernde Konfusion«
Paranoide Phase	»abstruses Refugium«
Konsequenzen:	
depressive Verstimmung nach der Erkrankung	»das noch mehr Schwierigkeiten schafft«

Darüber hinaus wird in Ciompis Darstellung angedeutet, daß es sich um einen Selbstrettungsversuch aus einer subjektiv als ausweglos erlebten Situation handelt. Was allerdings für den einzelnen zu einer unerträglichen Gesamtkonstellation wird, kann nicht ohne weiteres prognostiziert werden. Dafür muß die Gesamtperson berücksichtigt werden.

Langzeitstudien an sog. Risikogruppen mit schweren biologischen, familiären und sozioökonomischen Belastungen haben – in dieser Hinsicht – beachtenswerte Ergebnisse erbracht: Danach »erreichte ein gewisser Anteil hochbelasteter Kinder erstaunliche körperliche, geistige, seelische und soziale Reife«.[25] Tress weist in einer epidemiologischen Untersuchung nach, daß von Erwachsenen, die mit einem hohen Grundrisiko aufgewachsen sind, »eine Gruppe heute völlig gesund, die andere schwer krank (ist). Es ergeben sich zwei entscheidende Bedingungen der Vorschulzeit, die als protektive Faktoren gegen spätere psychogene Erkrankungen schützen: Im Wortsinn von fundamentaler Bedeutung ist die enge Bezogenheit des Kindes auf eine geliebte und liebende Person (...) zur Hälfte waren es die leiblichen Mütter, gefolgt von Großmüttern und anderen Verwandten (...) – Beinahe genauso entscheidend für die spätere seelische Gesundheit erwies sich überraschenderweise für diese Gruppe mit schwerer Kindheit das *Fehlen des Vaters* (meine Hervorhebung).« Der unerwartete, positive Effekt der Vaterabsenz wird folgendermaßen erklärt: »Vermutlich bleibt das Kind von vielfältigen Zwistigkeiten und destruktiven innerfamiliären Streitigkeiten verschont, wenn es nur mit einem Elternteil zusammenlebt, ganz überwiegend mit der Mutter.«[26]

Die in diesem Buch diskutierten Zusammenhänge legen eine andere Interpretation nahe: Ein Vater, der mit sich selbst schlecht zurechtkommt, zum Beispiel ein pseudosouveräner Vater, stellt für sein Kind ein Gesundheitsrisiko dar; aus nicht eingestandenen eigenen Schwächen neigt er dazu, die altersbedingte Abhängigkeit des Kindes zur Aufblähung seiner »Stärke« zu mißbrauchen.

Zwischenergebnis

Krisen sind im Leben jedes Heranwachsenden zwangsläufig. Sie haben jedoch erst dann eine gesundheitslabilisierende bzw. krankheitsauslösende Wirkung, wenn sie auf eine vorgezeichnete, also vulnerable Person treffen, in dem hier diskutierten Zusammenhang auf einen unter- bzw. verworfenen Sohn. Den ursprünglichen Konflikt mit dem Vater dauernd wiederholend, provoziert ein solcher Sohn stets neue, für ihn schwer verkraftbare Krisen; denn er ist auf der permanenten Suche nach einem besseren Vater und nach einer absolut loyalen weiblichen Alliierten. Durch die Ungeduld und die Unbedingtheit seines Suchens stellt er das frühzeitig eingeprägte Beziehungsmuster immer wieder her und scheitert immer wieder an ihm. Von schwächenden Krisen bis zum Auslöser des ersten Krankheitsschubs ist jedoch noch ein qualitativer Sprung: Meist geht dem Ausbruch der Erkrankung ein zentraler Verlust voraus. Mit dem Motto dieses Kapitels zu sprechen, hinterlassen ihn Krisen »verloren«, Auslöser dagegen »verlassen« und damit ausweglos.

Kapitel VII Krankheit des Sohnes
Hoffnung auf Erlösung – Angst vor Vernichtung

»Was ich fürchte,
ist nicht die schreckliche Gestalt hinter
meinem Stuhle, sondern ihre Stimme:
Auch nicht die Worte,
sondern der schauderhaft unartikulierte
und unmenschliche Ton jener Gestalt.
Ja wenn sie noch redete, wie Menschen reden!«
Friedrich Nietzsche[1]

Phantasien über Schizophrenie, Wahn, Verrücktsein oszillieren meist zwischen Faszination und Grauen. Grenzbereiche des menschlichen Daseins, vermeintliche Zusammenhänge zwischen Genie und Wahnsinn, das Schicksal außergewöhnlicher Menschen wie Vincent van Gogh oder Friedrich Nietzsche[2] üben eine schillernde Wirkung aus: Schnell springen die Assoziationen von van Goghs Kunst zu seiner Selbstverstümmelung, von Nietzsches Philosophie zu seinem – in der Nazizeit mißbrauchten – Begriff des »Übermenschen«. Die Grenzen zwischen ehr*furchts*voller Faszination und *furcht*erregender Gewalt sind fließend. Meist überwiegt ein dumpfes Unbehagen, eine unartikulierte Berührungsangst – wie vor einer ansteckenden Krankheit.

1. Der Wahn: verbreitete Vorurteile

Die beängstigende Komponente von Wahnerlebnissen wird durch das Motto dieses Kapitels – ebenso wie durch van Goghs abgeschnittenes Ohr – hautnah vermittelt. Das Unverständliche fördert das Gefühl der diffusen Bedrohung, eine Grundstimmung, mit der in den Medien immer wieder sensationsheischend gezündelt wird. Das Klischee des gewalttätigen Verrückten ist leicht abrufbar; Schlagzeilen wie »Irrsinnstat«, »Triumph des Wahnsinns« schüren das Gefühl der Fremdartigkeit, der Unverstehbarkeit. Primärerfahrung ist selten. Aufgeklärt wird – wenn überhaupt – meist mit dem mystifizierenden Vokabular und der distanzierten Haltung der Schulmedizin.

Das Informationsdefizit der Nichtbetroffenen kommt in repräsentativen Befragungen der Bevölkerung regelmäßig zutage: So zeigte zum Beispiel eine kürzlich erhobene Querschnittsbefragung des Psychiaters Tretter und des Soziologen Lamnek[3] innerhalb einer deutschen Großstadt, daß mehr als fünfzig Prozent der Bewohner »kaum eine Vorstellung davon (haben), was eine psychische Krankheit überhaupt ist. Drei Viertel der Befragten halten Psychiatrie-Patienten für unberechenbar, und über die Hälfte glauben, sie seien besonders aggressiv.«[4]

Aber diese Ergebnisse beschreiben Vorurteile, nicht reale Begebenheiten: So beträgt der Anteil psychisch Kranker laut Langzeituntersuchung, die alle in der Bundesrepublik begangenen Gewalttaten aus einer Zehnjahresperiode umfaßt, etwa drei Prozent.[5] Der selbst an dieser Studie beteiligte Mannheimer Psychiater Heinz Häfner präzisiert diese Aussage: »Gezählt wurden alle Gewalttaten, unabhängig davon, ob sie zur Anklage kamen, abgeurteilt oder nur ermittelt worden waren. Diese niedrige Rate bedeutet epidemiologisch, daß psychisch Kranke (...) sicher nicht häufiger, aber auch nicht wesentlich seltener als Gesunde Gewalttaten begehen (...)« [Und er führt weiter aus:] »Unter den Opfern Schizophrener überwiegen mit 58 Prozent die Angehörigen ersten Grades, Ehe- und Intimpartner (...) Häufigstes Motiv ist der Angriff auf eine Person, von der sich der Kranke wahnhaft selbst am Leben bedroht fühlt, was sich offenbar in engen und spannungsreichen Beziehungen besonders oft entwickelt (...) Die zweitgrößte Gruppe von Opfern schizophrener Gewalttäter sind mit 22,5 Prozent Freunde und Bekannte, die immer noch häufiger als Fremde in den paranoiden Beziehungskreis einbezogen werden.«[6]

Neben dem Tatbestand, daß psychisch Kranke nicht mehr, aber auch nicht wesentlich weniger Gewalttaten begehen als Gesunde, fällt bei den Untersuchungsergebnissen auf, daß rund 80 Prozent dieser Gewalttaten allerengste Bezugspersonen betreffen. Die Vermutung liegt nahe, daß aggressive Ausbrüche meist eine jahrelange Vorgeschichte haben.

Das folgende Beispiel, das einer AP-Meldung entnommen wurde, ist deshalb viel realitätsgerechter als die gängige Vorstellung vom »wahnsinnigen Gewalttäter«. Unter der Schlagzeile, »LEBENSLANG FÜR MILLIONÄRSSOHN. *Der 25jährige verschwieg dem Vater bis zuletzt seinen Mißerfolg*«, wurde festgestellt: »Der Mordanschlag, den der Vater schwer verletzt überlebte, war nach Überzeugung des Gerichts der letzte Akt in einem seit Jahren schwelenden Familiendrama.«[7]

Ob dieser Sohn nun psychisch krank war, mag dahingestellt bleiben. Fest steht jedoch, daß es sich – laut Häfner – bei psychisch kranken Gewalttätern kaum jemals um Motive wie »Bereicherung« handelt; fast immer steht ein Beziehungsdrama dahinter. Fest steht darüber hinaus, daß die Wahrscheinlichkeit, daß ein schizophrener Patient seine unterdrückten Aggressionen gegen sich selbst wendet, also eine Selbsttötung begeht bzw. einen Selbsttötungsversuch unternimmt, viel größer ist, als daß er Gewalt gegen andere anwendet.[8]

Die Selbstgefährdung ist allerdings weniger im öffentlichen Bewußtsein als die Fremdgefährdung. Das liegt unter anderem an der Medienwirksamkeit einer bestimmten Kategorie von potentiellen Gewaltopfern, nämlich der Kategorie der Autoritätspersonen wie prominente Politiker, Richter, Ärzte oder Geistliche. Zwar ist auch deren reale Bedrohung erwiesenermaßen gering; Gewalttaten an Prominenten werden jedoch immer wieder dazu benutzt, die ganze Nation aufzuschrecken. Häfner schreibt dazu: »Das häufigste wahnhafte Motiv, das solche (...) Taten schizophren Erkrankter verständlich macht, hängt offenbar mit dem verzweifelten Erlebnis des Ausgeliefertseins gegenüber einer tödlichen wahnhaften Bedrohung durch ein anonymes System zusammen. Die Kranken – und wiederum ist es nur ein kleiner Teil der an der gleichen Symptomatik leidenden schizophren Erkrankten, die auch die Schwelle zur Tat wider das Leben eines anderen Menschen überschreitet – greifen einen Prominenten in der Vorstellung an, daß damit endlich etwas geschehen, das ›teuflische System‹ an das Licht der Öffentlichkeit gezerrt, vor Gericht gebracht oder der Verursacher direkt ausgeschaltet wird.«[9]

Die seltenen Gewaltakte gegen Autoritätspersonen halten jedoch den wohlbekannten Teufelskreis weiter in Gang: So zitiert der Psychiater Asmus Finzen[10] eine Repräsentativerhebung von Angermeyer und Siara[11], die jeweils nach den Politikerattentaten auf Oskar Lafontaine und Wolfgang Schäuble die deutsche Bevölkerung über ihre Einstellung zu psychisch Kranken befragten. Die Ergebnisse waren dramatisch: Haben bereits vor den Attentaten 58,9 Prozent der Bevölkerung eine mögliche Einheirat eines psychisch Kranken ausgeschlossen, so stieg diese Ablehnung nach dem ersten Attentat auf 67,9 Prozent und nach dem zweiten auf 75,2 Prozent. Noch höher waren die Zahlen bei der Beaufsichtigung von Kindern: Hier erhöhte sich das Mißtrauen von ursprünglich 68,3 Prozent auf 76,9 und zuletzt auf 85,8 Prozent. Bei dieser Befragung zeigte sich zudem, daß – im Endresultat – 56,3 Prozent der Bevölkerung psychisch Kranke für »fremdartig« und 67,9 Prozent für »unberechenbar« halten.

Diese weitverbreiteten Vorurteile verlangen geradezu nach einer Korrektur, nach einer Aufklärung, die die Innenansicht des Erkrankten miteinbezieht. Um die psychische Krankheit als erlebte Krankheit zu vermitteln, kommen in diesem Kapitel Betroffene selbst zu Wort; denn wohl nur so kann sich der Leser ein Bild von dem Leid machen, das dieser Erkrankung zugrunde liegt und das sich verschlüsselt hinter den unterschiedlichen Erscheinungsbildern verbirgt. Erzählte Wahnerlebnisse bieten reiches Material zur Entschlüsselung individueller Lebensgeschichten; denn wie Träume können auch Wahninhalte als »via regia« zu unbewußten Konflikten angesehen werden: Wie der Traum ist auch der Wahn ein Problemlösungs- oder Selbstheilungsversuch.[12]

Um ein Gefühl für die vielen ungelösten Probleme zu vermitteln, soll zunächst eine junge Ärztin zu Wort kommen, die von ihrer ersten Konfrontation mit psychisch Kranken überwältigt ist. Sie beschreibt ihre Patienten als »Menschen, die sensibel bleiben für eine andere Seite des Menschseins, die doch in uns allen schlummert. Manche werden davon überschwemmt. Unsere äußere, normale Welt zerbricht für sie, sie geraten in eine existentielle Katastrophe, die sie zu vernichten droht, in eine andere, innere Welt, unvorbereitet, völlig allein gelassen, abgeschnitten von jeder menschlichen Gemeinschaft, verwirrt, verloren, ohnmächtig ausgeliefert, voller Angst und absolut hilflos. Ihre Erlebnisse können sie nur auf verschlüsselte, entstellte und groteske Weise mitteilen. Unsere gesellschaftlichen Spielregeln gelten nicht mehr für sie, sie stoßen auf Unverständnis und lösen Angst aus in ihren Mitmenschen, die sich vor diesem ihnen Fremden, Erschreckenden, Unheimlichen zu schützen versuchen, es abwehren.« [13]

Aus diesen Beobachtungen zieht die Ärztin dann den Schluß: »Menschen, die sich ›psychotisch‹ nennen, spüren dies mit der ihnen eigenen Hellsichtigkeit und ziehen sich oft weiter in ihre innere Welt, in die Vereinsamung zurück. Sie verlieren sich im Abgrund ihrer Gefühle, die übermächtig werden, unerträglich, und sich möglicherweise in heftigen und von außen nicht einfühlbaren Aggressionen entladen, Aggressionen gegen andere und auch sich selbst, Akte der Gewalt, die von unserer Gesellschaft wiederum mit Gewalt beantwortet werden. – Gegenseitige Entfremdung, Angst und Aggression bedingen und verstärken einander – ein Teufelskreis.« [14]

Um diesen Teufelskreis zu durchbrechen, muß das Verständnis für die Erkrankung der Schizophrenie geweckt werden; denn nur wenn der Außenstehende davon ausgeht, daß er es mit einem Menschen in extremer Not zu tun hat, kann er – statt sich nur bedroht zu fühlen – angemessen reagieren, verstehen und helfen.

So schockierend die seltenen Gewaltausbrüche auch sein mögen, und so befremdend Nietzsches Schilderung seiner eigenen Wahnerlebnisse auch wirkt, die von Erkrankten wahrgenommene Panik ist das letzte Glied einer langen Kette von Niederlagen und Demütigungen; denn meist beginnt die Psychose mit einem Gefühl der Befreiung aus einer als ausweglos empfundenen Situation.[15] Erst im späteren Verlauf wird das die Psychose aufheizende, lodernde Entsetzen wahrgenommen: Dann schlägt die Hoffnung auf Erlösung in die Angst vor Vernichtung um.

Bevor ich mich erzählten Wahninhalten zuwende, möchte ich folgendes vorausschicken: *Erstens*, Wahnsymptome, über die ein Patient berichtet, sind im strengen Wortsinn nicht mehr Wahneinfälle oder Wahnwahrnehmungen, sondern als Wahneindrücke bewahrte Inhalte.[16] Bemerkenswert ist dabei, mit welcher Präzision Betroffene von ihren Wahnerlebnissen berichten können, auch wenn diese eventuell schon Monate zurückliegen. Ich habe immer wieder die Erfahrung gemacht, daß ein minuziös gezeichnetes inneres Bild beschrieben wird, ein »Ritter, Tod und Teufel« der eigenen Wahnerfahrungen.

Berichte über Wahninhalte sind, *zweitens,* sehr rare Dokumente, die unter dem Zeitdruck der üblichen stationären und ambulanten Behandlung fast nie wiedergegeben, geschweige denn vor einer Videokamera preisgegeben werden. Die von mir in psychotherapeutischen Gruppensitzungen aufgezeichneten Schilderungen sind so plastisch, daß man als nicht Betroffener einen echten Einblick in die »Welt des Wahns« bekommt. Voraussetzung für das bereitwillige Erzählen der Wahnerlebnisse war selbstverständlich das Wissen, daß weder Therapeuten noch Mitpatienten das in sie gesetzte Vertrauen mißbrauchen oder sich – wie vielfach befürchtet wird – sogar darüber lustig machen. Um dieses Vertrauen nicht zu enttäuschen, sind die biographischen Einzelheiten in den folgenden Darstellungen so verändert, daß sie nicht mehr auf konkrete Personen zurückführbar sind. Dies entstellt jedoch nicht den fast als allgemeingültig zu betrachtenden Inhalt.

2. Typische Wahnthemen männlicher Patienten

In der nun folgenden Erzählung eines 33jährigen Patienten sind die meisten der existentiellen Probleme enthalten, die immer wieder Teil der Wahnphantasien sind:
- Die Frage: Wer bin ich?
- Die Sensibilisierung für Leiden, Entbehrungen, Demütigungen;
- Die Suche nach dem Vater;
- Die Hoffnung auf Beendigung aller Probleme;
- Die Phantasie der Aussöhnung, Versöhnung, Verbrüderung;
- Die Sehnsucht nach einem Neubeginn.

Hier die erste Schilderung:

»Und da hab ich mir überlegt, wer bin ich? Und da ist es mir so wie Schuppen von den Augen gefallen: All diese ganzen Geschichten der Leiden, und dann diese Entbehrungen und Demütigungen, diese Familiengeschichte, was für mich dann sehr präsent war. Mein Vater, sein Großvater, der wurde umgebracht, der war so ein politischer Aktivist, und sein Vater ist an den Spätfolgen des Lagers gestorben. Und es gab schon vieles, was mich ganz schön bedrückt hat. Die Geschichten, die mir mein Vater erzählt hat und in solchen Momenten der zunehmenden Erkrankung, da war ich unwahrscheinlich empfindlich dafür.

Und der Gedanke, das muß ja irgendwie einen Sinn haben, und ich bin eigentlich dazu da, um das Ganze zu beenden. Das war immer so, die Sucht nach dem Finale. So eine absolute Finalsucht. Und ich dachte mir, das wäre so, man müßte die ganze Zeit beenden, eigentlich.

Und dann hatte ich das Gefühl, daß ich eigentlich ein Jude bin. Ich bin weder Protestant noch Katholik, weil ich mich mit dem Zeug eh nicht anfreunden kann, ich bin jüdisch. Und ich muß jetzt dahin gehen, in die Stadt der Juden, und das hätte einen weltöffentlichen Charakter, und dann gibt's ein großes Fest, und die Sache wäre ein für allemal erledigt: Verbrüderungsszenen, so eine große Verbundenheit, und es wäre dann eigentlich so ein Punkt erreicht, an dem die Welt neu beginnen könnte« (VB).

Die Hoffnung auf Rettung, auf Erneuerung der Welt, also die »Erlösung von allen Übeln«, wurde bereits durch die Falldarstellung in Kapitel I illustriert. Die dort wie hier beschriebenen Motive tauchen in unzähligen Variationen immer wieder auf. Regelmäßig nimmt auch die Vater-Sohn-Thematik einen zentralen Platz ein: einerseits das Schicksal des Vaters, die Angst vor dem allmächtigen Vater, die Suche nach einem anderen, besseren Vater; und andererseits der Sohn als Opfer[17], als Heilsbringer, als Erlöser von allen Übeln. In der nun folgenden Beschreibung einer beginnenden Psychose ist das Vaterthema der Initialfunke, der Kern des inneren Konflikts:

»Ja, in meiner ersten Psychose war bei mir so das Gefühl vorhanden, ich bin nicht der Sohn meines Vaters. Ich habe einen anderen Vater, den mir meine Eltern verschwiegen haben. Das war so ein Motiv, das bei mir in der ersten Psychose aufgetaucht ist. Nicht sehr beständig und nicht sehr lang, aber so ein Gefühl, irgend etwas stimmt nicht, irgend etwas verheimlichen sie mir.

Das hängt damit vielleicht zusammen, kann ich mir erklären, daß meine Eltern immer nur sehr bruchstückhaft, und manchmal auch sich widersprechend, erzählt haben von sich und von mir. Und das war bei mir in der ersten Psychose vorhanden, daß ich so ein Gefühl hatte, irgend etwas stimmt nicht.

Es gab halt auch manchmal so Situationen, wo ich sie irgend etwas gefragt habe. Da bekam ich einfach keine Antwort drauf. Dann gab es noch so Geschichten drüber von meinem Vater, daß sie doch einen Stammbaum anlegen mußten in der Nazizeit, daß sie da irgend etwas rumgefälscht hätten, irgendwie war alles so wirr. Das hat sich dann in meinem Kopf verbunden gehabt, in der ersten Psychose. So ganz tief in mir versteckt, daß ich so Zweifel daran hatte« (VB).

Gleichzeitig mit dem Andeuten der zentralen Problematik hinter den Wahnphantasien wird im Erzählen auch sofort nach einer möglichen Begründung gesucht, sozusagen einer Entschuldigung dem Vater gegenüber: Es tut mir leid, daß ich tief drinnen gar nicht dein Sohn sein möchte, daß ich mir im geheimen einen besseren Vater wünsche.

Auf mögliche Ursachen der Psychose eingehend, schreibt der Psychiater Felix Böcker: »Im Einzelfall wird es darauf ankommen, die spezifische ›Achillesferse‹ und die Häufigkeit und Intensität von Verunsicherungen zu ermitteln, um die Entstehung der Schizophrenie in der gegebenen Situation zu verstehen. Inhaltliches der Psychose kann dazu durchaus Hinweise geben. – Der Zeiger der Schuld zeigt nach außen (W. Scheid); *offensichtlich bezeichnet er nicht so selten den Menschen, von dem die Bedrohungen und Infragestellungen der Identität wirklich ausgehen*, wenn sie auch nicht gezieltem und absichtlichem Handeln entspringen.« [18]

Beim Aufspüren der Achillesferse des Erkrankten verdienen – nach Böcker – Wahninhalte als Fingerzeig also eine herausragende Beachtung. Das ist auch meine Erfahrung. Daß der »Zeiger der Schuld« oft auf denjenigen verweist, der eine stabile Entwicklung verhindert hat, und sei es aus Unbedachtsamkeit, aus Egozentrizität – die wiederum spezifische biographische Wurzeln hat –, ist augenfällig. Ich habe allerdings Vorbehalte gegen den Begriff der »Schuld«; denn oft handelt es sich, wie bei den hier diskutierten pseudosouveränen Vätern, um Selbstrettungsversuche von Vätern, deren eigenes Haus auf Sand gebaut ist. Da müssen alle mithelfen, um dieses Haus vor dem Einsturz zu bewahren. Wie bei einem undichten Luftballon muß die nicht vorhandene Stärke immer wieder »aufgeblasen« werden, wie dies ein Patient bezeichnete.

Die Brisanz der väterlichen Befürchtungen wird offensichtlich, wenn man sich das Ende des im vorhergehenden Kapitel diskutierten Romans *»Der Fall Maurizius«* von Jacob Wassermann betrachtet: Herr von Andergast erkrankt an einer akuten Psychose, als ihm sein

Sohn die Gefolgschaft aufkündigt. Grund des psychischen Zusammenbruchs: Seine uneingeschränkte Autorität als Vater wird vom Sohn nicht mehr akzeptiert. Die Angst vor der psychischen Vernichtung ist in den Augen des Schriftstellers nicht nur die Angst des Sohnes, sondern vor allem die Angst des Vaters. Und das ist nicht nur in Romanen der Fall.

3. Erlebter Wahn: Falldarstellung

In dem nun folgenden Bericht erzählt Klaus B., ein 34jähriger Sozialpädagoge, den Verlauf seiner schizophrenen Erkrankung. Die Schilderung erstreckt sich von den ersten, für ihn gerade wahrnehmbaren Anzeichen bis zum dramatischen Ausbruch und den Folgen dieses Ausbruchs.

In der Vorphase seiner Erkrankung befand sich Herr B. in einer ihm ausweglos erscheinenden Lebenslage: *Beruflich* bestand eine enorme Kluft zwischen eigenen Ansprüchen und dem tatsächlich Machbaren. Seinen Gestaltungsmöglichkeiten am Arbeitsplatz waren so enge Grenzen gesetzt, daß er am Verzweifeln war. Durch sein eigenes Schicksal als *verworfener Sohn* identifizierte er sich mit den Ausgelieferten und Schutzbedürftigen. Sein Vater hatte ihn im Alter von 16 Jahren fallengelassen. In einem Internat mußte er sich am eigenen Schopf aus dem Sumpf ziehen.

In seiner *Ehe* kriselte es schon seit langem. Sie wurde nur noch durch den gemeinsamen Sohn aufrechterhalten. Die Möglichkeit, seinen Sohn, Uli, zu verlieren, ließ Herrn B. in Panik geraten.

Die erste bewußt erlebte *Labilisierung* fand während der Bundeswehrzeit statt. Danach fühlte er sich »ziemlich verändert«. Als *Auslöser* der schizophrenen Erkrankung kann die Drohung der Ehefrau angesehen werden, ihn zu verlassen. Dazu kamen aktuelle Belastungen, wie die Renovierung des erst vor drei Jahren erworbenen Hauses und die damit verbundene Verschuldung und Arbeitsüberlastung. Die Lage spitzte sich immer mehr zu. Weit und breit war kein Ausweg, keine Hilfe in Sicht. In seinen psychotischen Phantasien brechen alle diese Nöte lavaartig hervor.

Bei den nun folgenden, in allen Details beschriebenen Wahnerlebnissen habe ich sowohl die Zeilen numeriert als auch die zentralen Aussagen hervorgehoben. Dies soll die anschließende Besprechung erleichtern.

Klaus B. erzählt seine Wahnerlebnisse:

»Die Psychose bei mir hat begonnen, wie soll man das sagen, könnt man vielleicht sagen, mit so einem *messianischen Gefühl*, so eine Art *Messiaserwartung einem selbst gegenüber: Da mußt du unbedingt helfen.* Und in meiner jetzigen Vorstellung über das Maß hinaus, das eigentlich realistisch ist. Und da tauchte der Gedanke auf, eine neue Partei zu gründen oder *das gegenwärtige System, das Mängel hat, zu erneuern.*

Und in dem Zusammenhang hab ich dann – und da stand ich schon ein gutes Stück in der Psychose drin – mit einem Kontakt aufgenommen, der vermeintlich *Einfluß hat, einem Rundfunkredakteur, dem Dr. Schmidt.* Ich kannte den nicht persönlich, sondern hatte *zur Tochter von ihm,* vor Jahren einmal, *eine Beziehung gehabt* und bin auch eine Nacht in seinem Haus in Frankfurt gewesen, wo ich die Stiefmutter von der Evi kennengelernt habe. Er war selbst zu Hause, hat sich aber nicht sehen lassen. Es war irgendwie mysteriös, 'ne mysteriöse Figur für mich, vor allem noch deswegen, weil mir die *Evi, die ist allein erzogen worden von ihrem Vater* und hat eine recht übersteigerte *Vaterliebe* gehabt, und die hat mir von dem Vater sehr viel erzählt, zum Beispiel auch erzählt, daß er *sehr kompetent* wäre, so 'ne Art *graue Eminenz.* Oder dann in den 60er Jahren hätte er zum Fernsehen berufen werden sollen. Was er aber abgelehnt hat. Eben wegen der Erziehung seiner Tochter.

Und dieser Person hab ich dann immer mehr eine *Macht zugeordnet* und einen Einfluß zugeordnet, der mit der Realität nichts mehr zu tun hatte. Ich hab den Mann schon ganz irreal eingeschätzt. Ich hab ihn als jemand eingeschätzt, der einen *enormen heimlichen Machteinfluß* hätte.

Na ja, und ich hab dann im Zusammenhang damit, eine Art neue Partei gründen zu wollen, oder da irgendwas anleiern zu wollen, mit sehr vielen Freunden und Bekannten gesprochen, die also, im nachhinein zumindest, das Gefühl hatten, Mensch Klaus, das ist alles viel zu messianisch, was du da machst, obwohl sie das so konkret gar nicht angesprochen haben. Ich hab's erst im nachhinein erfahren.

Und schließlich, kurz vor dem Urlaub, bin ich in der Nacht *schlaflos* dagesessen und hab mich an dem Tag, bevor ich in die Ferien gefahren bin, entschlossen, dem Schmidt *einen Brief zu schreiben.* Und dem auch einen Brief geschrieben, mit allem möglichen, ziemlich mysteriös und ihn angesprochen auf alles mögliche und hab den *mitten in der Nacht, um 1 Uhr*, ans andere Ende von Frankfurt gefahren und eingeworfen. Am nächsten Tag bin ich in den Urlaub gefahren.

Und nach den Ferien hab ich dann das bereut und hab dann ein *Entschuldigungsschreiben* geschrieben: Daß man so was nicht machen könne und hab mich dafür entschuldigt, und daß ich mich nicht besonders gesund fühlen würde. Da hab ich mich selber irgendwie schon wieder, da war 'ne Anwandlung da, einzusehen, daß das, was du machst, nicht ganz in Ordnung sei.

Und nach dem Brief höre ich im Radio eine Filmbesprechung, der macht Filmbesprechungen. Und ich hab die Filmbesprechung als *Antwortschreiben auf meinen Brief* gedacht. Drei Filme hat er besprochen: Der eine hieß ›Mitternachtsmörder‹, der zweite ›Ungezogen‹ und der dritte, weiß ich jetzt nicht mehr. Die drei Titel hab ich schon auf mich bezogen: Erstens, ›Mitternachtsmörder‹, weil ich um Mitternacht den Brief eingeworfen hab, und da ist es doch selbstverständlich, daß er deswegen diesen Film ausgewählt hat. ›Ungezogen‹, weil die Handlungsweise ungezogen ist, und der dritte noch, hab ich auch als Antwort auf etwas, was ich in dem Brief geschrieben hab, Herrgott, wie hieß denn der Titel, er hatte irgend etwas mit Gedächtnis zu tun. Es war für mich auf jeden Fall selbstverständlich, daß das eine *Antwort war auf meinen Brief.* Und da hab ich dann total auf euphorisch wieder umgeschaltet und hab mir gedacht, er geht auf das Gedankenspiel ein und hat tatsächlich auf meinen Brief geantwortet.

Und dann hab ich noch einen sehr persönlichen Brief geschrieben, und den hab ich liegengelassen, und dann wollte ich die neuerliche Sendung erst mal abwarten, was da käme.

Und an dem Samstag ging ein Freitag vorher, wo *meine Frau weggefahren* ist. Das war immer ein ziemliches Durcheinander bei uns ständig, und die hat sich gesehnt nach 'nem Wochenende, wo sie ihre Nerven ein bißchen erholen konnte. Weil wir also *ständig Diskussionen hatten und hin und her und auf und ab.* Und sie ist nach Stuttgart zu 'ner Freundin gefahren.

Währenddessen sind bei uns im Haus, wir haben vor drei Jahren ein Haus gekauft, es ist ein Zwei-Familien-Haus, und da ist die untere Wohnung neuerlich vermietet worden. Und die Leute, die da eingezogen sind, waren recht nette Leut, und seit einer Woche waren die am *Renovieren* gewesen, und da war ich auch mit beteiligt, weil die Fenster neu gestrichen werden mußten. Und da waren wir die Woche über eigentlich viel zusammen und hatten also viel Plaudereien über alles mögliche, war immer recht gute Stimmung und recht locker.

Und an dem Abend bin ich also mit den beiden *bis um drei zusammengesessen* und war dann am nächsten Tag *total fertig.* Weil ich hab ein Kind, und das steht natürlich wieder stramm, früh um sieben.

Also nach den drei Stunden hab ich mich dann *mit dem Sohn beschäftigt.* Und die beiden anderen sind so um 10, halb 11 aufgestanden gewesen. Und ich bin dann mit dem Uli runter und hab drum gebeten, ob ich mich noch 'ne halbe Stunde oder Stunde hinlegen könnte und ob sie nicht auf das Kind ein bißchen aufpassen könnten. Das ging dann auch recht problemlos, und ich hab mich 'ne halbe Stunde hingelegt, und dann anschließend hab ich gefrühstückt bei denen mit unten, und das Radio war an.

Und was hör ich, den Schmidt natürlich. Da haben mir dann schon Worte gereicht, um das zu interpretieren. Und da ging's um einen Film. Und in dem Film ging's um 'ne Schwiegermutterproblematik. Und da hab ich zugehört und da war ich eigentlich schon in 'nem Bereich, *wo ich völlig außerhalb der Realität war.* Da hab ich mir gedacht, das ist ja vollkommener Irrsinn, ich hab ja gar keine Schwiegermutterproblematik, ich hab ja höchstens eine Schwiegervaterproblematik, und *das müsse er doch wissen.*

Und da fängt's dann an, *da laufen so viele Schienen zusammen,* wo's wahnsinnig schwierig wird, es so zu erzählen, daß das 'ne dritte Person versteht. Und ja, wie erzähl ich das jetzt weiter.

Ich bin dann auf jeden Fall an dem Tag, gegen die Mittagszeit, weil ich von 'ner Bekannten angerufen worden bin, die mich zu 'ner Weinprobe gebeten hat, in die Innenstadt gefahren, mit dem Auto, mein eigenes hatte ja die Frau benützt, mit dem Auto der Untermieter. Ich hab mir also das Auto ausgeliehen und bin mit dem Uli reingefahren.

Und vorher bin ich bei dem Schmidt vorbeigefahren und hab den *dritten Brief* eingeworfen. Fürchterlich pathetische Sprache, alles mögliche angesprochen und *Zusammenarbeit zwischen ihm und mir* irgendwie angeboten. Und hab dann auch geklingelt und wollte ihn persönlich sprechen. Aufgemacht hat niemand, und dann bin ich in die Innenstadt reingefahren.

Da war ich dann schon so beieinander, daß ich das Lokal, wo die Weinprobe war, das hab ich *gar nicht mehr gefunden*. Und bin da herumgeirrt, mit dem Uli. Dann bin ich in ein Wirtshaus gegangen und war da gedankenversunken, und *da hat sich in mir Fürchterliches zusammengebraut*. Alle Personen, die ich gekannt hab, hab ich in irgendeiner Form in 'nen Zusammenhang gebracht und mir schier alle in irgendeiner Form als Personen eingebildet, die *mich verfolgen würden*. Da waren *auch die Untermieter* dabei.

Da muß ich jetzt dazusagen, daß die Frau sich um 'ne Stellung beworben hat beim Rundfunk, und jetzt hab ich über den Schmidt mit den Leuten ständig gesprochen. Und mir ist dann da aufgefallen, daß sie so getan hat, als würd sie den Schmidt gar nicht kennen, was wahrscheinlich auch richtig war. Die war vorher in München beschäftigt, und wenn sie daher kommt und sich in Frankfurt bewirbt, dann ist noch lang nicht gesagt, daß man in irgendeiner Form mit dem Schmidt zu tun gehabt hat.

Also hab ich da die Personen schon mit reingebracht, und *alle möglichen Personen kamen mir in irgendeiner Form verdächtig vor.* Und ich bin dann heimgefahren und war also *total erledigt* und hab mich mit dem Uli erst mal schön entspannt in die Badewanne gelegt.

Und da hab ich mir gedacht, du hörst ein bißchen Radio, was dich schön entspannt. Und was hör ich, ausgerechnet den

Schmidt. Und jetzt kam alles mit der letzten Filmbesprechung wieder hoch. Es ging, wie schon gesagt, um so 'ne Schwiegermutterproblematik. Und der Schmidt hatte kurz den Inhalt des Films beschrieben, worum es ging. Die Hauptfigur, die hatte was *auf dem Kerbholz* und 300000 Mark durch einen Einbruch oder Betrug auf die Seite gebracht. Und die 300000 Mark hat er in einem blauen Kanister verstaut und hat sie säuberlich im Keller verbuddelt und die Kellerplatten wieder schön fein säuberlich drübergedeckt. Und jetzt kam ihm aber wenig zupaß, daß die Schwiegermutter ihm gar nicht freundlich gesinnt war. *Die Frau von ihm war, genauso wie bei mir, an dem Wochenende nicht zu Hause.* Und die Schwiegermutter, was macht die doofe Kuh, die versucht, die Tochter zu erreichen und konnte sie aber nicht erreichen. Und da wächst in ihr gleich der Verdacht, da könnt nur eins passiert sein, der böse, böse Schwiegersohn hat die Tochter auf die Seite gebracht. Und alarmiert, mir nichts, dir nichts, sofort die Polizei. Und die Polizei kommt, geht der Sache nach, und da stellt sich das alles als harmlos heraus. Also irgendwie meldet sich die Tochter, und man kann ihm da nichts anhaben. Es kommt aber dabei zur Hausdurchsuchung, durch die Anzeige, und bei der Hausdurchsuchung steht ausgerechnet einer der Polizisten im Keller auf einer Platte, die lose ist. Durch diesen saudummen Zufall finden die den Kanister und das Geld.

Ja, und ich hab in meiner Psychose, ich hab das ja identifiziert das Ding. Das war ja wieder ein Antwortschreiben auf meinen Brief. Und *ich hab alles für bare Münze genommen.* Und die Leute unten waren bereits gedanklich in irgendeiner Form mit dem Schmidt, der ist zu einer Art *Teufelsidentifikation* geworden, in Verbindung und mußten mit ihm in Verbindung stehen.

Da muß ich noch was dazu erzählen: In meinem ersten Brief, da hab ich dem Schmidt geschrieben, daß ich, und das stimmt auch, wo ich da mal mit seiner Tochter im Keller übernachtet hab, in seinem Haus, da bin ich nachts aufgestanden, konnte nicht schlafen damals, und bin in dem Haus allein da umhergewandelt, weil das wirklich ein interessantes Haus war. Das war eher wie ein Museum. Und der hatte eine unheimliche Bücherei da zusammengetragen gehabt. Und das war wirklich interessant, in dem Haus ein bißchen herumzustöbern. Ja und unten *in seinem Büro,* und ich hab mich auch, frecherweise, *in das Bürozimmer reingesetzt* und na ja. Und ich hab ihm das geschrieben, daß ich das damals gemacht hab und hab ihm angeboten, ich fahr jetzt zwei Wochen in den Urlaub, er könnte sich jederzeit mal bei mir umsehen, bei mir stehen auch 'ne ganze Menge Bücher, und das wär auch ganz amüsant, und was hab ich da noch geschrieben. Ja, und wenn er Lust hätte, sich das mal anzusehen, ich würde einen Wohnungsschlüssel bei den Leuten, die in der unteren Wohnung sind, hinterlassen und eine Nachricht hinterlassen, daß ein Herr Schmidt, falls er sich dort melden sollte, freien Zutritt zu dem Haus hat.

Also, wie ging's weiter. Ja, ich hatte ihn im Radio gehört und bin dann schnurstracks hinunter in die Wohnung und hab zu denen völlig zusammenhangslos gesagt: Jetzt horcht einmal, Leut, wenn in irgendeiner Form ihr einen Kanister mit 300000 Mark in meinem Keller verbuddelt habt, dann buddelt diesen Scheißkanister wieder aus, und bringt ihn weg. Und ich dreh um und geh wieder weg. Und die konnten damit nicht allzuviel anfangen, wie man sich denken kann, und na ja. Jetzt hab ich mir gedacht, damit bin ich ganz gut fertig geworden.

Aber *wurd's dann ernst,* leider. Jetzt hör ich draußen ein Dieselgeräusch. Und ich hab also so 'nen alten 240er Diesel Mercedes und hab mir gedacht, das gibt's doch nicht, jetzt kommt die Brigitte schon heim. Aber auf jeden Fall das Dieselgeräusch hat mich dazu gebracht, daß ich aus dem Fenster rausschau und schau, ob's vielleicht meine Frau ist. Und es fährt ein Auto vorbei, und das stimmt also wirklich, und das ist ein Mercedes Diesel, und der gleicht meinem eigenen Fahrzeug aufs Haar. Und ich versuch das Nummernschild zu lesen, das konnte ich gar nicht gelesen haben, weil ich keine Brille aufgehabt hab, und mit 2,5 Dioptrien kann man auf die Entfernung kein Nummernschild lesen. Und ich hab gelesen F–AC – 5, und ich hab 567. Hab also meine eigene Nummer identifiziert und schau das Fahrzeug an, in dem kurzen Augenblick, bis es vorbeigefahren ist, und da sitzen vier Männer drin. Und da mußte ich also logisch den Schluß ziehen, daß *meine Frau entführt worden* ist. Und ja, das ging dann panikartig.

Jetzt, was sollte ich machen. *Ich wollt die Polizei anrufen,* hab aber gedacht, das kannst du nicht machen, denn die beiden da unten haben an dem Telephon manipuliert. Er hat nämlich nach der Telephonleitung davor schon gefragt, wie die verläuft und hat auch den Telephonanschluß vom Wohnzimmer in den Gang verlegen lassen, in der unteren Wohnung. Sein gutes Recht, kann er ja machen. Aber das war Information genug, daß ich also in dem Augenblick draus den Schluß gezogen hab, *daß da alles abgehört wird.*

Na ja, schön und gut, also das mit der Polizei alarmieren war mir zu gefährlich. Ich war da ziemlich panikartig. Den Uli hatte ich gerade recht und schlecht angezogen, und er hat mit seinem Playmobil gespielt. Und da schau ich ihm zu, und dem bricht das Dach ein, von seinem Playmobil-Bauernhof, und er hat sich da fürchterlich drüber erregt, daß da das Dach eingebrochen ist. *Das hat dann in mir die Idee, die Wahnidee freigesetzt,* du könntest *die Polizei sehr schnell alarmieren, wenn du auf den Dachfirst kletterst.*

Da geht aber eins noch voraus. Ich bin noch ein zweites Mal runtergegangen und hab dann geläutet und hab gesagt, also horcht einmal: Ich hab also jetzt da drunten mein Auto vorbeifahren sehen, also wenn ihr, wenn die Brigitte jetzt entführt worden ist, dann könnt ihr von mir aus die 300000 Mark unten dort liegen lassen, aber laßt das Mädel wieder frei. So hab ich das gesagt. Und die wußten selbstverständlich überhaupt gar nichts damit anzufangen und haben gegrinst. Das waren für mich dann *teuflische Fratzen*. Und daß es so ist, das war für mich ja klar. Ich hab ja das Auto wirklich für meins gehalten. Da mußte ja was sein. Und daß die so drauf reagiert haben, das war für mich erschütternd.

Und ich hatte ja gerade gebadet, und ich schau mir ja gerne Filme an, und den Hitchcock hab ich auch sehr gern. Und beim Raufgehen kam mir dann die Hitchcock-Szene, diese berühmte Szene aus »Psycho«, die ja jeder kennt, wo in der Badewanne die Frau erstochen wird, mit Messerstichen. Und *da war ich in meinem Wahn schon 'nen Schritt weiter,* und ich hab also dieses Hitchcock-Bild nicht mehr aus dem Gedächtnis gebracht und hab in irgendeiner Form mir eingebildet, *meine Frau wär nicht nur entführt, sondern auch erdolcht* und würde in dem Zustand unten im Keller liegen. Und die 300000 Mark, so hab ich mir das gedacht, waren nur ein Anlaß dafür, mich in irgendeiner Form in den Keller zu locken. Weil wenn jemand 300000 Mark kriegt, dann in der Regel freut der sich ja, und schaut doch mal schnell nach, ob das auch wirklich wahr ist. Und da hab ich mir gedacht, meine Frau wäre also tatsächlich erdolcht im Keller. Und ich würde *durch die Sendung, durch ein fein gesponnenes System, darunter gelockt* und würde – in dem Film ist das ja ähnlich – da ist ja auch der Gang in den Keller runter.

Jetzt bin ich dann raufgegangen und dann kam eben der Gedanke: Du mußt irgendwie den Uli sofort herausbringen, aus dem Haus bringen, nicht daß der Gefahr läuft, der ist *mit Leib und Leben bedroht.* Und da hab ich mich vergewissert, ob die Nachbarn zu Hause sind. Und da bin ich auf die Straße raus und hab überlegt, wer *eine absolute Person meines Vertrauens* sein könnte. Und bin dann ein Stück die Straße runtergelaufen und wieder umgekehrt und zu meinen direkten Nachbarn gegangen, und da hab ich den Uli hingebracht.

Und *dann bin ich also hoch aufs Dach geklettert.* Ich war ja nur mit Unterhose und Unterhemd bekleidet und hab da oben rumgeturnt. Und da ist dann gleich die Polizei und Feuerwehr gekommen, und eine Ärztin war dabei.

Die hat zuerst an Selbstmordabsichten gedacht. Aber im Lauf des Gesprächs geglaubt, das könnte 'ne Psychose sein. Und da hat die Ärztin gesagt, es ist wohl notwendig, daß ich *mich in eine psychiatrische Klinik einliefern lasse*. Ich hab dann gesagt, daß das schon ein gehöriger Schritt sei, mit dem ich mich ja selber als verrückt erklären würde.

Und da hab ich immer noch nicht genau gewußt, ob jetzt meine Frau da unten erdolcht liegt. Dem Polizisten hab ich dann gesagt, er möge doch in den Keller schaun. Er kam dann zurück und hat gesagt, und hat sich relativ komisch benommen, und hat gesagt, was ist denn da los, Herr B. Und ich wußte letzten Endes nicht, ist es jetzt wahr, oder ist es nicht wahr. Und wenn's wahr gewesen wäre, dann mußte ich vermuten, daß *der Mord am Ende noch mir selber angehängt würde.*

Und da hab ich zu der Ärztin gesagt, *da müßt ich mich ja selber für verrückt erklären.* Das ist ja schon ein schwerwiegender Schritt, hab ich gesagt. Und hab noch gefragt, ob sie mich zwangsweise abführen lassen würde. Das hat sie bejaht, und ich hab dann gesagt: Lassen Sie mir noch ein paar Gedanken Ruhe. Ich gehe da schon freiwillig mit.

Und die hat dann den Raum verlassen, und ich war kurzzeitig alleine im Raum und hab die Terrassentür aufgemacht, *bin rausgerannt*, hab 'nen Überschlag über den Zaun gemacht und bin fort. Dann bin ich durch die Straßen von Frankfurt geschlichen. Das war so wie im dritten Mann, und bin dann bis früh um 4 gelaufen. Ich konnte mich nicht mehr orientieren, bin immer im Kreis gelaufen. Und am nächsten Morgen war ich dann *wie zufällig bei Leuten angelangt, die ich gut kannte,* und die meine Frau verständigt haben.

Und dann kam ich in die Klinik. Bis zu dem Zeitpunkt, an dem ich medikamentös behandelt worden bin, hab ich immer wieder neue, irreale Phantasien weiterentwickelt, und erst unter der Behandlung hab ich dann *in die Realität wieder zurückgefunden*« (VB).

Bevor ich auf die hier geschilderten Wahnerlebnisse näher eingehe, möchte ich nochmals Ciompis Beschreibung eines an Schizophrenie erkrankten Menschen wiedergeben sowie an Conrads Phasenmodell der schizophrenen Erkrankung erinnern, die beide in Kapitel VI ausführlich erörtert wurden. Ciompi schreibt: »Der schizophrene Mensch ist (...) ein armer, fragiler, verwirrter und nach außen eigentümlich abwehrender Mensch, der sich aus einer ihn überfordernden Konfusion in ein abstruses Refugium zu retten versucht, das allerdings nur noch mehr Schwierigkeiten schafft.«[19] Und Conrad[20] unterscheidet die Anfangsphase der akuten schizophrenen Erkrankung, die durch eine ängstlich-gespannte, erwartungs- und bedeutungsvolle Grundstimmung gekennzeichnet ist, von der paranoiden Phase, in der es zur wahnhaften und halluzinatorischen »Offenbarung« neuer Bedeutungszusammenhänge kommt. Auf jeder Stufe der Krankheitsentwicklung kann ein Fortschreiten, ein Stillstand oder eine Rückbildung eintreten. Entwickelt sich die Krankheit über die paranoide Phase in die katatone, so kann dies einen zunehmenden Verfall aller psychischen Funktionen beinhalten.

Vor dem Hintergrund dieser wieder ins Gedächtnis gerufenen Basisinformationen ist es nun möglich, sich mit den Wahnvorstellungen von Herrn B. detaillierter auseinanderzusetzen. Sein Bericht kann in der Struktur – nicht aber im Inhalt – als typisch für viele Krankheitsverläufe angesehen werden. Wenden wir uns daher zuerst der Struktur zu:

1. Auch bei Herrn B. überwiegt in der *Anfangsphase* die ängstlich-gespannte, erwartungs- und bedeutungsvolle Grundstimmung. Er sucht nach Erneuerungs-, Rettungs- und Erlösungsmöglichkeiten, kurz, nach Lösungen für seine verfahrene Problemlage. Diese Phase ist – wie oben erwähnt – reversibel: Tritt eine »Erholung« ein, so muß es nicht zum psychotischen Zusammenbruch kommen. Der Familienurlaub hatte für Herrn B. allerdings – bedingt durch die permanenten Ehestreitigkeiten – nur beschränkten Erholungswert.

Daß bereits in der Anfangsphase eine Rückbildung möglich ist, bedeutet eine Chance für das weitere Leben des Erkrankten: Er kann aus einem früheren Krankheitsschub lernen, das heißt, durch eine psychotherapeutische Behandlung kann er für die ersten Anzeichen einer erneuten Gefährdung sensibilisiert werden und lernen, angemessen darauf zu reagieren. So können bestimmte Belastungen reduziert (in obigem Beispiel etwa die Renovierung des Hauses) und rechtzeitig professionelle Hilfe aufgesucht werden. Herr B. war jedoch hinsichtlich seiner Erkrankung noch zu unerfahren, um die ersten Anzeichen zu erkennen.

Typisch für die Anfangsphase ist eine Aktivitätssteigerung, ein »Alles-gleichzeitig-machen-Wollen«, ein hektisches Suchen nach neuen Wegen. Durch die darauf folgende physische und psychische Überlastung kommt es zu Schlafstörungen und vorschnellen Schlüssen, die sich meist als Trugschlüsse erweisen: So schwebte Herrn B. zum Beispiel vor, mit Unterstützung von Herrn Dr. Schmidt, einer einflußreichen Vaterfigur, eine neue Partei zu gründen. Diese »Problemlösung« sollte alle Mängel des bestehenden Systems sowie die eigenen Schwierigkeiten beheben helfen. Nach den Ferien kam Herr B. zwar zur Einsicht, daß er sich davor nicht ganz gesund gefühlt habe, eine Rückbildung der Erkrankung war jedoch – mangels adäquater Behandlung – nicht eingetreten.

2. Mit der bald wieder einsetzenden Hektik und mit zunehmendem Schlafmangel kam Herr B. einer physischen Erschöpfung immer

näher; die räumliche und zeitliche Desorientierung folgte; er fand sich nicht mehr zurecht; Panik brach aus. Herr B. befand sich mitten in der *paranoiden Phase*, die durch wahnhafte und halluzinatorische Offenbarungen neuer Bedeutungszusammenhänge gekennzeichnet ist: Die »Guten« (Dr. Schmidt und die Mieter) wurden zu »Bösen«; alles wurde mit allem in Verbindung gesetzt und ergab eine immer bedrohlicher werdende Realität.

In diesem Stadium der Erkrankung bekommen die Wahnideen allmählich *Handlungsrelevanz:* Es werden Versuche unternommen, den gefährlichen Verfolgern zu entgehen, dem Unheil zu entfliehen. Dabei fällt auf, daß die Alltagskompetenzen nicht vollständig verschwinden. So »rettete« Herr B. seinen Sohn, den er als an »Leib und Leben bedroht« empfand. Auch erkannte er beim Eintreffen der »Ordnungshüter« sofort die *Konsequenzen* für sein eigenes zukünftiges Leben. Trotz der wahnhaften Verzerrungen bleibt also eine in Teilaspekten realistische Einschätzung der Wirklichkeit erhalten: Das »abstruse Refugium« des Wahns hatte Herrn B. statt der erhofften Erlösung »noch mehr Schwierigkeiten« geschaffen; er floh. Am nächsten Morgen nahm er allerdings Kontakt mit Personen seines Vertrauens auf. Wie die meisten Kranken, so verspürte auch er die Notwendigkeit einer Behandlung.

Voraussetzung für das Aufwachen aus der Welt des Wahns ist – von wenigen Spontanrückbildungen abgesehen – eine der Erkrankung angemessene Therapie. In diesem Zusammenhang kann gar nicht genug betont werden, wie segensreich Medikamente sein können, damit der Patient möglichst schnell wieder zu einer realistischen Einschätzung der Gesamtlage kommen kann. Dabei sollte allerdings selbstverständlich sein, daß Medikamente nicht unter Zwang, sondern möglichst in einer Atmosphäre des Vertrauens verabreicht werden. Dies bedeutet Zeit und Geduld. Beides ist leider im klinischen Alltag oft nicht vorhanden. Trotzdem muß immer wieder betont werden, daß ein akut Schizophrener sich in einem Zustand angstvoller Pein befindet. Alles, was schon den Gesunden erschreckt, löst bei ihm reines Entsetzen aus. Sich in seine Lage so weit wie möglich zu versetzen, muß daher für jeden Therapeuten als hilfreich angesehen werden. Zudem darf man nie vergessen, daß selbst Patienten in sehr verwirrtem Zustand das meiste bewußt miterleben. Auch wenn es manchmal nicht den Anschein hat, so beweisen dies die zahlreichen Berichte, bei denen die Einlieferung in die Klinik und die dort erfahrene Behandlung stets einen großen Raum einnehmen.

Da die zentrale Grundkomponente der schizophrenen Erkrankung unerträglich gewordene Angst ist, ist es – meiner Erfahrung nach – zudem wichtig, diesen schmerzhaften Zustand nicht unnötig aufrechtzuerhalten. Neben dem menschlichen Leiden birgt dies auch die Gefahr, daß die Erkrankung voranschreitet und in die katatone Phase übergeht. Das Bild der Schizophrenie in der Öffentlichkeit ist heute noch weitgehend von Langzeitkranken geprägt, die – ohne medikamentöse Behandlung – vom Verlust wesentlicher psychischer Funktionen gezeichnet sind. Psychopharmaka haben demnach – verantwortungsvoll verabreicht und unerwünschte kurz- oder langfristige Nebenwirkungen mitbedacht – einen unschätzbaren Wert. Zentral ist allerdings das Aufbauen eines Vertrauensverhältnisses, so daß auch der Patient in höchster Panik nicht fürchten muß, daß ihm Schaden zugefügt wird.[21]

Medikamente allein sind jedoch zu wenig. Gefragt und gewünscht ist die menschliche Zuwendung. Eine psychotherapeutische Begleitung der Patienten muß so früh wie möglich einsetzen. Leider bestehen auch hier viele personelle, zeitliche und manchmal auch ideologische Engpässe. Aber ohne zusätzliche psychotherapeutische Behandlung bleiben sowohl die Erkrankung als auch die eigene Person für den Patienten ein Buch mit sieben Siegeln: Ohne die Erkenntnis der eigenen Verletzbarkeit und ihrer Ursprünge sowie ohne ein tieferes Verständnis für das Wesen der Erkrankung sind Rückfälle unter späteren lebensgeschichtlichen Belastungen – und diese sind in keinem Leben vermeidbar – vorprogrammiert. Nur die Psychotherapie kann auf kontrollierte Weise Einsicht in mit der Erkrankung verbundene Zusammenhänge vermitteln. Sie kann den Betroffenen lehren, mit der Krankheit umgehen zu lernen.

Vor dem Hintergrund dieser allgemein gehaltenen Betrachtungen kann sich der Leser vielleicht besser in das Ausmaß der Not von Herrn B. einfühlen, die ihn in den verzweifelten Selbstrettungsversuch des Wahns trieb. Wir wenden uns deshalb nun dem *Inhaltlichen* der beschriebenen Wahnerlebnisse zu. Betrachten wir zunächst die verschiedenen Marksteine der wahnhaften Entwicklung.

1. Anfangsphase: Hoffnung auf Erlösung

1– 7 Messiaserwartung: »Da mußt du helfen«,
Erneuerung des »gegenwärtigen Systems, das Mängel hat«,
8– 35 Suche nach Unterstützung bei einem guten, mächtigen Vater,
Suche nach einer guten Beziehung,
36– 43 beginnende Schlafstörungen,
briefliche Kontaktaufnahme mit gutem, mächtigem Vater,
44– 49 Urlaub: kurzfristige Rückkehr zur Realität

2. Paranoide Phase: Hoffnung auf Erlösung wird zur Angst vor Vernichtung

Euphorische Wahnideen:
50– 69 Der »gute Vater antwortet« auf sein Hilfeersuchen,
70– 75 *aktuelle Begebenheit 1:*
Ehefrau fährt über das Wochenende weg, um sich von den Ehestreitigkeiten zu erholen,
76– 84 *aktuelle Begebenheit 2:*
Renovieren des vor drei Jahren gekauften Hauses, neue Mieter,
85– 97 physische Erschöpfung:
Betreuung des dreijährigen Sohnes,
98–106 »guter Vater« wird als allwissend eingeschätzt,
107–109 die Verwirrung nimmt zu,
110–115 *aktuelle Begebenheit 3:*
Autofahrt in die Stadt,
116–121 direkte Kontaktaufnahme mit omnipotentem Vater: Angebot der Zusammenarbeit

Bedrohliche Wahnideen:
122–130 Verlust der räumlichen Orientierung,
Konfusion nimmt bedrohlichen Charakter an:
Verfolgungsideen,

131–138	*aktuelle Begebenheiten 4:*
	berufliche Situation der Mieterin,
139–143	totale physische Erschöpfung,
144–175	göttlicher Vater wird zu diabolischem Vater,
176–195	*tatsächliche Begebenheit 5:*
	früherer Besuch beim guten Vater,
196–204	*wahnhafte Verdächtigung 1:*
	Mieter haben Geld im Keller vergraben,
205–221	*wahnhafte Verdächtigung 2:*
	Ehefrau ist entführt worden,
	Rettungsversuche:
222–230	Idee, Hilfe zu holen,
	wahnhafte Verdächtigung 3:
	Mieter hören Telephon ab,
231–239	Rettungsidee,
240–251	*wahnhafte Verdächtigung 4:*
	Mieter haben Ehefrau entführt,
252–269	*wahnhafte Verdächtigung 5:*
	Ehefrau liegt erdolcht im Keller,
	Geld als Lockmittel,
270–278	Rettung des Sohnes,
279–282	Selbsthilfeaktion: Polizei, Feuerwehr, Notarzt,
283–288	notärztliche Diagnose: Psychose,
	Angst vor Konsequenzen der Diagnose,
289–296	*wahnhafte Verdächtigung 6:*
	Mord an eigener Frau,
297–302	Selbstrettungsüberlegungen,
303–311	Flucht,
312–315	»Erwachen« in der Klinik

Wie einführend erwähnt, fühlte sich Herr B. vor seinem ersten und – dank der psychotherapeutischen und medikamentösen Behandlung – seit acht Jahren einzigen schizophrenen Schub in einer privaten und beruflichen Sackgasse: Er wußte sich nicht mehr zu helfen, Gespräche mit Freunden und Kollegen hatten ihn nicht weitergebracht. Sein Gefühl der absoluten Ausweglosigkeit, der *absoluten Ohnmacht* verkehrte sich in die Phantasie der *absoluten Macht*, einer Macht, alles zu ändern und die eigene Konfusion zu durchbrechen. Bei der nun folgenden Interpretation der Wahninhalte werden – zur Orientierung des Lesers – die Grundmotive der Erkrankung am Rand hervorgehoben:

Motive:

Als *verworfener* Sohn konnte Herr B. mit der Unterstützung des eigenen Vaters nicht rechnen. Vom Vater während der Adoleszenz fallengelassen worden zu sein, bedeutete einerseits, immer noch auf den Segen des Vaters zu hoffen und andererseits, am Verstoß durch den Vater zu leiden. Sein Ausweg im Wahn war die Suche nach einem anderen, besseren Vater, der ihm, dem Sohn, hilft, die Schwierigkeiten zu bewältigen und ihn generell fördert.

»guter« Vater

Der Idealvater seiner Wahnwelt hatte seine Tochter allein erzogen. Er hatte dafür berufliche Opfer gebracht und wurde von ihr abgöttisch geliebt. Er galt als äußerst kompetenter Rundfunkredakteur mit beträchtlichem Einfluß. In sein Büro, an seinen Schreibtisch hatte er sich schon einmal heimlich gesetzt. Bereits im gesunden Zustand hatte er sich einen solchen Vater erträumt.

»gute« Partnerin

Zudem war dieser Mann der Vater der Frau, in die er einmal heftig verliebt war. Mit einem solchen »Schwiegervater« und einer solchen Liebesbeziehung würde er im Leben nicht so allein und schutzlos dastehen.

Schulden

Allerdings stehen dieser phantasierten »Lösung« Hindernisse im Weg: Da ist einerseits das erst vor kurzem erworbene Haus, ein finanzieller Mühlstein um seinen Hals. Äußerer Ausdruck dieser Belastung sind die neuen Mieter.

»böse« Ehefrau

Und dann gibt es einen zweiten Mühlstein, seine Ehefrau, die gedroht hatte, sich scheiden zu lassen und ihm damit seinen Sohn zu entziehen.

»Rettung« der eigenen Person

Beide Mühlsteine werden im Wahn beseitigt: Die Mieter mißbrauchen sein Haus zu »kriminellen Machenschaften«; damit haben sie ihr Aufenthaltsrecht verwirkt. Dabei hinterlassen sie DM 300000. Die Ehefrau wird zunächst entführt, dann sogar erdolcht. Bei allem hilft der zunächst gute, dann teuflische Vater seiner Wahnwelt. Er steht anscheinend mit der Mieterin, die sich bei derselben Rundfunkanstalt beworben hat, im Bunde: Diese Konstellation bringt Herrn B. DM 300000 und eine erdolchte Frau ein.

»Rettung« des Sohns

Herr B. muß nun nur noch seinen Sohn in Sicherheit bringen, und schon kann er mit Sohn, Haus und Geld ein neues Leben anfangen. Er ist alle Sorgen los und kann nun mit dem Idealvater eine neue Partei gründen, das System verändern und seine berufliche Situation verbessern.

Natürlich hat – im Rahmen dieses Kapitels – das Aufzeigen der Zusammenhänge zwischen biographischen Ereignissen und Wahninhalten gewisse Grenzen: Dem therapeutischen Prozeß im einzelnen wird in Kapitel IX nachgegangen. Hier verfolge ich lediglich die Absicht, verrückt erscheinenden Wahnerlebnissen das Odium der Unverstehbarkeit zu nehmen; denn Wahninhalte sind durchaus nachvollziehbar, sobald sie mit den Lebensproblemen des Patienten in Verbindung gebracht werden. Um dies aufzuzeigen, braucht man – wie das Beispiel von Herrn B. lehrt – nicht in die tiefsten Tiefen zu steigen.

Zwischenergebnis

Betrachtet man Wahninhalte vor dem Hintergrund biographischer Informationen, so verschwindet das Gefühl des Unverständlichen, Unerklärlichen, des bedrohlichen Grauens; übrig bleibt die Faszination: Wahnerlebnisse sind verschlüsselte Zeugnisse menschlicher Not. Wie Träume können sie – zum Nutzen des Patienten – entschlüsselt werden. Ein Patient, der sich in seinem Wahn – also in höchster Bedrängnis – ernstgenommen fühlt und Vertrauen zum Therapeuten schöpft, wird ihm von den schlimmen Zeiten seines

Lebens berichten. So eröffnet er sich selbst die Chance, seine Verletzbarkeit und die daraus folgenden Gefährdungen zu erkennen und mit der Krankheit umgehen zu lernen. Nur so hat er die Möglichkeit, eine selbstbestimmte Existenz anstelle eines »beschützten« Lebens zu führen.

Wahninhalte müssen deshalb Bausteine jeder Psychotherapie sein. Voraussetzung ist allerdings die Bereitschaft der Therapeuten, den Patienten als Person zu respektieren, seine verschlüsselten Botschaften ernst zu nehmen, ihm echtes Interesse zu vermitteln und ihm die Möglichkeit zu geben, in einer vertrauensvollen Atmosphäre das zu berichten, was ihn bedrückt. Nichts kann und darf erzwungen werden. Wenn dies in Institutionen dennoch immer wieder passiert, so müssen sich die Institutionen ändern und nicht der Patient. Auch von einem somatisch Kranken wird nicht erwartet, daß er seine Schmerzen verbirgt; ihre genaue Beschreibung ist vielmehr für die exakte Diagnose von unschätzbarem Wert. Seelische Schmerzen müssen ebenso erzählbar werden; denn sie verweisen auf die Ursprünge und die Art der Erkrankung. Vor allem darf nicht aus dem Auge verloren werden, daß jeder Schizophrene sich die Erlösung von diesen Schmerzen erhofft und seine Vernichtung durch diese Schmerzen befürchtet.

Kapitel VIII Adoleszenz und psychische Gefährdung

Theoretische Überlegungen zur zweiten Individuationsphase

Leb wohl, du altes Elternhaus,
Ihr werft mit Schande mich hinaus,
Ade, ihr Lieben (?) groß und klein,
Von neuem bin ich jetzt allein!

Leb wohl, du Gott der ganzen Welt,
Dem man den Bügel dienend hält,
Vom Dienen bin ich dumpf und matt,
Das Dienen hab ich lange satt.

Zum Teufel geht die Freiheit auch,
Sie war ja immer höchstens Rauch,
Ich werd' ins Irrenhaus geschickt,
Wer weiß – ich bin wohl gar verrückt.

Hermann Hesse[1]

In diesem Gedicht, das Hermann Hesse als 15jähriger schrieb, sind all die Elemente enthalten, die das Drama der Adoleszenz ausmachen: »Leb wohl – altes Elternhaus – Hinauswurf in Schande – ganz allein – Adieu Gott – des Dienens satt – eigene Freiheit in Gefahr – eingesperrt – vielleicht verrückt.« Hermann Hesse schrieb diese Verse von Stetten aus, einer Anstalt für Geisteskranke, in der er nach einem Selbsttötungsversuch, zweimal in kurzer Folge, untergebracht worden war. Der Briefwechsel zwischen ihm und seinem Vater, Johannes Hesse, aus dieser Periode zählt zum »Ungeheuerlichsten,was die Geschichte der Erziehung in Deutschland zu bieten hat«.[2] In diesen

Briefen nimmt der junge Hermann Abschied von der Kindheit; er kündigt das Unterordnungsverhältnis zu seinen Eltern und speziell zu seinem Vater auf.

Obwohl das Drama zwischen Vater und Sohn Hesse sich vor über hundert Jahren abspielte, haben die damit verbundenen Probleme auch heute noch nichts von ihrer Gültigkeit verloren. Die vorangegangenen Kapitel sind dafür beredte Zeitzeugnisse. Damals wie heute war und ist allerdings nicht jeder Sohn fähig, die adoleszente Revolution zu wagen und, falls nötig, sich »aus eigener Kraft herauszuarbeiten und seine Erziehung selbst in die Hand«[3] zu nehmen, wie Hermann Hesse dies getan hat. Manche Väter sind zudem aus noch unbiegsamerem Holz geschnitzt als Johannes Hesse. Aber auch bei dem jungen Hesse drohten Teile seiner Lebensgeschichte in eine Krankheitsgeschichte umzuschlagen; und es besteht sicherlich – wie bei anderen hier diskutierten Söhnen – ein Zusammenhang zwischen dem »Nervenzusammenbruch« des erwachsenen Hermann Hesse und dem kurz zuvor erfolgten Tod seines Vaters.

Den im Briefwechsel zwischen Vater und Sohn Hesse dokumentierten Machtkampf möchte ich zum Auftakt dieses Kapitels etwas ausführlicher wiedergeben. An ihm läßt sich exemplarisch zeigen, welche Schlüsselstellung der Adoleszenzphase zukommt. Denn nicht nur in der frühen Kindheit, sondern nochmals in der Jugendzeit erfolgen wichtige Weichenstellungen, die darüber entscheiden, ob der Übergang ins Erwachsenenleben erfolgreich bewältigt werden kann oder ob die Verstrickungen der Kinder mit ihren Eltern, der Söhne mit ihren Vätern, die Oberhand behalten und den Jugendlichen somit am altersadäquaten Reifen hindern.[4]

H. H. an seine Eltern (Stetten, 30. August 1892):

Verehrte Eltern!

...Wenn ich die letzte Vergangenheit betrachte, muß ich oft herzlich lachen, über Alles, auch über mich, besonders, wenn ich bedenke, was an Allem schuld ist. Wenn Ihr mir schreibt, ich sei wahnsinning oder schwachsinnig, so will ich's Euch zulieb glauben und – doppelt lachen...

Achtungsvoll

H. Hesse Nihilist (haha!)

H. H. an Eltern (Stetten, 1. September 1892):

Liebe Eltern,

...Theo sagte, ich solle Euch um Verzeihung bitten. Ich tue es aber unter diesen Umständen nicht, überhaupt von St(etten) aus nicht. Wie elend steh ich jetzt da, wie trüb die Zukunft, wie trüb die Vergangenheit, wie satanisch die Gegenwart! O wäre jene unglückliche Kugel durch mein gepeinigtes Hirn gegangen!... –

Stetten ist mir die Hölle. Wenn das Leben des Wegwerfens überhaupt wert wäre, wäre das ganze Leben nicht ein bald heiterer, bald schwarzer Wahn – ich möchte mir den Schädel an diesen Mauern einrennen, die mich von mir selber trennen...

Elend, nein, kalt will ich sein, eisig kalt gegen Alle, Alle! Ihr seid ja meine Kerkermeister: Euch darf ich nichts klagen. Lebt wohl, lebt wohl, ich will allein sein, vor diesen Menschen graut mir. Sagt niemand, daß ich sterbensmüde, unglücklich bin! Laßt mich hier draufgehen, den tollen Hund, oder seid meine Eltern! Augenblicklich kann ich nicht Sohn sein, ich habe genug zu kämpfen, dem eigenen Unglück zu trotzen; nochmals, seid meine Eltern aber – warum nicht lieber mich schneller töten? Ich kann nicht mehr schreiben, ich müßte weinen und will doch tot und kalt sein.

Adieu!

H.

Johannes Hesse an H. H. (Calw, 10. September 1892):

Mein lieber Hermann!

...Du sagst, Du wollest von Stetten aus nicht um Verzeihung bitten. Das verlange ich auch nicht. So etwas muß ja überhaupt aus innerster Überzeugung kommen. Dagegen bitte ich, verzeihe doch *mir* alles, womit ich nach Deiner Meinung Dir unrecht getan habe. Warum sollen wir im Hader mit einander sein? Du scheinst ja zu meinen, daß wir Dir ›fluchen‹. Nein, zu fluchen habe ich noch nie gelernt. Ich kann weinen um Dich, ich kann Dich anders wünschen, ich kann Dir auch, wie jeder wahre Freund dem anderen Gefahren und Unrecht vorhalten und Dich warnen – aber das ist doch nicht fluchen. Fluchen lernt man in der Schule nicht, in welcher ich gelernt habe und täglich noch lerne...

Wir alle grüßen in Liebe

Dein Papa.

H. H. an Eltern (Stetten, 11. September 1892):

L(liebe) E(eltern)!

... Nachdem ich das geschrieben, kommt Papas Brief. Er sagt unter anderem: ›Verzeihe doch *mir* alles, womit‹ etc. etc. Das klingt sehr ironisch, wenn's vielleicht auch anders gemeint ist. Nun, aus Ironie setzt sich größtenteils das Geschick zusammen... Überhaupt besteht die ganze Streiterei einfach darin, daß total verschiedene Meinungen da zusammentreffen, wo man Sympathie erwartet... ›Mein Vater konnte mich nicht brauchen und hat mich nach Stetten geschickt‹ und damit basta...

Meine letzte Kraft will ich aufwenden, zu zeigen, daß ich nicht die Maschine bin, die man nur aufzuziehen braucht. Man hat mich mit Gewalt in den Zug gesetzt, herausgebracht nach Stetten, da bin ich und belästige die Welt nimmer, denn Stetten liegt außerhalb der Welt. Im Übrigen bin ich zwischen den vier Mauern mein Herr, *ich gehorche nicht und werde nicht gehorchen* ... –

Und jetzt frage ich, nur als Mensch, (denn ich erlaube mir, gegen Euren Willen und meine 15 Jahre, eine Ansicht zu haben): Ist es recht, einen jungen Menschen, der außer einer kleinen Schwäche der Nerven so ziemlich ganz gesund ist, in eine ›Heilanstalt für *Schwachsinnige und Epileptische*‹ zu bringen, ihm gewaltsam den Glauben an Liebe und Gerechtigkeit und damit an einen Gott zu rauben? Wißt Ihr, daß ich, als ich das erstemal von Stetten kam, wieder leben und ringen wollte und daß ich jetzt, so ziemlich geheilt, innerlich kränker bin als je? Wäre es nicht besser, ein solcher würde mit einem Mühlstein um den Hals in's Meer versenkt, da es am tiefsten ist?...

Lebt wohl!

Johannes Hesse an H. H. (Calw, 13. September 1892):

Lieber Hermann!

... In Deinen Briefen spricht sich ein solcher Freiheitsdrang und ein solcher Zorn über die Welt, wie sie nun einmal ist, aus, daß ich nicht begreifen kann, wie Du in solcher Stimmung es unter dem Zwang einer Schulordnung sollst aushalten und mit Nutzen studieren können. Du hast es ja in Maulbronn nicht ausgehalten, Du hast zuhause gegen jede Dir unangenehme Zumutung Dich aufgelehnt, Du schimpfst jetzt über alles in Stetten. Wir machen Dir darüber keine schrecklichen Vorwürfe. Aber wir halten das für einen ganz *krankhaften* Zustand, von dem Du *geheilt* werden kannst, wenn Du wie während Deines ersten Aufenthalts in Stetten so auch jetzt wieder gutwillig und mit *Hoffnung* Dich in alles schickst. Wir schneiden Dir die Hoffnung gewiß nicht ab. Ich bitte Dich wieder und wieder um Geduld. Hat Dein Gemüt sich beruhigt und hast Du Dich einige Monate in Selbstbeherrschung und Gehorsam bewährt, dann und nur dann wird die Erfüllung Deines Wunsches Dir selbst heilsam sein. An mir soll es dann wahrlich nicht fehlen. – Ich zürne Dir nicht. Zürne auch mir nicht. Wir sind Menschen und nicht Götter.

Dein Vater H.

H. H. an seinen Vater (Stetten, 14. September 1892):

Sehr geehrter Herr!

...›Vater‹ ist doch ein seltsames Wort, ich scheine es nicht zu verstehen. Es muß jemand bezeichnen, den man lieben kann und liebt, so recht von Herzen. Wie gern hätte ich eine solche Person! Könnten Sie mir nicht einen Rat geben...

Ihre Verhältnisse zu mir scheinen sich immer gespannter zu gestalten, ich glaube, wenn ich Pietist und nicht Mensch wäre, wenn ich jede Eigenschaft und Neigung an mir ins Gegenteil verkehrte, könnte ich mit Ihnen harmonieren. Aber so kann und will ich nimmer leben und wenn ich ein Verbrechen begehe, sind nächst mir Sie schuld, Herr Hesse, der Sie mir die Freude am Leben nahmen. Aus dem ›lieben Hermann‹ ist ein andrer geworden, ein Welthasser, eine Waise, deren ›Eltern‹ leben. –

Schreiben Sie nimmer ›Lieber H.‹ etc.; es ist eine gemeine Lüge.

H. Hesse, Gefangener
im Zuchthaus zu Stetten.

H. H. an seine Eltern (Stetten, 22. September 1892):

Liebe Eltern!

Verzeiht den letzten Brief, bitte! Ihr wollt mir wohl nimmer schreiben. Ich kann nicht fliehen, wohin sollte ich? Ich kann niemand mehr klagen und bitten, ich bin allein. Ich könnte mir's leicht machen, indem ich um Verzeihung bäte, aber ich tu es nicht, ich habe hier in Stetten abgebüßt...

Jetzt erst, da ich Eure Liebe verloren, fühle ich, daß ich Euch doch so sehr liebe, aber ich möchte nimmer heim, ich kann es nicht. Schreibt nicht wieder von Eurer wohlmeinenden Liebe, sie besteht in Worten, vielleicht sogar in guten ›Wünschen‹ und Gebeten, doch das ist Wahn, wertlos, wesenlos...

Aber bitte
Antwort und nicht
allzu spät.

Johannes Hesse an H. H. (Calw, 23. September 1892):

Lieber Hermann!

So, jetzt kann ich Dir doch wieder antworten. Ich verlange gewiß nicht, daß Du weiter um Verzeihung bittest. Dein letzter Brief ist uns genug. Er sagt, daß es Dir wehtut, innerlich von uns getrennt zu sein. Sobald das ausgesprochen ist, kann die Trennung aufhören. Wir spüren jetzt wieder, daß Du *selbst*, daß Dein *Herz* zu uns redet und nicht irgend ein fremder böser Geist, dem Du Dich momentan hingegeben...

In unveränderter Liebe
Dein Papa H.

Anstaltsleitung an Johannes Hesse (Stetten, 10. Oktober 1892):

Sehr geehrter Herr Hesse!

...ist die Diagnose ›primäre Verrücktheit‹ richtig, so gibt es oft allerdings zur Zeit der Pubertät einen Stillstand. Ich gebe zu, daß manche Erscheinungen bei ihm dafür sprechen. Aber auf der andern Seite spricht auch manches dagegen. Vorerst möchte ich doch an moral insanity festhalten – und diese ist heilbar. Es scheint mir zu Hermanns Gunsten der Umstand zu sprechen, daß er sich im Verkehr mit seinen Kameraden, wenn er sich nicht beobachtet wußte, so ganz natürlich gegeben hat, frisch und munter gewesen ist.

Ihr erg. und teilnehmender Insp. Pf. Schall

Aus diesem erschütternden Briefwechsel ergibt sich das uns inzwischen bekannte Bild der väterlichen Machtausübung und der jugendlichen Revolte gegen die vom Vater verkörperte Welt. Das Muster ist immer noch dasselbe; es wurde jedoch selten so authentisch – und vor allem beidseitig – schriftlich festgehalten. In einem späteren Buch, das Hermann Hesse nach dem Tod des Vaters, nach dem darauffolgenden »Nervenzusammenbruch« und nach der sich anschließenden Psychoanalyse schrieb, charakterisiert er das Machtspiel seines Vaters folgendermaßen:

»... Er wußte ja alles! Und er ließ mich tanzen, ließ mich meine nutzlosen Kapriolen vollführen, wie man eine gefangene Maus in der Drahtfalle tanzen läßt, ehe man sie ersäuft. Ach, hätte er mir gleich zu Anfang, ohne mich überhaupt zu fragen und zu verhören, mit dem Stock über den Kopf gehauen, das wäre mir im Grunde lieber gewesen, als diese Ruhe und Gerechtigkeit, mit der er mich in meinem dummen Lügengespinst einkreiste und langsam erstickte.«[5]

So faßt ein großer Schriftsteller sein Kindheitsdrama zusammen. Solch kritische Äußerung über den eigenen Vater wagte aber selbst Hermann Hesse – soweit mir bekannt ist – nur ein einziges Mal. Unerwähnt blieb, da wahrscheinlich zu blasphemisch, warum Johannes Hesse dieses Maus-im-Käfig-Spiel brauchte. Man kann nur vermuten, daß der in seinem Wunschberuf als Missionar gescheiterte Mann als pseudosouveräner Vater seine Macht ausspielen mußte.

1. Entwicklungsaufgaben während der Adoleszenz

Der Konflikt im Hause Hesse ist natürlich nur ein Einzelfall; aber er trägt die typischen Merkmale eines allgemeinen Adoleszenzkonfliktes. Um dieses generelle Konfliktpotential der Adoleszenzphase verständlich zu machen, möchte ich mich nun zum einen mit den neu erworbenen Fähigkeiten des Adoleszenten, zum anderen mit den Entwicklungsnotwendigkeiten dieser Lebensperiode näher befassen. Wenden wir uns zunächst der kognitiven, geschlechtlichen und emotionalen Entwicklung des Adoleszenten zu.

Voraussetzung für das Verlassen der Kindheit und für das Eintreten ins Erwachsenenleben ist nach Jean Piaget[6], dem anerkannten Erforscher der Entwicklung im Kindes- und Jugendalter, nicht einzig die geschlechtliche, sondern vor allem auch die *kognitive Reifung*, die eine Überwindung des kindlichen, egozentrischen Denkens bedeutet: Der Heranwachsende muß in dieser Periode lernen, Denkvorgänge zu meistern, die vom Konkreten und von seiner Person als Zentrum der Welt absehen; er muß die Fähigkeit erlangen, unter Hintanstellung konkreter Gegebenheiten *Hypothesen* über die Welt zu erstellen. Die typischen Diskussionen Jugendlicher über philosophische Probleme – wie den Sinn des Lebens und die unzureichende Beschaffenheit der Welt – sind ein Ausdruck dieser neu erworbenen Fähigkeit zum hypothetischen Denken. Dieser kognitive Qualitätssprung ist eine Vorbedingung für eine gesunde Erwachsenenexistenz.

Für das zukünftige Meistern des Erwachsenenlebens bedarf es jedoch nicht nur der kognitiven, sondern auch der *geschlechtlichen und emotionalen Reifung*. Piaget und Inhelder schreiben über die Verquickung aller drei Aspekte:

»Die Adoleszenz (15 bis 18 Jahre) ist das Alter, in dem sich das Individuum in die erwachsene Gesellschaft einfügt, und zwar sehr viel mehr als die Pubertät (derzeit ungefähr 13 Jahre bei den Mädchen und 15 Jahre bei den Knaben). Die Voradoleszenz ist gekennzeichnet durch eine Beschleunigung des physiologischen und somatischen Wachstums und gleichzeitig durch jene Öffnung der Werte für neue Möglichkeiten, auf die sich der junge Mensch bereits vorbereitet, weil er sie dank seiner neuen deduktiven Werkzeuge zu antizipieren vermag... Man hat lange geglaubt, die affektiven Entwicklungen, die für die Adoleszenz bezeichnend sind und die schon in der Phase zwischen 12 und 15 Jahren vorbereitet werden, seien vor allem angeborene und sozusagen instinktive Mechanismen. Das meinen noch viele Psychoanalytiker, wenn sie diese Stufen durch die Hypothese einer Erneuerung des Ödipuskomplexes interpretieren. In Wirklichkeit spielen soziale Faktoren (im zweifachen Sinn von Sozialisierung und kultureller Übermittlung) eine viel wichtigere Rolle, und sie werden, mehr als man angenommen hatte, durch die intellektuellen Transformationen gefördert, von denen wir eben gesprochen haben.«[7]

Piaget und Inhelder unterscheiden somit zwischen der körperlichen, der emotionalen und der kognitiven Entwicklung, also dem Erreichen der geschlechtlichen Reife während der Pubertät und den emotionalen und intellektuellen Voraussetzungen für den Eintritt ins Erwachsenendasein während der Adoleszenz.

Alle drei Aspekte gelten als Voraussetzungen für ein späteres gesundes Erwachsenenleben. Dabei kritisieren die beiden Wissenschaftler die etablierte psychoanalytische Sichtweise der Adoleszenz. Nach dieser Lehrmeinung wird die Adoleszenz als *Wiederholung* der ödipalen Problematik der Kindheit angesehen. Unerledigte Probleme aus dieser ödipalen Phase könnten – nach dieser Theorie – während der Phase der Adoleszenz gelöst werden. In diesem Sinn sprechen Psychoanalytiker gern von der Adoleszenz als von einer »zweiten Chance«.

Piaget und Inhelder weisen nun zu Recht darauf hin, daß *jede neue geistige Struktur auch neue Möglichkeiten schafft*. Im Fall der Adoleszenz erlaubt die neu erworbene Unabhängigkeit vom Konkreten dem Individuum, sich »zum Teil von seiner Vergangenheit zu befreien und neue Aktivitäten in Gang zu setzen,... die auf der neuen Stufe grundsätzlich auf die Zukunft gerichtet sind«. Und sie stellen fest: »Die klinische Psychologie und vor allem die Psychoanalyse sehen in der Affektivität oft nur ein Spiel von Wiederholungen und Analogien mit der Vergangenheit (Erneuerung des Ödipuskomplexes oder des Narzißmus usw.),... aber sie haben kaum die Rolle der konkreten Autonomie, die in der zweiten Hälfte der Kindheit erworben wurde... gesehen, die jene Vorwegnahme der Zukunft und jene Öffnung für neue Werte ermöglichen. (...) Die Möglichkeiten, die diese neuen Werte eröffnen, sind dem jungen Menschen selbst klar, der sich vom Kind dadurch unterscheidet, daß er Theorien aufstellen und sich um die Wahl einer Laufbahn kümmern kann, zu der er sich berufen fühlt und die ihm ermöglicht, seine Bedürfnisse nach sozialer Reform und Schaffung neuer Ideen zu befriedigen. Der junge Mensch in der Voradoleszenz ist noch nicht auf dieser Stufe. Leider gibt es zu diesem Thema kaum Untersuchungen.«[8]

Der Mangel an Adoleszenzforschung in der Entwicklungspsychologie und der klinischen Psychologie fällt auf. Diese spannende und konfliktreiche Phase nimmt auch in Werken, die sich speziell mit der psychosexuellen Entwicklung im Kindes- und Jugendalter befassen, wenig Raum ein: So beschränkt sich zum Beispiel das erst kürzlich erschienene repräsentative Lehrbuch von Wolfgang Mertens hinsichtlich der Adoleszenz auf knappe 50 Seiten, während er der Entwicklung des Kindes bis zum sechsten Lebensjahr rund 270 Seiten widmet. Vielleicht hängt dies mit der psychoanalytischen Fixierung sowohl auf den Ödipuskomplex und seine sogenannte Wiederholung als auch auf die frühe Mutter-Kind-Beziehung zusammen. Die wissenschaftlich wenig beachtete Adoleszenz ist ein gutes Beispiel dafür, wie etablierte Denk- und Sichtweisen den Blick auf das versperren können, was in der Alltagserfahrung jeder Familie als »die schwierigste Zeitspanne überhaupt« angesehen wird.

In Anbetracht seiner über 40jährigen Arbeit mit Jugendlichen korrigiert Peter Blos die klassische psychoanalytische Wiederholungstheorie und stellt die Hypothese auf, daß *die Auflösung der infantilen Abhängigkeiten die eigentliche Aufgabe der Adoleszenz ist.* Er bezeichnet diesen Entwicklungsschritt als den *zweiten Individuationsprozeß* im Gegensatz zum *ersten Individuationsprozeß,* in dem das kleine Kind zu einer relativen Unabhängigkeit von der körperlichen Anwesenheit gelangt. Blos beschreibt dies folgendermaßen:

»Eine entscheidende Entwicklungsaufgabe, die in der Adoleszenz zu leisten ist, ist der freiwillige Verzicht auf infantile Abhängigkeiten. (...) In der ersten – der infantilen – Individuationsphase gelangt das kleine Kind durch Verinnerlichung zu relativer Unabhängigkeit von der körperlichen Anwesenheit der Mutter. (...) Der erste Schritt in der Kindheit führt zu relativer Unabhängigkeit von äußeren Objekten, während der zweite, der adoleszente Individuationsschritt, auf Unabhängigkeit von verinnerlichten infantilen Objekten abzielt. Erst wenn dieser Prozeß abgeschlossen ist, kann die Kindheit überwunden werden: der Weg ins Erwachsenenleben ist frei.«[9]

Sowohl Piaget und Inhelder als auch Blos betonen also, wenn auch mit unterschiedlicher Akzentuierung, die neue innere Unabhängigkeit des Adoleszenten als Voraussetzung für den Beginn des Erwachsenendaseins. Bezogen auf die *psychosexuelle Entwicklung des heranwachsenden Jungen* bedeutet das:

- In der *ersten Individuationsphase,* um das 5./6. Lebensjahr, muß er sich von der körperlichen Abhängigkeit zur Mutter lösen und sich in der Latenzphase dem Vorbild »Vater« zuwenden.
- In der *zweiten Individuationsphase,* also während der Adoleszenz, muß es der Sohn schaffen, vom Vater unabhängig zu werden, d.h. den Vater zu entidealisieren, um seine eigenen Möglichkeiten als erwachsener Mann entfalten zu können.

Dieser zweite Individuationsprozeß ist deshalb so schmerzhaft, weil es nicht nur gilt, vom Vater als Idealvater, sondern auch von der Kindheit Abschied zu nehmen. Er wird auch – wie wir wiederholt gesehen haben – dadurch erschwert, daß Väter diesen Ablösungsprozeß aus mannigfaltigen Gründen sehr oft mehr behindern als fördern. Deshalb gilt diese Phase auch anerkanntermaßen als eine höchst störungsträchtige: »Es ist eine bekannte Tatsache, daß der Adoleszenzprozeß und der Ausbruch einer Psychose auf Grund eines Entwicklungsrisikos zusammentreffen können.« [10]

2. Vater-Sohn-Beziehung während der Adoleszenz

Die Entwicklungsphase der Adoleszenz konfrontiert beide – Vater wie Sohn – mit schwierigen Aufgaben. Schauen wir uns zunächst die Seite des *Vaters* genauer an.

Schon im ersten Kapitel wurde anhand des Ödipus-Mythos gezeigt, daß König Laios sich einerseits einen Stammhalter wünschte, andererseits jedoch um sein Leben, seine Macht fürchtete. Diese Ambivalenz des Vaters wird von John Munder Ross [11] als »Laios-Komplex« bezeichnet – eine Problematik, der jeder Mann ausgesetzt ist, der Vater eines Sohnes wird. Peter Kutter spricht in dieser Hinsicht von der *aggressiv geladenen* Seite der Beziehung des Vaters zu seinem Sohn: Er »wünscht sich zwar einen Sohn, *hat aber zugleich Angst* vor ihm und will ihn deshalb klein halten oder gar beseitigen…« [12] Nach Kutter sind die Auswirkungen negativer Gefühle des Vaters – etwa Eifersucht, Neid, Rachsucht – gegenüber seinem Sohn weniger beachtet oder gar untersucht worden als die negativen Gefühle der Mutter und ihr potentiell schädlicher Einfluß auf die Möglichkeit des Kindes, sich zu einem lebens- und liebesfähigen Erwachsenen zu entwickeln.

Die *andere Seite* des Spannungsverhältnisses zwischen Vater und Sohn ist der *libidinös aufgeladene Konflikt.* Er besteht in folgender Konstellation: »Beide Seiten der Vater-Sohn-Beziehung *wünschen zu lieben und geliebt zu werden* und *fürchten zugleich die erotische Anziehung,* besonders dann, wenn, vom Vater aus gesehen, die Beziehung zu dessen Frau gestört ist. Oft nimmt dann der Sohn die Stelle der Frau ein, wir nähern uns dem Thema ›*Vater-Sohn-Inzest*‹.« [13]

Ich möchte der aggressiven und der libidinösen Konfliktmöglichkeit noch eine dritte hinzufügen, die *narzißtische:* Aus Mangel an

Reife können egozentrisch gebliebene Väter das allmähliche Selbständigwerden ihrer Söhne nicht ertragen; sie versuchen eine Entidealisierung ihrer Person mit unterschiedlichen Mitteln – von der bindenden Verwöhnung über die Unterwerfung bis zur angedrohten und ausgeübten Verwerfung – zu verhindern. Dadurch erschweren sie, wie bei den hier analysierten Krankenschicksalen deutlich geworden ist, den Ablösungs- und Entidealisierungsprozeß ihres Sohnes.

Die drei väterlichen Konfliktmöglichkeiten sind eng mit dem verknüpft, was in unserer Gesellschaft für einen erwachsenen Mann als erstrebenswert gilt[14]: Die männliche Norm von Erfolg, Macht, Beherrschung und Stärke duldet keine Nebenbuhler (aggressive Konfliktmöglichkeit), hat Angst vor femininen bzw. homosexuellen Schwächen (libidinöse Konfliktmöglichkeit) und ist auf die Bewunderung Untergebener angewiesen (narzißtische Konfliktmöglichkeit). Diese in unserer Kultur verankerten und bei pseudosouveränen Vätern unreflektiert gelebten Tendenzen machen es dem Sohn schwer, den Schritt ins Erwachsenendasein so zu gestalten, daß er sich vom Vater mit dessen ehrlich gemeintem Segen lösen und somit ein lebenstüchtiger und psychisch gesunder Mann werden kann.

Der bereits mehrfach als Beispiel herangezogene *Sohn* Franz Kafka hat – trotz seiner überragenden sonstigen Fähigkeiten – diesen Schritt nicht geschafft: Da er die fanatische Idealisierung seines Vaters nicht überwunden hat, ist sein Vater die zentrale Person seines Lebens geblieben; deshalb hat er auch keine zufriedenstellende Beziehung zu einer Frau haben und ein – aus seiner Sicht – befriedigendes Erwachsenenleben aufbauen können; denn sein in die Länge gezogener Abschied vom Vater erstreckte sich bis zu seinem frühen Tod mit 41 Jahren. Den konfliktträchtigen Hintergrund für dieses von Franz Kafka selbst empfundene Versagen äußert er in dem schon früher zitierten *»Brief an den Vater«* mit außergewöhnlicher Klarsicht:

»Ich will es zu erklären versuchen: Hier beim Heiratsversuch trifft in meinen Beziehungen zu Dir zweierlei scheinbar Entgegengesetztes so stark wie nirgends sonst zusammen. Die Heirat ist gewiß die Bürgschaft für die schärfste Selbstbefreiung und Unabhängigkeit. Ich hätte eine Familie, das Höchste, was man meiner Meinung nach erreichen kann, also auch das Höchste, das Du erreicht hast, ich wäre Dir ebenbürtig, alle alte und ewig neue Schande und Tyrannei wäre bloß noch Geschichte. Das wäre allerdings märchenhaft, aber darin liegt eben schon das Fragwürdige. Es ist zu viel, so viel kann nicht erreicht werden. Es ist so, wie wenn einer gefangen wäre und hätte nicht nur die Absicht zu fliehen, was vielleicht erreichbar wäre, sondern auch noch und zwar gleichzeitig die Absicht, das Gefängnis in ein Lustschloß für sich umzubauen. Wenn er aber flieht, kann er nicht umbauen, und wenn er umbaut, kann er nicht fliehen. Wenn ich in dem besonderen Unglücksverhältnis, in welchem ich zu Dir stehe, selbständig werden will, muß ich etwas tun, was möglichst gar keine Beziehung zu Dir hat; das Heiraten ist zwar das Größte und gibt die ehrenvollste Selbständigkeit, aber es ist auch gleichzeitig in engster Beziehung zu Dir. Hier hinauskommen zu wollen, hat deshalb etwas von Wahnsinn, und jeder Versuch wird fast damit gestraft.«[15]

Kafka durfte dem Vater kein ebenbürtiger Mann werden. Heirat und Familie – als äußerer Ausdruck seiner Selbstbefreiung, seiner Unabhängigkeit, seines Mannseins – hätten ja mit »Wahnsinn« bestraft werden können! Dabei hat es Kafka sicherlich nicht an den intellektuellen Fähigkeiten gemangelt, die nach Piaget die Grundvoraussetzung dafür sind, sich von der infantilen Abhängigkeit zu lösen. Er wurde vielmehr vom Vater – wie viele Dokumente und seine Werke vermuten lassen – auf manipulative Weise in Abhängigkeit gehalten, da sein Vater keinen ebenbürtigen Mann neben sich dulden konnte.

Wie Franz Kafka kommen Söhne, denen die alters- und entwicklungsgemäße Entidealisierung und Ablösung erschwert wird, in extreme *Loyalitätskonflikte.* Seit ihrem 5./6. Lebensjahr, als sie anfingen, stolz darauf zu sein, ein Junge zu sein, hat sich die Beziehung zum Vater (oder einem Stellvertreter) bewundernd aufschauend und imitierend gestaltet. Mit den neuen kognitiven Möglichkeiten des Adoleszenten erkennen sie deshalb auch um so klarer dessen Schwächen und Begrenztheiten.[16] Dieses Umschlagen von Bewunderung in Kritik ist für den Heranwachsenden schwer zu vereinbaren. Ein junger Mensch hat noch nicht gelernt, mit Ambivalenzen umzugehen; für ihn gilt immer noch ein Entweder-Oder. Die bekannte Ruppigkeit Jugendlicher ist unter anderem ein Anzeichen dafür, wie sehr sie die sie bindende Liebe fürchten und daher abzustoßen versuchen, um nicht in ihrer Kindesposition einzementiert zu bleiben. Jugendliche benötigen die Distanz schaffende kritische Haltung, um sich innerlich lösen zu können. (Dieses Phänomen findet man genauso häufig bei sich trennenden Paaren: Auch hier »erleichtert« überzogene Kritik das Weggehen.)

Bindung und Lösung sind die grundlegenden Bausteine menschlicher Beziehungen.[17] Allerdings müssen weder Bindung noch Lösung alle Bereiche der Person umfassen. So wie der kleine Junge in der ersten Individuationsphase eine *relative* Unabhängigkeit von der Mutter erreichen muß, um sich dem Vater für seine psychosexuelle Identitätsfindung zuwenden zu können, so muß der Adoleszente eine *innere* Unabhängigkeit vom Vater erreichen, um sich lösen zu können. Der Vater darf nicht – wie bei Franz Kafka – die erste Instanz in seinem Leben bleiben, er darf aber weiterhin eine wichtige Bezugsperson sein.

Der Psychoanalytiker Léon Wurmser beschreibt das lebenslange Dilemma zwischen Bindung und Lösung wie folgt: »In uns allen lebt dieser prototypische Konflikt zwischen Vereinigung und Getrenntsein fort – und zwar als das Dilemma zwischen Liebe und Selbstbezogenheit (self-concern), als der so häufige Konflikt zwischen dem Wunsch, sich dem anderen – auf ganz verschiedenen Beziehungsebenen – hinzugeben, und dem Bedürfnis, allein zu sein, Ruhe und Privatheit zu suchen, um ›sich selbst wiederzufinden‹.«[18] Dieser Zwiespalt zwischen Liebe zum Vater und dem Sich-selbst-Finden kann den Adoleszenten innerlich fast zerreißen. Hermann Hesses Briefe bezeugen diesen schmerzlichen Konflikt. Der Jugendliche in der Entwicklungsphase der Adoleszenz muß anscheinend Unvereinbares vereinen: einerseits *dem Vater gegenüber loyal sein* und andererseits *die Loyalität sich selbst gegenüber aufzubauen und zu wahren.* Und Selbstloyalität beinhaltet, zu den eigenen Einsichten, Erkenntnissen, Gefühlen und Idealen stehen zu lernen.[19]

Wurmser sieht Loyalität als ein Phänomen, das »den anderen als geliebte Autorität über sich (stellt), der man die Treue wahren muß. (...) Gegensätzliche Loyalitäten zerreißen das Innere wie wohl kein anderer Konflikt. Da Loyalitäten im Grunde unbedingt sind und die Forderung absoluter, d.h. kompromißloser Treue erheben, wecken widerstreitende Loyalitätsansprüche... die tiefsten Ängste, das schärfste Ressentiment der Hilflosigkeit und eine Wut, die nur gegen innen gewendet werden kann.«[20] Es geht also um kompromißlose Treue, die gefördert, gefordert und eingeklagt werden kann.

Das Material, aus dem die Adoleszenz gemacht ist, sind vor allem widerstreitende Loyalitätsansprüche: hier der Vater, dort die eigene Person und das eigene zukünftige Leben. Und das zukünftige Leben als Mann ist natürlich wiederum von den männlichen Normen von Erfolg, Macht, Beherrschung und Stärke geprägt. Hier schließt sich der potentiell zerstörerische männliche Kreislauf.

Die Versuchung ist groß, diesem scheinbar unentrinnbaren Kreis durch *Passivität* entrinnen zu wollen: Konflikten auszuweichen, die Kritik am Vater so weit zu vermeiden, daß sie gar nicht mehr ins Bewußtsein dringt, und weiterhin als »guter« Sohn der passive Empfänger der väterlichen Liebe und des väterlichen Schutzes zu bleiben. Daß diese, im wahrsten Sinn des Wortes »blinde« Unterwerfung nicht nur vor Konflikten, sondern auch vor einem eigenen Leben »schützt«, wird leider erst – wenn auch nicht immer – durch die Erkrankung wahrgenommen. Zu diesem Zeitpunkt haben sich dann allerdings die Probleme bereits derart zugespitzt, daß sie subjektiv als vernichtende Katastrophe empfunden werden.

Wie der Vater ist demnach auch der Sohn unterschiedlichen, miteinander verwobenen Gefährdungen ausgesetzt:

1. Der Problemkreis der *Passivität:* Er will oder kann auf väterlichen Schutz nicht verzichten.
2. Der Problemkreis der *Loyalität:* Er kann die notwendige Loyalität zu sich selbst nicht auf- bzw. ausbauen.
3. Der Problemkreis der *Ebenbürtigkeit:* Er wagt nicht, dem Vater gegenüber gleichwertig zu werden.

Gelingt die altersadäquate Ablösung vom Vater nicht, so sind Gefühle der *Scham* die unmittelbare Folge. Schon Edith Jacobson[21] betont, daß bei psychotischen Patienten tiefste Gefühle der Scham nur allzu häufig vernachlässigt werden – und das, obwohl sie in paranoiden Ängsten unüberhörbar zutage treten. Äußerungen wie: »Die Leute starren mich an, schauen mir nach, sie weisen mich ab, weil ich ein Heuchler und ein Schwindler bin, weil sie meine schmutzigen Gedanken lesen können« sind jedem Therapeuten, der mit Psychotikern arbeitet, vertraut. Diese paranoide Stimmung kommt einem generalisierten Schamzustand wohl am nächsten: Alle Augen scheinen Verachtung, Verurteilung und Hohn auszudrücken.

Wurmser hat in diesem Zusammenhang den Terminus *Abhängigkeitsscham* geprägt. In seinem umfangreichen Werk *Die Maske der Scham. Die Psychoanalyse von Schamaffekten und Schamkonflikten*, geht er unter anderem den krankmachenden Auswirkungen der Scham nach. Aus meiner eigenen psychotherapeutischen Erfahrung sind die Konstellationen im Leben eines Patienten, für die er sich am meisten schämt, die psychotherapeutisch weiterführendsten: Der »Zeiger der Scham« ist mindestens genau so ernst zu nehmen wie der »Zeiger der Schuld«.[22]

3. Schizophrenogene Entwicklungsstörungen während der Adoleszenz

Wenn bei schizophrenen Erkrankungen (wie in den Kapiteln VI und VII diskutiert) von einem multifaktoriellen Ansatz ausgegangen wird, also von dem Zusammenwirken von genetischer Disposition, unverarbeiteten biographischen Erlebnissen sowie auslösenden Ereignissen, dann darf bei der Frage nach potentiell gefährdenden Entwicklungsphasen die konfliktreiche Zeit der Adoleszenz nicht ausgeklammert werden. Dies ist um so wichtiger, als fast alle Psychotherapeuten die Probleme ihrer erwachsenen Patienten auf unerledigte Kindheitskonflikte zurückführen.

Für diese Konzentration auf die frühen Jahre sind unterschiedliche Gründe ausschlaggebend: Erstens sind die Ereignisse und Erlebnisse der Kindheit, vor allem der ersten Lebensjahre, tatsächlich von herausragender Bedeutung; zweitens haben sich psychologische und psychoanalytische Entwicklungstheorien bevorzugt mit der frühen Kindheit beschäftigt; und drittens liegt die Vermutung nahe, daß manche Psychotherapeuten besser mit dem Kleinkind im Patienten zurechtkommen als mit dem aufbegehrenden Adoleszenten. Dies ist wohl darauf zurückzuführen, daß die extremen Gefühlsschwankungen des Adoleszenten – von Größenphantasien zu schwärmerischer Liebe bis zu abgrundtiefem Haß – dem Therapeuten autobiographisch näherstehen als die kaum mehr erinnerbaren Erlebnisse seiner Kleinkindzeit. Vor dem Hintergrund dieser Zusammenhänge kommt Wolfgang Mertens zu dem Schluß, daß die Beschäftigung mit adoleszenten Phänomenen möglicherweise auch bei vielen Psychoanalytikern Scham- und Schuldgefühle auslöst.[23]

Durch die offensichtliche Einäugigkeit von psychologisch/psychoanalytischer Theoriebildung, die vornehmlich die Probleme der frühkindlichen Entwicklung zur Kenntnis nimmt, werden auch Hypothesen über mögliche Krankheitsentwicklungen ausschließlich aus dieser Perspektive betrachtet. So präsentiert zum Beispiel Scharfretter eine Übersichtsaufstellung über mögliche Entstehungsphasen schizophrener Erkrankungen, die die späteren Lebensjahre vollkommen ignoriert. Den gegenwärtig anerkannten Wissensstand zusammenfassend, geht er von den folgenden Entwicklungsstadien und ihrem krankmachenden Potential aus:

»Fixierungsphase I:	*primärer Narzißmus* 1. bis 2. Lebensmonat (Freud 1917, S. 437) Psychoseformen: Hebephrenie, Katatonie
Fixierungsphase II:	*symbiotische Mutter-Kind-Beziehung* 3. bis 12. Lebensmonat (Margaret Mahler 1951, 1968) Psychoseformen: paranoide Schizophrenie
Fixierungsphase III:	*Separation und Individuation* 3. bis 4. Lebensjahr (Margaret Mahler 1951, 1968) Psychoseformen: paranoide Schizophrenie, Größenwahn, Manie, Borderline-/narzißtische Persönlichkeit« [24]

Dieser Zusammenstellung zufolge prädisponieren massive Störungen im ersten, dritten und vierten Lebensjahr zu späteren schizophrenen Erkrankungen. Abelin[25] stellt zudem die Hypothese auf, daß um den 18. Lebensmonat das erste Selbstbild des Kindes geformt ist; kommt es um diese Zeit zu Beeinträchtigungen, so kann dieses Selbstbild zusammenbrechen und später zu einer schizophrenen Erkrankung führen.

Um dem Leser eine solche *frühe Störungsmöglichkeit* zu verdeutlichen, möchte ich ein Beispiel aus meinem Erfahrungsbereich anführen: Das zweite Kind einer 30jährigen Frau kommt – nach einer schweren Geburt – als gesund diagnostiziert zur Welt. Aus Mangel an Muttermilch akzeptiert es schnell die Flasche. Gegen Ende des zweiten Monats fängt es an, keine Nahrung mehr zu behalten. Untersuchungen und verschiedene Ernährungsversuche verlaufen ergebnislos. Das Kind wird bis heute, Anfang seines 9. Lebensmonats, mit

Hilfe einer Sonde ernährt. Es hat die meiste Zeit seines Lebens in der Kinderklinik verbracht, hat kaum an Gewicht zugenommen und liegt scheinbar friedlich in seinem Bettchen. Sein ursprüngliches Protestieren über die Abwesenheit der Mutter hat es schon in der Klinik aufgegeben. Daß bei diesem Kind – trotz intensivstem Bemühen auf allen Seiten – die Phase der symbiotischen Mutter-Kind-Beziehung gestört ist und daß es folglich psychisch extrem gefährdet ist, erscheint einleuchtend.[26]

Es kann also kein Zweifel bestehen: Frühkindliche Störungen müssen in der Psychotherapie außerordentlich ernst genommen werden. Meine eigene therapeutische Erfahrung und die vielen klinischen und literarischen Beispiele in diesem Buch sprechen aber dafür, daß schizophrenogene Entwicklungsstörungen nicht nur auf die ersten vier Lebensjahre beschränkt sind. Eine vergleichbar kritische Entwicklungsphase ist die Adoleszenz, in der sich die Metamorphose vom kindlichen Ich zu einem erwachsenen Ich vollzieht. Vor dem Hintergrund der spektakulären Entwicklungsprobleme während der Adoleszenz taucht daher die Frage auf, »ob nicht bestimmte klinische Störungen angemessener aus einem konfliktbedingten Entwicklungsstillstand in einigen Entwicklungslinien adoleszenter Phasen erklärbar sind als durch den Rekurs auf die ersten Kindheitsjahre«.[27]

Diese Frage ist mehr als überlegenswert, denn die Adoleszenz kann als eine *zweite Geburt* angesehen werden, eine *psychosoziale Geburt* mit all den Komplikationen und Geburtswehen, die schon die erste Geburt begleiten können. Auch die Lebensphase des Abschieds von der Kindheit und des Einstiegs ins Erwachsenendasein enthält schizophrenogenes Potential.

Die *Hypothese über mögliche Entstehungszusammenhänge schizophrener Erkrankungen in der Phase der Adoleszenz* beruht auf den hier dargelegten Untersuchungsergebnissen. Sie schließt nicht aus, daß es bereits in früheren Entwicklungsstadien zu Störungen gekommen sein kann. Diese mögen, wie im Fall Schreber (Kapitel IV), labilisierende Wirkung gezeitigt haben. Ausschlaggebend für die psychotischen Erkrankungen der hier untersuchten Söhne scheint mir jedoch die massiv gestörte Phase der zweiten, also der psychosozialen Geburt. Die Berechtigung dieser Hypothese gilt es nun argumentativ zu untermauern.

Nach der bereits zitierten Ansicht des Psychiaters Felix Böcker haben bisherige »psychoanalytische, daseinsanalytische, entwicklungspsychologische, strukturpsychologische Untersuchungen jeweils (nur) für Teilaspekte der Erkrankung Erklärungsansätze aufgezeigt... Keine dieser Deutungen (läßt sich jedoch) auf alle Menschen anwenden, bei denen eine Schizophrenie diagnostiziert werden muß.«[28] Eine Hypothese, die alle an Schizophrenie erkrankten Menschen umfaßt, müßte zudem von einem einzigen Krankheitsbild ausgehen; dies ist, wie wir schon bei Scharfretter gesehen haben, nicht der Fall. Hypothesen über Entstehungsbedingungen schizophrener Erkrankungen betreffen daher stets nur *bestimmte Patientengruppen* mit *spezifischen Krankheitsbildern.* Meine These ist, daß durch die *Kombination von biographischen Daten und inhaltlichen Ausformungen der Krankheit* Rückschlüsse auf ihre Entstehungsgeschichte gezogen werden können, und diese Rückschlüsse führen wiederum zu psychotherapeutischen Ansatzpunkten.

Werden zusätzliche Entstehungsbedingungen bestimmter Formen schizophrener Erkrankung in Erwägung gezogen, so muß – nach Bökker – die »Hypothesenbildung zwangsläufig den Mut und das Risiko beinhalten, noch bestehende wissenschaftliche Lücken zu überspringen«.[29]

Die Berechtigung der Hypothese, daß nicht nur die ersten Lebensjahre, sondern auch die Jahre der Adoleszenz schizophrenogenes Potential in sich bergen, kann demnach dadurch gestützt werden, daß sich das Bearbeiten adoleszenter Konflikte in der psychotherapeutischen Behandlung als *wirksam* erweist. Die Wirksamkeit der Einbeziehung adoleszenter Konflikte in die Psychotherapie werde ich im nächsten Kapitel am Beispiel von Herrn P. veranschaulichen. Die Darstellung vorwegnehmend kann jedoch hier schon gesagt werden, daß das, was Herrn P. geholfen hat, sich auch bei zahlreichen anderen Patienten als nutzbringend erwiesen hat. Davon zeugt die Evaluation der tagesklinischen Behandlungsresultate, die – wie schon früher erwähnt – von Elisabeth Koch-Kneidl[30] vorgenommen wurde. Die kurz- und längerfristigen Therapieergebnisse waren beeindrukkend.[31] Dabei hat sich herausgestellt, daß die Patienten am meisten von der Psychotherapie profitieren, deren krankmachendes Konfliktpotential nicht in der frühen Kindheit, sondern in der Adoleszenz anzusiedeln ist. Diese Feststellung bedarf weiterer Begründung.

Sehen wir uns zu diesem Zweck nochmals die zwei von Blos hervorgehobenen Individuationsphasen an. Bezogen auf die psychosexuelle Entwicklung des Jungen bedeuten sie: In der ersten Individuationsphase löst sich der Sohn idealerweise von der physischen Abhängigkeit zur Mutter und wendet sich dem Vater als Identifikationsperson zu. In der zweiten Individuationsphase löst er sich – wiederum idealerweise – von der infantilen Abhängigkeit zum Vater. Der Weg in das eigene männliche Erwachsenenleben ist frei. Vor dem Hintergrund dieser beiden Individuationsphasen hat meine Studie für männliche Patienten drei unterschiedliche schizophrenogene Konstellationen ergeben:

Typus I: Der Schutzsuchende

Kommt es *während der ersten Individuationsphase* zu keiner Lösung von der physischen Anwesenheit der Mutter, so wird die mütterliche Geborgenheit weiterhin gesucht. Ein solcher Sohn wird in einer schutzsuchenden Haltung verharren und sich dem Vater als männlicher Identifikationsperson nicht zuwenden können.

Typisches *Lebensmotto*:	Ich suche den Schutz einer/s Mächtigen.
Typischer *Krankheitsauslöser*:	Der noch vorhandene Schutz erscheint gefährdet.
Typische *Wahnphantasien*:	Ich löse mich auf und / oder verschmelze mit einer anderen Welt.

Typus II: Der Unterworfene

Identifiziert sich der Sohn *nach* der ersten Individuationsphase zwar mit seinem Vater, wagt aber *während der zweiten Individuationsphase* nicht, den Vater zu entidealisieren, so bleibt er der Rolle des latenten Konkurrierens mit dem Vater verhaftet. Das Risiko der adoleszenten Revolution wird weder beim Vater noch bei seinen Stellvertretern eingegangen, da er fürchtet, ohne Vater und Vaterfiguren nichts zu sein.

Typisches *Lebensmotto:*	Der Vater ist der Beste, und das soll er auch bleiben.

Typischer *Krankheitsauslöser:*	Konkurrenzsituationen mit Vaterfiguren.
Typische *Wahnphantasie:*	Ich bin der Größte und / oder mein Vater ist gar nicht mein Vater.

Typus III: Der Verworfene

Wagt der Sohn *während der zweiten Individuationsphase* zwar die adoleszente Revolution, wird aber vom Vater, der die Aufsässigkeit seines Sohnes nicht aushalten kann, deshalb verworfen, so steht er mit seiner Wut alleine in der Welt. Er wird das adoleszente Verhalten bei neuen Vaterfiguren fortsetzen. Insgeheim hofft er, doch noch den väterlichen Segen zu bekommen.

Typisches *Lebensmotto:*	Autoritäten sind gefährlich; ich brauche dennoch ihre Anerkennung.
Typischer *Krankheitsauslöser:*	Tod des Vaters und / oder Verlust einer zentralen Bezugsperson.
Typisches *Krankheitsmotto:*	Ich erlöse die ganze Welt und somit auch mich.

In der Tagesklinik waren, in bezug auf männliche Patienten, »unterworfene« und »verworfene« Söhne deshalb in der Überzahl, weil eine psychotherapeutische Behandlung von Psychosen im Prinzip voraussetzt, daß die Entwicklungsreife der zweiten Individuationsstufe erreicht ist. In seltenen Fällen wurden dennoch auch »schutzsuchende« Patienten aufgenommen. Sie profitierten allerdings nur von den hilfestellenden, also stützenden Aspekten der Behandlung. Um das Verständnis für die bisher ausgeklammerte Problematik des schutzsuchenden Patienten zu fördern, möchte ich zunächst ein Fallbeispiel für den Typus I anführen.

Herr F., der Schutzsuchende (Typus I)

Zum Zeitpunkt seiner Aufnahme in die Tagesklinik war Herr F. 21 Jahre alt. Sein Vater hatte den eigenen Vater im Zweiten Weltkrieg verloren. Er wuchs mit einer Mutter auf, die von der Umgebung als

»verbittert und böse« beschrieben wird. Schon ziemlich früh heiratete er ein Mädchen, das als Älteste von fünf Geschwistern als besonders »anpassungsfähig« galt. Bald kam der Patient zur Welt, ein Jahr später sein Bruder.

Als der Patient etwa fünf Jahre alt war, baute das Ehepaar auf dem Grundstück der Großmutter väterlicherseits ein Haus. Dies war – nach Angaben des Vaters – »sein größter Fehler«: zu der Erziehung der beiden kleinen Söhne, den Anstrengungen des Hausbaus und den beruflichen Belastungen des Vaters kamen noch die permanenten Einmischungen der Großmutter, die an ihrer Schwiegertochter kein gutes Haar ließ. Darüber hinaus stellte sich erneut Familienzuwachs ein.

Als der dritte Sohn 18 Monate alt war, wollte die Mutter, um die Schulden für den Hausbau tilgen zu helfen, wieder arbeiten gehen. Bei der Einstellungsuntersuchung wurde Krebs diagnostiziert. Sie starb, als Herr F. sieben Jahre alt war.

Da sich die Großmutter familiären Hilfeleistungen entzog, kamen die beiden älteren Jungen kurz nach dem Tod der Mutter ins Internat. Der Jüngste wurde von Verwandten aufgenommen. Ein Jahr später wurden Herr F. und sein Bruder in zwei verschiedenen Internaten untergebracht, da sie sich angeblich beim Lernen störten. Somit war Herr F. zu Beginn seines 9. Lebensjahrs ganz alleine auf sich gestellt.

Zum »Wohle seiner Kinder« heiratete der Vater kurz darauf eine Frau, die einen elfjährigen Sohn in die Ehe brachte. Seine beiden Söhne aus erster Ehe blieben jedoch weiterhin im Internat. Der Vater besuchte sie selten, und wenn sie »nach Hause« durften, konnten sie dem Vater nichts recht machen.

Manifest wurde der Zustand der extremen Einsamkeit von Herrn F., als er mit 15 Jahren einen ersten Selbstmordversuch unternahm. Zu diesem Zeitpunkt hatte er sich bereits vollständig zurückgezogen und führte innere Dialoge:

»Ich habe gemerkt, daß ich mich mit jemand intern unterhalten muß. So habe ich begonnen, mir vorzustellen, ein Wesen von einem anderen Planeten, das selbst nicht auf der Erde überleben kann, hätte sich meinen Körper als Wirtskörper ausgesucht. – Ich habe zu dieser Zeit viel ›Raumschiff Enterprise‹ und Science-fiction-Filme angeschaut. – Dieses außerirdische Wesen würde nun in mir regieren. Ich sei nur noch der ausführende Körper. Dieses ›Regieren‹ erfolgte in verschiedenen Regierungssystemen, die unterschiedliche Zeit andauerten und wie parlamentarische Systeme immer komplizierter und perfekter wurden.

Das alles hatte einen Hintergedanken, nämlich den Wunsch, daß ich von der Erde wegkomme, und zwar sehr bald, und daß ich wieder auf meinen Heimatplaneten komme. Ich hatte das Gefühl, ich existiere hier nur zum Schein, ich sei ein Versuchskaninchen für die Außerirdischen, eine Art Simulation für Extremsituationen, ein Auskosten von den Außerirdischen, welche Extremsituationen man an einem Menschen vornehmen kann« (VB).

Mit 16 Jahren wurde Herr F. – mangels guter Leistungen – von der Schule genommen. Er fing eine Lehre an.

Der erste schizophrene Schub wurde durch einen Streit mit seinem Vater ausgelöst, bei dem er zum erstenmal gewagt hatte, sich dem Vater offen zu widersetzen. Ausgangspunkt war eine Beschwerde des Lehrherrn bei seinem Vater: Herr F. habe sich ungehörig benommen, eine Darstellung, gegen die er sich zur Wehr zu setzen versuchte. Aber sein Vater glaubte dem Chef und nicht seinem Sohn. Damit brach die Welt für Herrn F. vollständig zusammen. Ohne jeden Pfennig reiste er eine Woche kreuz und quer durch die Gegend und landete schließlich bei seiner Großmutter mütterlicherseits. Dort holte ihn sein Vater ab und brachte ihn in eine Nervenklinik.

Das Schicksal von Herrn F. ist von Verlusten und Einsamkeit geprägt. Während seiner frühen Jahre war der Vater praktisch nie zu Hause. Wenn er tatsächlich anwesend war, ging der Hausbau vor. Seine Mutter erwartete um sein 5./6. Lebensjahr ein Kind und hatte auch sonst wenig Zeit für ihn. In dieser Lebensphase bekam Herr F. demnach »zu wenig Mutter« und »fast keinen Vater«. Folglich konnte er die erste Individuationsphase nicht altersadäquat meistern, das heißt, er konnte sich nicht von der physischen Anwesenheit der Mutter lösen und sich dem Vater als Identifikationsperson zuwenden. Erschwerend kam hinzu, daß seine Mutter bald krank wurde und schließlich starb.

Seine Suche nach beschützenden mütterlichen Personen zeigte sich im Zusammenhang mit seinem ersten psychotischen Zusammenbruch: Er landete nach vielen Irrungen und Wirrungen – wie zufällig – bei seiner Großmutter mütterlicherseits, die bei der Beerdigung der Mutter seinen Vater für den Tod ihrer Tochter verantwortlich gemacht hatte.

Für Herrn F. wurde sein Vater somit nie zu einer idealisierten Person, der man nachstrebt. Bezeichnend für seine Grundstimmung dem Vater gegenüber ist folgende kurze Interaktion während eines Familiengesprächs in der Tagesklinik:

Vater: »Wie ich gekommen bin, kriegt mein Sohn einen Schweißausbruch. Warum eigentlich?«

Sohn: »Angst, Befürchtungen, daß ich was sagen könnte, was dir nicht paßt.«

Zu den Konflikten der zweiten Individuationsphase konnte es bei Herrn F. also gar nicht kommen, da er innerlich noch immer nach der Mutter suchte und mit dem Vater nur Angst verband.[32]

Durch diese Gesamtproblematik konnte die tagesklinische Behandlung nur zu einer kurzfristigen Stabilisierung beitragen. Herr F. absolvierte nach der Therapie mit Erfolg eine zweijährige beschützte Weiterbildungsmaßnahme. Da er jedoch anschließend keine Arbeit fand, war er bald wieder auf professionelle Hilfe angewiesen. Herr F. lebt heute in einer therapeutischen Wohngemeinschaft und arbeitet in einer betreuten Werkstätte.

Zwischenergebnis

Die Bewältigung der ersten Individuationsphase muß als eine grundlegende Voraussetzung für die psychotherapeutische Behandlung schizophrener Psychosen angesehen werden. Bei Störungen während der zweiten Individuationsphase ist die mittel- und langfristige Prognose unterschiedlich zu beurteilen: Typ III, der *»Verworfene«*, hat die günstigere Ausgangsposition, da er schon früh zu kämpfen gelernt hat. Statt *gegen andere* zu kämpfen, kann er mit Hilfe der Psychotherapie nunmehr lernen, *für sich* zu kämpfen und sich damit aus der innerlichen Verstrickung mit dem Vater zu befreien. Die Prognose von Typ II, dem *»Unterworfenen«*, hängt davon ab, ob er – mit psychotherapeutischer Hilfe – willens und fähig ist, den Vater doch noch zu entidealisieren. Gelingt ihm die Loslösung vom Vater, so kann er für sich ein selbstbestimmtes Erwachsenenleben aufbauen. Wagt er die Entidealisierung nicht, so wird sich die Behandlung mit Teilerfolgen, zum Beispiel einer beruflichen Verankerung, begnügen müssen.

Das zentrale Kriterium für eine gelungene Psychotherapie ist – für die Patientengruppe der verworfenen und unterworfenen Söhne – vergleichbar mit einer erfolgreich bewältigten Adoleszenz: Die innere Befreiung vom Vater als zentraler Bezugsperson sowie das Aufgebenkönnen kindlich egozentrischer Omnipotenzphantasien. Nur dann kann, um mit Erik Erikson[33] zu sprechen, die Stufe der Adoleszenz verlassen werden, in der es um die Dichotomie »Identität versus Rollenkonfusion« geht. Auf der Stufe des Erwachsenenseins stehen neue Entwicklungsaufgaben bevor, die von Erikson mit dem Gegensatzpaar »Intimität versus Isolation« charakterisiert werden. Das heißt, nur wenn es dem Heranwachsenden gelingt, eine stabile psychosexuelle Identität aufzubauen, kann er die Stufe der Intimität im jungen Erwachsenenleben erreichen.

Generell gilt, daß die Wirksamkeit einer psychotherapeutischen Behandlung schizophrener Patienten und damit die prognostische Einschätzung davon abhängt,
- *wann* zentrale Konflikte ein sich entwickelndes Leben beeinträchtigen (Frage des Zeitpunkts);
- *wie* massiv die Beeinträchtigungen sind (Frage der Dosierung);
- *welche* Auffangmöglichkeiten vorhanden sind (Frage der Kompensation).

Wenn man unter *psychotherapeutischer Behandlung eine Chance zum Nachreifen des Ichs* versteht, so ist es einsichtig, daß das Gelingen einer Nachreifung um so erfolgversprechender ist,
- je *später* es zu der zentralen Störung kam;
- je *geringer* die Zahl der Schicksalsschläge war;
- je *weniger* die kämpferische Eigeninitiative beeinträchtigt wurde;
- je *mehr* kompensierende Unterstützung in den entscheidenden Lebensphasen vorhanden war und ist.

Akzeptiert man diese Einsichten, so bedeutet das für die psychotherapeutische Praxis, daß in der ersten Behandlungsphase geklärt werden muß, ob die zentrale Störung den frühen Lebensjahren, der ersten Individuationsphase (Typus I) oder der zweiten Individuationsphase (Typus II und III) zuzuordnen ist. Erst nach diesen diagnostischen Einschätzungen kann die Art der Therapie verantwortungsvoll gewählt werden.

Kapitel IX Psychotherapie schizophrener Psychosen

Behandlungsvoraussetzungen und therapeutischer Prozeß

»Mir haben die Ärzte große Angst gemacht mit ihren Oh-Gott-Oh-Gott-Gesichtern. Da denkst du halt, wenn du nicht richtig aufgeklärt bist über die Krankheit, du leidest an etwas Unheilbarem, das geht ein Leben lang so weiter. Und keiner sagt dir, daß es nicht so ist.«
(Ein Patient)

Die Schizophrenie ist ganz zu Unrecht mit dem Odium der Unheilbarkeit behaftet; denn für eine Vielzahl von Patienten kann diese Krankheit heutzutage »überwiegend als ein episodisches Leiden«[1] angesehen werden. Aufgrund langjähriger Forschung[2] kann davon ausgegangen werden, daß es bei rund einem Drittel der behandelten Patienten bei einer einzigen Krankheitsepisode bleibt. Bei einem weiteren Drittel kommt es zu mehreren Episoden ohne oder mit geringeren Folgebeeinträchtigungen. Im allgemeinen herrscht zudem Einverständnis darüber, daß manches, was als chronisch beschrieben wird – in etwa das letzte Drittel – als Folge zu geringer Stimulation unter hospitalisierenden Bedingungen betrachtet werden kann; durch stützende Verfahren kann auch hier vieles zur Linderung beigetragen werden.[3]

Die Schizophrenie als episodische Krankheit muß demnach keineswegs zum Lebensschicksal werden, wenn der Patient rechtzeitig und seiner Störung entsprechend behandelt wird, das heißt wenn er die Ursprünge seiner spezifischen Verletzbarkeit und ihren Ausdruck in der Erkrankung verstehen lernt. Durch Aufklärung über Art und Verlauf kann er zudem wieder neue Hoffnung schöpfen und die Angst überwinden, daß es »ein Leben lang so weitergeht«, wie es im Motto dieses Kapitels ausgedrückt wird.

Hoffnung ist von zentraler Bedeutung für jede Behandlung, ob Psychotherapie und/oder Pharmakotherapie; beides steht und fällt mit der Mitarbeit des Patienten; und ein Patient wird nur wirklich kooperieren, wenn er wenigstens ein Fünkchen Hoffnung auf Besserung empfindet. Eine mit Hoffnungslosigkeit verbundene Angst hindert entscheidend den therapeutischen Prozeß: Durch sie wird die Angst noch erhöht, die ohnehin als die Grundkomponente jeder psychischen Krankheit angesehen werden muß.

Schon in den 50er Jahren hat Sullivan[4] die Psychodynamik psychischer Erkrankungen, einschließlich der Schizophrenie, als Ergebnis und Ausdruck unerträglicher Angst verstanden. Da extreme Angst zu dem Beunruhigendsten und Beeinträchtigendsten zählt, dem ein Mensch ausgesetzt sein kann, wird er alles dafür tun, sie abzuwehren, das heißt von seinem Bewußtsein fernzuhalten. Bei einem Übermaß an Angst wird er sich folglich nicht mit ihr und ihrem Ursprung auseinandersetzen können. Sigmund Freud hat das Phänomen der Angst als die Furcht vor Gefahren definiert, die den Menschen von innen bedrohen. Ergänzend dazu versteht Sullivan die Angst als die verinnerlichte Antwort des Kindes auf Mißbilligungen durch wichtige Bezugspersonen.

Wie in den vorangehenden Kapiteln gezeigt wurde, ist ein wesentliches Merkmal des Machtmodells die »verfolgende Erziehung«[5]: Der Vater verfolgt den Sohn mit seinen Erwartungen, die so hoch gesteckt sind, daß sie selten erfüllt werden können. Der Sohn ist somit immer wieder Mißbilligungen durch den Vater ausgesetzt; Angst ist seine Antwort auf die väterliche Kritik an seinem anscheinenden Unvermögen, seiner Schwäche und seiner Widersetzlichkeit. Daß der Sohn allerdings die expliziten Erwartungen des Vaters gar nicht erfüllen darf, ist die krankmachende Zwickmühle, der andere Teil des Machtmodells.

1. Therapeutische Ausgangssituation

Die sich über Jahre aufbauende Angst wird von vielen Patienten über lange Zeit nicht bewußt wahrgenommen. Vielfach wird sie, wie wiederholt beschrieben, lediglich als eine allgemeine »Bedrückung« erlebt. Und auch in der Anfangsphase der Erkrankung dringt die Angst selten ins Bewußtsein:

»Wo bei mir die akute Psychose ausgebrochen ist, da hab ich keine Angst gehabt, da hab ich mich nicht krank gefühlt. Da hab ich das alles für Realität empfunden, daß das eben so sein muß. Es war mir nicht bewußt, daß das jetzt was Abgehobenes ist. Und dann war das noch so an Ostern, mit Jesus und so. Da hab ich gedacht, ich hätt so 'ne Art Erleuchtung erfahren für mich« (VB).

Hier ist die Psychose bereits ausgebrochen. Vor der Erkrankung werden jedoch oft Veränderungen gespürt, die so lange dem Bewußtsein ferngehalten werden, bis alles zusammenbricht. Erst in der Erholungsphase, das heißt nach der Erkrankung, wird als Angst erkennbar, was zuvor als Unfähigkeit oder abgrundtiefe Unzulänglichkeit eingeschätzt wurde:

»Für mich war die Angst dadurch bestimmt, daß ich das Gefühl hatte, nicht mehr lebenstüchtig oder lebensfähig sein zu können, das heißt ständig mit dem Gefühl zu leben, daß das, was ich in die Hand nehm, beginnen will, daß mir das einfach mißglücken muß. Und diese Angstzustände, die waren auch verbunden mit so verheerenden Konzentrationsschwierigkeiten. Mir ist es dann passiert, daß ich zwar zu Beginn eines Satzes wußte, was ich sagen wollte, zur Hälfte des Satzes dann allerdings vergessen hatte, was ich überhaupt sagen wollte. Und das hat wieder neue Ängste verursacht und hat mich wieder stärker in die Isolation gedrängt und hat wieder Angst ausgelöst, so daß sich diese Ängste schon kumuliert haben« (VB).

Die sich steigernden, sich kumulierenden Ängste, die nicht wahrgenommen werden dürfen, werden so groß, daß der Patient diesem Gefühl des Ich-kann-gar-nichts-mehr zu entfliehen sucht:

»Am Anfang der Psychose hatte ich Angst, sobald ich in Kontakt mit irgendwelchen Menschen getreten bin, seien es Eltern oder Bekannte, daß sie mich festhalten könnten, daß sie mich gefangennehmen. Das war die eine Seite, daß ich Angst hatte, daß mich jemand festhält.

Und die andere Seite war, daß ich mich immer wieder losgerissen hab, also versucht hab, die Flucht zu ergreifen. Ich war ständig auf der Flucht. Ich bin immer wieder davongelaufen.

Und in diesen Fluchtsituationen hab ich das Gefühl gehabt, mich hält niemand. Ich kann machen, was ich will, und es schafft keiner, mich festzuhalten. Das war dann so der befreiende Moment in der Psychose, für mich selber auch« (VB).

Die Suche nach der Befreiung von der bis zu diesem Zeitpunkt uneingestandenen Angst bekommt zusehends eine Eigendynamik, die nicht mehr aufzuhalten ist:

»Und dann hat sich aber alles so beschleunigt mit der Zeit. Ich wollte immer mehr und immer mehr. Das war dann so eine Steigerung. Da hab ich so Vorstellungen gehabt, da hab ich mir Ziele gesetzt, die eigentlich schon irreell waren.

Also der Anfang von der Sache war eigentlich schon positiv. Am Anfang der Psychose, ich glaub, daß das der Anfang war, hatte ich das Gefühl, nun endlich einmal das durchzusetzen, was ich mir vorstell, auch wenn's zu kritisieren ist« (VB).

Diese Phase ist – wie diese und ähnliche Beispiele zeigen – durch einen Bewußtseinszustand gekennzeichnet, in dem die Angst nicht existiert. Endlich kann einmal durchgesetzt werden, was man sich vorstellt, die Erlösung, die Erleuchtung ist nah:

»Diesen Zustand kenn ich auch. Da hatte ich keine Angst. Da war ich felsenfest davon überzeugt, daß es so ist. Das Bewußtsein war hell wach. Man ist hell wach, man kann überhaupt nicht mehr schlafen, man ist überaktiv. Und ich kann mich nicht erinnern, daß ich in diesem Zustand irgendwelche Ängste entwickelt hab« (VB).

Leider weicht die euphorische Stimmung bald der bedrohlichen: Es treten dann – wie wir im dargestellten Psychoseverlauf in Kapitel VII gesehen haben – Orientierungslosigkeit und physische Erschöpfung auf. Beides erhöht wiederum das Angstpotential. Nun bricht es lavaartig hervor. Der Kranke fühlt sich verfolgt, überwacht; er verdächtigt alle und jeden; gefährliche Mächte trachten ihm nach seiner körperlichen und seelischen Unversehrtheit. Wenn er aus diesem paranoiden Zustand in der Klinik erwacht, steht er – subjektiv empfunden – vor dem Ruin seiner Existenz; die Konsequenzen seines Handelns werden überdeutlich:

»Was dann unheimlich schlimm war, als die Psychose nach ein, zwei Monaten vorbei war, als ich unten war, nicht mehr so stark war, und meine Existenz verloren hatte, da hatte ich jeden Morgen im Krankenhaus, als ich aufwachte, 'nen Klumpen im Magen. Da wußte ich nicht, wie's weitergeht« (VB).

Jeder Helfer in dieser Situation muß sich darüber im klaren sein, daß der Patient, mit dem er in der Klinik konfrontiert ist, entweder noch in der akuten Phase und damit in der Abwehr seiner Angst steckt oder sich bereits in dem Zustand befindet, der vielfach als »depressive Nachschwankung der Psychose« bezeichnet wird, also der Erkenntnis, daß man – subjektiv gesehen zumindest – seine ganze »Existenz verloren« hat. Um sich in den Kranken einfühlen zu können, hilft es, sich vor Augen zu halten, daß der Patient im Sumpf der unerträglichen Angst entweder noch strampelt oder schon so lange gestrampelt hat, daß er ganz hoffnungslos eingesunken ist und fast schon resigniert hat. Die therapeutische Ausgangssituation ist also immer delikat: Alle Hilfestellungen müssen daher von einer äußerst verletzlichen und verletzten Person ausgehen, für die alle Selbstverständlichkeiten zusammengebrochen sind. (In diesem Zusammenhang ist bemerkenswert, mit welcher Um- und Vorsicht mit Personen umgegangen wird, die sich physische Verletzungen zugezogen haben. Könnte man nicht das gleiche Zartgefühl bei psychisch Verletzten erwarten?)

2. Therapeutischer Rahmen

Psychotherapie mit schizophrenen Patienten ist durchaus umstritten. Gegner psychotherapeutischer Behandlung begründen ihren Standpunkt mit folgenden Annahmen: Bei Psychotikern ist Psychotherapie kontraindiziert, da sie tieferliegende Probleme aufwühlen und somit zu erneuten Rückfällen beitragen könne; wenn überhaupt, dann sollten nur stützende soziotherapeutische Verfahren angewandt werden. Der Psychotiker muß daher vor allem medikamentös *behandelt* und sonst *betreut* werden: Betreuung bedeutet Hilfestellung in Familien-, Wohn- und Arbeitssituationen sowie eventuell einen lebenslangen Schutz.[6]

Im Gegensatz zu dieser weitverbreiteten Einschätzung zeigen jedoch viele Studien[7], daß die genaue Umkehrung der Gewichtung, nämlich Psychotherapie unterstützt durch medikamentöse und soziotherapeutische Maßnahmen, in vielen Fällen die erfolgversprechendere ist.[8] Bereits Sigmund Freud schreibt über den Umgang mit Psychosen, daß man doch »die vergebliche Bemühung aufgeben (möge), den Kranken von dem Irrsinn seines Wahns, von seinem Widerspruch zur Realität, zu überzeugen, und vielmehr in Anerkennung des Wahrheitskerns einen gemeinsamen Boden finden, auf dem sich die therapeutische Arbeit entwickeln kann. Diese Arbeit bestünde darin, das Stück historischer Wahrheit von seinen Entstellungen und Anlehnungen an die reale Gegenwart zu befreien und es zurechtzurücken an die Stelle der Vergangenheit, der es zugehört. Die Verrükkung aus der vergessenen Vorzeit in die Gegenwart oder in die Erwartung der Zukunft ist ja ein regelmäßiges Vorkommnis auch beim Neurotiker.«[9] Dem ist voll zuzustimmen und hinzuzufügen, *daß es zu differenzieren gilt:* Was – wie in Kapitel VIII aufgezeigt – auf schizophrene Patienten vom Typ I zutreffen mag, kommt bei Patienten des Typus II und III einem schwerwiegenden Versäumnis gleich. Statt also generell eine stützende, »nicht aufdeckende« Therapie zu empfehlen, gilt es zu unterscheiden, welche Patienten von welcher Therapie maximal profitieren. Sonst besteht die Gefahr, daß gerade das eintritt, was auf jeden Fall vermieden werden sollte: die Chronifizierung.

Behandlungsatmosphäre: wechselseitiger Respekt

Wie wir aus der Psychotherapieforschung wissen[10], steht oder fällt der Erfolg jeder Psychotherapie, welcher Schule sie sich auch immer zurechnet, mit der Persönlichkeit und dem Engagement des Therapeuten bzw. des therapeutischen Personals in einer Klinik. Jede gute therapeutische Beziehung basiert zudem auf gegenseitigem Respekt: Der Respekt dem Patienten gegenüber muß vorhanden sein; der Respekt dem Therapeuten[11] gegenüber muß erst erworben werden.

Daß der Patient als Person ernst genommen wird, kann nur glaubhaft vermittelt werden, wenn der Helfer selbst keine Angst vor psychischen Erkrankungen hat, sich also nicht von psychischer Erkrankung bedroht fühlt. Diese notwendige Grundsicherheit kann durch ein konstruiertes Beispiel verdeutlicht werden: Jemand, der seinen eigenen Alterungsprozeß mit panischer Angst registriert, sollte besser nicht in einem Altersheim arbeiten. Er wird den Gebrechlichkeiten des Alterns mit Abwehr, ja mit Ekel, begegnen. Seine innere Einstellung wird er – ungewollt – dem alten Menschen gegenüber zum Ausdruck bringen. Von ihm betreute Personen werden sich daher in ihrer zunehmenden Hinfälligkeit nicht angenommen fühlen, sondern sich – vermittelt durch die Ausstrahlung des Helfers – für sich selbst und ihren Zustand schämen.

Durch eine persönliche Grundsicherheit, die Kritik zuläßt und an Selbstkritik nicht spart, kann sich der Therapeut den Respekt des anfänglich stets mißtrauischen Patienten erwerben. Vertrauenschaffend wirkt – neben Fachkompetenz – auch eine realistische Offenheit: Nichts wird beschönigt, nichts wird verurteilt, nichts wird dramatisiert. Wie bei guten Eltern geht es um die Gratwanderung zwischen sinnvollem Schutz und förderndem Vertrauen in die vorhandenen Fähigkeiten des Patienten. Der Psychiater Paul Matussek betont in diesem Zusammenhang: »Es ist damit zu rechnen, daß ein überbesorgtes Eingehen auf die Gefühle des Patienten von diesem als ein Zeichen für die Angst des Therapeuten ausgelegt wird, was ja auch tatsächlich sein kann.«[12] Wird darüber hinaus in einer Institution oder bei einem Therapeuten die Eventualität von Rückfällen oder Suizidversuchen überdramatisiert, so überträgt sich diese Angst – wiederum wie bei übervorsichtigen Eltern – auf den Patienten. Eine überfürsorgliche Atmosphäre – so weiß jeder Lehrende – behindert Lern- und Entwicklungsmöglichkeiten.

Insgesamt muß mit dem Schweizer Psychiater Manfred Bleuler[13] davon ausgegangen werden, daß es eine spezifische Behandlung der Schizophrenie nicht gibt, sondern daß das, was das psychische Wachsen und Reifen des Menschen ganz allgemein begünstigt, auch den Schizophrenen hilft. Ciompi unterstreicht diesen Gesichtspunkt, indem er schreibt: »Schizophrene und Schizophreniegefährdete sind nach unserer Vorstellung in erster Linie verletzliche Menschen ... Sie sind vom Gesunden und ›Normalen‹ keineswegs grundverschieden. Es ist daher nur folgerichtig, daß ihnen prinzipiell das gleiche ›guttut‹ oder ›nicht guttut‹ wie ihm.«[14] Und dies ist auch die gelebte Erfahrung der meisten Patienten. Ihnen macht Angst, was dem Gesunden Angst macht, und tut gut, was dem Gesunden guttut, nämlich eine angstfreie Atmosphäre, Aufklärung, Verstehen, Einsicht.

Behandlungsatmosphäre: Offenheit

Nach meiner beruflichen Erfahrung ist der Wunsch nach Verstehenkönnen, Einsicht und Aufklärung allgegenwärtig, und zwar in jeder Phase der Erkrankung. Der Mangel an Aufklärung wird regelmäßig beklagt:

»Auch in dem Zustand, in dem man ist, ist man ja nicht gänzlich unzurechnungsfähig. Also so weit ich mich zurückerinnern kann, war ich für viele Informationen schon zugänglich. Und trotzdem hab ich die Informationen nicht gekriegt« (VB).

Fehlende oder ungenügende Aufklärung ist eine zusätzliche Angstquelle:

»In den beiden Kliniken, in denen ich vorher war, wurde alles verschwiegen. Oder es wurde immer so ein Geheimnis drum gemacht. Und so hab ich eigentlich hier (in der Tagesklinik) das erste Mal Erfahrungen mit Leuten gemacht, die auch 'ne Psychose haben. Ich hab 1½ Jahre gebraucht, 1½ Jahre Psychokarriere, Psychokarriere in Anführungszeichen, um rauszukriegen, was 'ne Psychose ist. Also ich find, Aufklärung ist 'ne wichtige Sache« (VB).

Und ein anderer Patient:

»Man muß sagen, durch das, daß die Krankheit nicht so verschwiegen wird, und so (in der Tagesklinik), sondern offen drüber geredet wird, durch das kann ich das auch verstehen. Ich kann anders damit umgehen. Auch wenn's manchmal Brocken zu schlucken gibt, die schwer verdaulich sind.

Die andere Seite wär halt die, daß man sich in irgendwelchen Vermutungen verstricken würde, wenn die Ehrlichkeit nicht da wäre. Ich denk, daß das auch viel Energie kosten würde. Und ich denk, daß man auch dadurch ein Stück weit lernen kann, bestimmte Dinge direkt anzusprechen, weil man auch gelernt hat, 'ne gewisse Ehrlichkeit zu verkraften. Und ich kann mir vorstellen, daß man dadurch besser und leichter lebt« (VB).

Ähnlich wird es von vielen gesehen: »Die Offenheit finde ich sehr gut. Ich kann mich damit eher auseinandersetzen als mit Sachen, die hinterm Berg gehalten werden. Mir ist die Seite lieber, in bezug auf mich, wie ich Therapeuten erlebe, also die Offenheit, die ist das einzig Richtige« (VB).

Aufklärung und das erlebte Schicksal von Mitpatienten geben Orientierungshilfen, die den therapeutischen Prozeß günstig beeinflussen:

»Vor allem das Lebensschicksal von G., da seh ich schon etliche Parallelen zu dem, wie's mir ergangen ist. Und das tut mir eigentlich ganz gut. Auf der einen Seite, daß man eben lernt, drüber zu sprechen, und auf der anderen Seite, daß es ihm nicht so gutgegangen ist, oder daß es ihm so gegangen ist, wie's mir jetzt derzeit geht.

Das, was du (an den Mitpatienten gerichtet) erzählt hast, war bei mir ähnlich, daß es irgendwelche Instanzen gab, die über meine Person gänzlich Macht ergriffen haben. Und dann die Ruhelosigkeit und Schlaflosigkeit, oder auch das eine, was du erzählt hast, daß du da Nächte lang Radio gehört hast und hast alle möglichen Dinge auf dich bezogen. Das war bei mir ähnlich« (VB).

Gern wird von traditionellen Therapeuten an dieser Stelle der Einwand erhoben, daß das, was dem Patienten gefällt und anscheinend guttut, noch lange nicht der Therapie dienen muß. Das ist insofern sicherlich richtig, als ein freundlicher Laissez-faire-Stil, der alles treiben läßt und »Verständnis« für alles vorgibt, für eine Psychotherapie schädlich ist. Ich spreche hier jedoch von etwas anderem: von dem oft schmerzlichen Prozeß der Erkenntnis über sich und die Krankheit sowie von der gegenseitigen Vertrauensbildung zwischen Patienten und Therapeuten, der Mut zur Offenheit erfordert. Ist dieser Prozeß erfolgreich in Gang gekommen, wird er auch von Patienten positiv erlebt, wie die hier wiedergegebenen Zitate bezeugen. Eine für den Patienten gedeihliche Behandlungsatmosphäre hängt demnach ab

- vom täglich gelebten, wechselseitigen Respekt;
- von einer sinnvollen, realitätsnahen Offenheit in bezug auf die Erkrankung und die krankmachenden Lebensumstände;
- sowie von der Fähigkeit der Therapeuten, nicht überbeschützend jede Entwicklung zu verhindern, sondern auch entwicklungsfördernde Risiken eingehen zu können. Dabei kann ein kurzfristiger Rückfall durchaus der Weiterentwicklung dienen, aber nur dann, wenn aus Vorzeichen und Verlauf gelernt wird. Manchmal muß

eben die Devise »Zwei Schritte vorwärts, einer zurück« akzeptiert werden; denn nur durch konkretes Handeln werden Lerneffekte erzielt, und Handeln beinhaltet notwendigerweise auch punktuelles Versagen.

Die Behandlung erwachsener Schizophrener bedeutet stets eine Arbeit auf mehreren Ebenen: Die therapeutische Aufmerksamkeit muß sowohl dem erwachsenen Menschen als dem gestörten Kind und Jugendlichen gelten. Dies ist vielleicht eine der Schwierigkeiten, mit der lehrbuchtreue Therapeuten schlecht zurechtkommen. Matussek hebt diesen Gesichtspunkt für die psychoanalytische Behandlung Schizophrener hervor. Seine Feststellung läßt sich jedoch ohne weiteres verallgemeinern:

»In Wirklichkeit ist es... so, daß der Psychoanalytiker, wenn er einen Schizophrenen therapiert, nicht nur ein Kind auf unterschiedlichen Altersstufen behandelt, sondern auch gleichzeitig eine erwachsene Person in jeweils dem tatsächlichen Alter, in dem sie zur Behandlung kommt. Hierin liegt eine der Hauptursachen für die Schwierigkeiten bei der psychoanalytischen Behandlung mit Schizophrenen... Für unflexible Psychiater wird es schwierig sein, sich gleichzeitig an diese beiden Seiten einer schizophrenen Persönlichkeit zu wenden. Sie werden sich wie rigide Eltern benehmen, die nicht einsehen wollen, daß ihre Kinder erwachsen sind.« [15]

Bereits Frieda Fromm-Reichmann hat es abgelehnt, den an einer Schizophrenie Erkrankten wie ein unmündiges Kind zu behandeln. Ein solches Vorgehen hielt sie – auch in der akuten Phase – für einen ausgesprochenen Kunstfehler. Dadurch würde der Kranke nur noch hilfloser und unterlegener. Ein Patient hat dieses Zum-Unmündigen-degradiert-Werden einmal folgendermaßen ausgedrückt:

»Kommt man in die Klinik, so muß man seine Würde zu Hause lassen« (persönliche Aufzeichnung).

Daß das Aberkennen der individuellen Würde dem Genesungsprozeß nicht dienlich ist, leuchtet unmittelbar ein. Ein solcher Zustand fördert die Passivität und schürt Ressentiments gegen den Behandler: Der Kranke sperrt, schämt, verschließt sich.

Behandlungsgrundsätze: Transparenz der Behandlungsbedingungen

Oberster Behandlungsgrundsatz muß sein: Dem Patienten darf weder in der Klinik noch beim niedergelassenen Therapeuten das widerfahren, was er zu Hause leidvoll erlebt hat. Die Gefahr, daß sich die Machtproblematik in der Klinik wiederholt, ist groß; denn für dieses Reaktionsmuster bieten sich Kliniken als typisch männliche Herrscherdomäne geradezu an: Die Ausstrahlung der »Halbgötter in Weiß« ist sprichwörtlich; die Ehrfurcht vor ihnen, die fundamentale Abhängigkeit von ihnen, ist auch allen denen vertraut, die nicht an dem hier analysierten Grundproblem leiden. Vielleicht war es daher für die Erkennung und Erforschung des Machtmodells ein Glücksfall, daß ich die Psychiatrische Tagesklinik leitete; denn als Psychologin und Frau war ich bemüht, einen explizit anderen Führungsstil zu entwickeln als den »halbgöttlichen«. Dies war sicherlich auch einer der Gründe, warum gerade männliche Schizophrene es wagen konnten, im Rahmen der Tagesklinik für ihre eigene persönliche Entwicklung kämpfen zu lernen. Sie mußten, nachdem sie sich in den tagesklinischen Alltag eingefühlt hatten, nicht damit rechnen, daß sie bei zwangsläufig auftretenden Konflikten unter- bzw. verworfen (siehe Typus II und III) wurden.

Dem schizophrenen Patienten hilft nämlich genau das, was er in Kindheit und Adoleszenz nicht erlebt hat: der Respekt seiner eigenen Person und angemessene Möglichkeiten der Konfliktlösung. Dazu gehören in erster Linie die Transparenz und Thematisierbarkeit der Machtverhältnisse: Macht auf seiten der Therapeuten und Macht auf seiten des Patienten. Der Patient hat die Macht, zu kooperieren oder zu blockieren; nur er verfügt über das Wissen, das die Grundvoraussetzung für jede Behandlung ist. Andererseits hat der Therapeut mit seiner Fachkompetenz die Macht, das Wissen des Patienten für ihn verfügbar zu machen; zudem definiert er die Spielregeln der Therapie.

Wenn die Machtverhältnisse klar sein sollen, müssen auch die einschlägigen Spielregeln für alle durchschaubar sein: In einer psychotherapeutischen Behandlung läßt sich der Patient freiwillig auf die Therapie ein. Er kann auch freiwillig wieder gehen. Umgekehrt entscheidet das Behandlungsteam (wenigstens im Fall der Tagesklinik) oder der niedergelassene Therapeut ohne äußeren Zwang, ob ein Patient zur Behandlung akzeptiert wird. Eine zustande kommende therapeutische Beziehung basiert also idealerweise auf beidseitiger Freiwilligkeit. Solange der Patient behandelt werden will, muß er die Fachkompetenz und die Definitionsmacht des Therapeuten innerhalb der Einrichtung achten. Umgekehrt muß für den Therapeuten die persönliche Integrität und Entwicklung des Patienten im Vordergrund stehen. Er darf den Patienten nicht für seine eigenen psychischen oder materiellen Bedürfnisse mißbrauchen.

Wie bei guten Eltern sollen auch die an einer Behandlung Beteiligten am selben Strang ziehen. Das setzt voraus, daß die Therapeuten weitgehend auf dem gleichen Wissensstand über den Patienten sind und eine gemeinsam vereinbarte Linie verfolgen. Ist das nicht der Fall, so gerät der Patient in Versuchung, zu seinem eigenen Schaden den einen gegen den anderen auszuspielen. Von zentraler Bedeutung ist außerdem, daß eine wohlwollende Offenheit innerhalb des Behandlungsteams herrscht. Die Therapeuten sollten nicht unter Erfolgsdruck stehen, und bei punktuellen »Rückschlägen« darf nicht nach einem möglichen »Schuldigen« gefahndet werden. Oft erweisen sich gerade Rückschläge als Fortschritte. (Dies wird unter anderem die ausführliche Falldarstellung im letzten Abschnitt dieses Kapitels zeigen.)

Wichtig ist vor allem, daß der Therapeut für den Patienten als Person erkennbar wird. Der Patient soll die Möglichkeit haben, die momentanen Gefühle des Therapeuten zutreffend einordnen zu können, zum Beispiel durch Fragen, die auch beantwortet werden. Er muß Gelegenheit haben, unterscheiden zu lernen, ob spürbarer Ärger oder sichtbare Freude ihm gelten oder einem ganz anderen Zusammenhang zuzuordnen sind. Das alles läuft auf die grundlegende therapeutische Einsicht hinaus, daß die *Grenzen der jeweiligen Personen und die Grenzen zwischen den Personen* erkennbar sein müssen und selbstverständlich respektiert werden.

Behandlungsgrundsatz: Optimale Stimulation und erreichbare Zielsetzung

Die insgesamt klare Linie betrifft natürlich auch die Formulierung von Behandlungszielen und das Erreichen dieser Ziele durch optimale Stimulierung. Das heißt, nach dem Abklingen der akuten Symptomatik bedarf es eines angemessen fordernden und fördernden Therapieprogramms. Eine solche Förderung soll auch dagegen vorbeugen, daß aus der akuten Psychose eine chronische wird. Die Frage nach der optimalen Stimulation wird – nach meiner Erfahrung – viel zu selten gestellt; meist lautet die Devise: Nur keine zu hohen Anforderungen! Nur keine Rückfallgefährdung! Dabei ist es eine allgemeine didaktische Einsicht, daß in allen Lernsituationen vom Lernenden gerade ein wenig mehr gefordert werden muß, als er sich selbst zutraut. Der dadurch auftretende Erfolg erhöht wiederum die Lernmotivation. Mit einem realistischen Vertrauen und einer gelegentlichen Hilfestellung können, wie das Behandlungsprogramm der Tagesklinik gezeigt hat [16], erstaunliche Ergebnisse erreicht werden.

Zwischen Menschen gehören Mißverständnisse und Konflikte zur alltäglichen Realität. Betrachtet man die Biographien der Patienten, so ist gerade das Austragen von Konflikten nie gelernt worden: Konflikten wurde entweder ausgewichen (Typus II), oder sie kamen so eruptiv zutage, daß sie mit einem Beziehungsabbruch verbunden waren (Typus III). Psychotherapie ist – sowohl für den Patienten als auch für den Therapeuten – zu gleichen Teilen Konflikt-, Detektiv- und Lernarbeit: sich selbst einschätzen und verstehen zu lernen, andere in ihrer Verschiedenheit zu erfahren, ist die Grundvoraussetzung, um zwischen individuell Wichtigem und Unwichtigem zu unterscheiden. Sich für das Wesentliche einzusetzen und sich nicht in Details zu verlieren gehört zu den entscheidenden Lernzielen. Dazu kommt, mit vertretbaren Mitteln kämpfen zu lernen und nur mit guten Gründen aufzugeben.

Als sinnvolle Zielsetzungen für den Patienten können subjektives Wohlbefinden und die Möglichkeit zu einem weitgehend selbstbestimmten Leben angesehen werden. Von zentraler Bedeutung für den Heilungsprozeß ist dabei, den Akzent auf die gesunden Seiten des kranken Menschen zu legen und seine Sensibilität bzw. Dünnhäutigkeit positiv zu bewerten und therapeutisch zu nutzen. Dafür braucht es nach Ciompi Therapeuten, die neben genügender Stabilität »Leute mit einem Sensorium für Schizophrene [sind] – was mit wehleidiger Säuselei nichts und mit authentischer Direktheit oft sehr viel zu tun hat (...) [Diese Leute] verstehen diese geplagten, überall geprellten und im wahrsten Wortsinn hintergangenen Menschen zum Klingen, ja zum Lachen und zum Leuchten zu bringen.« [17] Daher ist auch eine der herzerfrischendsten Erfahrungen jedes Therapeuten, daß viele verwelkt erscheinende Personen bei Therapieende strahlend erblüht sind.

Sowohl Behandlungsatmosphäre als auch Behandlungsgrundsätze werden von Buchkremer und Windgassen [18] in ihrem ausgezeichneten schulenübergreifenden Übersichtsartikel in acht Leitlinien des psychotherapeutischen Umgangs mit schizophrenen Patienten zusammengefaßt. Die ersten vier Gesichtspunkte unterstreichen das bisher Erwähnte:

1. einfache, übersichtliche Information;
2. klarer, eindeutiger Kommunikationsstil;
3. Klarheit des Therapieziels;
4. Transparenz der Verantwortlichkeit im Team;
5. Zeitliche und personelle Konstanz des Therapeuten.

Diese fünfte Leitlinie versteht sich fast von selbst. Jeder Therapeutenwechsel bedeutet – nicht nur in der Klinik – einen Neuanfang, der die Gefahr in sich birgt, daß die Motivation des Patienten erlahmt.

6. Aktives therapeutisches Vorgehen;
7. Interpretation schizophrener Symptome als Bewältigungsstrategien;
8. Stützung gesunder Ich-Anteile.

Die Bedeutung dieser drei letztgenannten Leitlinien von Buchkremer und Windgassen wird ersichtlich, wenn sie mit Hilfe eines konkreten Beispiels veranschaulicht werden. Ich möchte daher auf den Verlauf der Behandlung von Herrn P. näher eingehen, der bereits in Kapitel I vorgestellt wurde.

3. Therapeutischer Prozeß: Falldarstellung

Die Lebens- und Krankengeschichte von Herrn P. ist gleichzeitig die Rahmengeschichte dieses Buches[19]: Im Anfangskapitel habe ich mit Hilfe dieser Fallvorstellung versucht, den Leser auf die Gesamtproblematik einzustimmen. Jetzt im Schlußkapitel werden die in den verschiedenen Kapiteln ausgelegten Fäden verknüpft. Ich versuche vor allem zu zeigen, wie die Konfliktbereiche »Vater« und »Adoleszenz« nutzbringend in die psychotherapeutische Behandlung eingehen können. Herr P. ist allerdings *kein Paradefall* in dem Sinn, daß eine einzige psychotische Episode, gut behandelt, auch die einzige geblieben ist. Andererseits ist er jedoch *ein Paradefall*:

Sein Behandlungsverlauf kann stellvertretend für die therapeutischen Probleme sowohl mit dem Krankheitstypus III als auch mit dem – oben erwähnten – zweiten Drittel der Patienten mit mehr als einer Episode angesehen werden. Gerade für diesen Personenkreis bedeutet eine Psychotherapie, kombiniert mit medikamentöser Behandlung, eine gute Chance, mit ihrer Krankheit so umgehen zu lernen, daß ihr Leben den eigenen Erwartungen genauso nahe kommt, wie dies auch bei Gesunden der Fall ist. Dabei darf nicht unterschätzt werden, daß ein psychischer Zusammenbruch – wie jede Krise – neben der leidvollen Erfahrung auch positive Aspekte aufweist: Therapieerfahrene werden – bedingt durch die Behandlung – bewußter leben, als dies Menschen möglich ist, die einer solchen persönlichen Katastrophe und damit der Erfahrung ihrer eigenen Grenzen nie ausgesetzt waren. Und – last, but not least – kann festgestellt werden, daß Herr P. seit acht Jahren rückfallsfrei ist: Die Behandlung hat also geholfen.

Seinen Kampf um ein Verstehen der Krankheit und der eigenen Person, das heißt den Therapieprozeß, werde ich nun – so weit dies in diesem Rahmen möglich ist und so weit es die Anonymität erlaubt – schildern.

Therapeutische Phasen
Ausgangssituation

Obwohl die Behandlung in der Tagesklinik für Herrn P. auf ungefähr sechs Monate veranschlagt wurde, was ihm als beträchtlicher Einschnitt in sein Leben vorkam, entschied er sich für die Therapie. Zwei psychotische Schübe und die damit verbundenen Psychiatrieaufenthalte hatten ihn ernsthaft zweifeln lassen, ob er sein Leben überhaupt noch in den Griff bekäme oder ob er in Zukunft weiter »unkalkulierbaren Mächten« ausgeliefert bliebe. So sagte er zwar »ja«, meinte aber »jein«; denn er äußerte gleich zu Beginn die Befürchtung, in der Tagesklinik vielleicht noch kränker zu werden, als er sich ohnehin schon fühle. Wie sich aus dieser Ausgangslage vermuten läßt, war seine Grundstimmung damals depressiv bis leicht suizidal.

Seine anfangs erzählte Lebensgeschichte ließ die hinter der Erkrankung liegende Problematik allerdings nur erahnen. Die in den ersten Tagen erhobenen biographischen Informationen waren notgedrungenermaßen sehr unvollständig. Erst mit der Zeit füllte sich eine Lücke nach der anderen. Diesen Prozeß möchte ich hier, vorwiegend mit Hilfe von Auszügen aus der Krankengeschichte und mit eigenhändigen Aufzeichnungen von Herrn P., beschreiben.

Erste lebensgeschichtliche Daten

Die Großeltern väterlicher- und mütterlicherseits stammten jeweils aus einem Bauernhof im Württembergischen. Die Eltern lernten sich in Rußland kennen, wo beide als Sanitäter eingesetzt waren. Aus dieser Ehe gingen drei Söhne hervor, Herr P. war der jüngste. Er wuchs im heimatlichen Dorf der Großeltern mütterlicherseits auf.

Keiner der drei Söhne war zu diesem Zeitpunkt verheiratet, obwohl alle um die 30 Jahre waren. Alle drei seien, wie die Mutter, eher depressiv veranlagt. Der Vater habe ein überwiegend zurückgezogenes Dasein geführt. Beide Eltern wurden als sehr christlich beschrieben. Ihre Ehe, die anfänglich eine Liebesheirat gewesen sein muß, hielten sie vorwiegend aus Pflichtgefühl aufrecht. Der Vater hatte einen eigenen Kunstschlosserbetrieb, die Mutter half, neben der Kindererziehung, soweit sie konnte.

Wie bei den meisten Patienten wurde die Kindheit zunächst idyllisch beschrieben. Die Aufzeichnungen von Herrn P. schildern diese Welt:

»Als Kinder spielten mein Bruder und ich zusammen mit dem Nachbarskind im Garten: Wir spielten Räuber und Gendarm, Indianer und Cowboy. An eine Szene kann ich mich noch gut erinnern, als wir im Sommer nackt in eine mit Wasser gefüllte Waschwanne sprangen, wir waren richtig ausgelassen, und unsere Mütter, die dabeistanden, amüsierten sich köstlich.

Im Winter waren wir fast täglich beim Schlittenfahren, entweder auf einer Nachbarswiese oder, als wir älter waren, durften wir aufs Hörnle, einen etwas steileren Hang, auf dem sich die meisten Kinder zum Schlitten- und Skifahren trafen.

Um Spiele im Freien zu machen, hatten wir eigentlich kaum Grenzen, wir gingen in den Wald oder an einen Bach oder See oder in die Felder und Wiesen. Schön war zum Beispiel, als uns der Nachbarsopa zeigte, wie man Weidenpfeifchen macht, und wir dann an den Bach gingen, uns die entsprechenden Weidenruten schnitten und aus denen dann Pfeifchen schnitzten.

Was auch immer spannend war, das waren die Streifzüge mit meinen älteren Brüdern durch die Wälder und Auenwälder. Ich wußte oft gar nicht so recht, vor was wir uns versteckten oder gegen wen der Streifzug ging. Aber Hauptsache, ich konnte dabeisein.

Eine herrliche Zeit war es, als mein Bruder F. und ich uns für Vögel und Vogelschutz interessierten. Unser besonderes Interesse galt allerdings den Greifvögeln und vor allem dem Turmfalken auf unserem Kirchturm. Wir probierten so lange Schlüssel für die Kirchturmtür aus, bis einer paßte, und wir uns immer heimlich nach oben schlichen und den Turmfalken aus nächster Nähe betrachten konnten. Jeden Tag gingen wir hoch, wenn er Junge hatte, und wir paßten genau auf, wie sie immer größer wurden, bis sie das Nest verlassen konnten. In der Zeit kannten wir auch so ziemlich jeden Horst in näherer Umgebung, und es kam vermutlich selten vor, daß wir einen Greifvogel übersahen.

Zur selben Zeit war ich bei den Ministranten. Es war bestimmt aufregend, das erste Meßgewand anzuziehen, die erste Lesung zu lesen, das erste Mal den Weihrauchkessel zu schwenken. Ich legte sehr viel Ehrgeiz in das Ganze und versuchte natürlich, mit Würde das

Amt auszufüllen. Es war auch immer eine willkommene Abwechslung, statt in die Schule auf einer Beerdigung oder Hochzeit zu ministrieren, und schließlich gab's den Leichenschmaus und das Hochzeitsessen, wo wir selten fehlten. Dazu kam noch, daß wir Ministranten uns auch als was Besonderes empfanden. Später wurde ich dann sogar Oberministrant. Am interessantesten war die Zeit vom Gründonnerstag bis Ostern. Schön war auch das Sternsingen, das Theaterspielen, die Ausflüge und das Zeltlager. So mit zwölf Jahren stieg ich dann bei den Ministranten aus.

Mit 13 ging ich zur Wasserwacht, bei der wir zum einen zum Rettungsschwimmer ausgebildet wurden, was ich schon toll fand, zum anderen hatten wir jede Woche Training, was mit allem Hin und Her sehr gut lief, vielseitig war. Und schließlich gehörte das Biertrinken im ›Weißen Lamm‹ dazu.

Mit 16 begann ich meine Lehre und zog ins Lehrlingsheim. Dort hatte ich schon einen guten Ausgleich zur Lehre. Wir veranstalteten Tanzabend, Sportabende, Diskussionsabende und versuchten näheren Kontakt zu Mädchen zu finden. Mit 17 hatte ich eine eigene Wohnung, und damit wuchs ich mehr mit der Pfarrjugend von B. zusammen. In meiner Wohnung hatten wir oft Treffs und Diskussionen über religiöse und philosophische Themen.

Dann kam die große Liebe zu Susanne. Wir waren sehr viel zusammen und unternahmen ziemlich viel. Herrliche Nächte, gemeinsam auf Tagungen, tanzen, baden, Urlaub, ungefähr die ersten zwei Jahre« (KG).

Die Lehre als Steinmetz verlief nach Worten von Herrn P. »katastrophal«. Trotzdem wurde er mit seinem Gesellenstück Bundesmeister und schaffte die Aufnahme in die Fachoberschule für Design. Nach dem Zivildienst, der durch einen »autoritären Chef« beeinträchtigt war, hatte er das Glück, in einem kleinen Betrieb ein gutes Arbeitsklima vorzufinden.

Zu Schwierigkeiten in seinem damaligen Leben befragt, erwähnte Herr P., daß er mit den Leuten nicht gut zurechtgekommen sei, sich sehr leicht angegriffen und beleidigt gefühlt habe.

Im Alter von 22 Jahren ereigneten sich drei Schicksalsschläge hintereinander: Zuerst starb sein Vater bei einem Verkehrsunfall. Kurze Zeit später starb ebenso unerwartet seine Mutter. Und fast ein Jahr später ging seine Freundschaft mit Susanne, seiner langjährigen

Freundin, in die Brüche. Da fing Herr P. – in seinen eigenen Worten – das Durchdrehen an: »Jetzt durchblick ich's endlich, jetzt komm ich endlich von meinen Depressionen los.« (Seine darauffolgenden Wahnerlebnisse sind in Kapitel I ausführlich geschildert.)

Nach dieser ersten schizophrenen Episode erholte sich Herr P. rasch und wurde an einer angesehenen Kunstakademie als Student in der Bildhauerklasse akzeptiert. Doch vier Jahre später stirbt seine Oma, und der zweite Krankheitsschub beginnt. Zurück bleibt eine depressive Verzweiflung. Trotzdem entschließt er sich für die Tagesklinik, denn zu Hause liege er nur auf dem Sofa rum, wie »mein Vater«.

Aufbauphase

Um die Voraussetzungen für die tagesklinische Behandlung zu schaffen, wurde – laut Krankengeschichte – folgendes in die Wege geleitet:

»1. ein Vertrag geschlossen, daß er während der Behandlung ohne Vorankündigung keinen Selbstmordversuch unternehmen würde. In den Einzelgesprächen wurde
2. versucht, ihn aus seiner anfänglich depressiven Stimmung herauszubekommen, indem Möglichkeiten erarbeitet wurden, wie er sich selbst ›etwas Gutes‹ tun könne. Dies erfolgte, um sowohl Motivation als auch Selbstheilungskräfte zu fördern. Zusätzlich wurden
3. therapeutische Ziele erarbeitet, um sowohl ihm als auch den Therapeuten eine Grundorientierung zu geben« (KG).

Die beiden Hauptziele in dieser Aufbauphase waren einerseits das Akzeptieren der tagesklinischen Behandlung und andererseits das Wiedererlangen der Freude an der künstlerischen Arbeit. Konkretere Ziele konnten zu diesem Zeitpunkt noch nicht gefaßt werden, denn Herr P. hatte sich in dieser Phase vorwiegend mit Ziel Nr. 1 auseinanderzusetzen und den daraus resultierenden Fragen wie zum Beispiel:

- Sind die Therapeuten meine Gegner oder meine Alliierten?
- Ist es sinnvoll, offen zu sein, oder soll ich meine Fassade aufrechterhalten?
- Will ich bei den vielen Konflikten in meinem bisherigen Leben auch meinen eigenen Anteil erkennen?
- Will ich Detektiv in eigener Sache sein?

Das Resultat dieser Phase, die in etwa zwei Monate dauerte, wird in der Krankengeschichte wie folgt wiedergegeben:

»Ergebnis dieser Aufbauphase war, daß Herr P. sich generell ruhiger fühlte, da er eine ›vorläufige Lösung‹ gefunden habe. Er habe sich auf die Situation in der Klinik eingelassen und die Erwartungen den Mitpatienten gegenüber ›heruntergeschraubt‹. Er sehe sie jetzt als ›Leute, so wie sie sind‹. Die Selbstmordgedanken seien weg, er sei ›wild entschlossen, am Leben zu bleiben‹. Besonders die Kunsttherapie mache ihm Spaß, da es ›etwas zu machen gibt‹. Damit sei jedoch, nach seinen Angaben, sein größtes Problem noch nicht angegangen, nämlich selbst aktiv etwas zu machen, sich selbst zu motivieren...

Trotz dieser Einschätzung ist es in der letzten Woche zu einem größeren Konflikt gekommen, bei dem befürchtet werden mußte, daß Herr P. die Behandlung vorzeitig abbricht. Hintergrund des Konflikts ist eine Machtproblematik: Herr P. möchte sowohl in seiner Gruppe der Erste als auch den Therapeuten gegenüber mindestens gleichgestellt sein. Es wurde versucht, den Kampf um eine Führungsposition in ein eher themen- bzw. sachbezogenes Verhalten umzulenken. Zudem hat er versprochen, daß er während des dreiwöchigen Urlaubs der Einzeltherapeutin die Behandlung nicht abbricht. Es ist anzunehmen, daß die Macht- bzw. Autoritätsproblematik noch länger Mittelpunkt der tagesklinischen Behandlung sein wird« (KG).

In der Zeit, in der sich Herr P. mit Abbruchgedanken trägt, hat er eine ziemliche »Wut im Bauch«: »Gegen die männlichen Therapeuten hege er Aggressionen, und speziell über die Einzeltherapeutin sei er enttäuscht.« (KG) Sichtbar wurde bereits hier das Konkurrieren mit männlichen Autoritäten, das Rivalisieren mit männlichen Mitpatienten um die Gunst der Therapeuten und die maßlosen Erwartungen an die Mutterfigur, die Einzeltherapeutin. In einer Gruppensitzung kam dann zum Vorschein, daß er Angst habe, wieder depressiv zu werden, und daß er lieber seine Wut behalte, als erneut Depressionen zu bekommen. Insgesamt sei der gegenwärtige Zustand – seiner Ansicht nach – »unannehmbar«, da es zuviel zu bewältigen gäbe.

Mit dem Entschluß, doch in der Tagesklinik zu bleiben, ließ sich Herr P. innerlich erst wirklich auf die Therapie ein. Ein neuer Abschnitt begann. Hier wieder ein Auszug aus der Krankengeschichte:

»Anfang des dritten Behandlungsmonats verliebt sich Herr P. in eine Mitpatientin, die im Rahmen eines psychotischen Schubes sehr anlehnungsbedürftig geworden ist. Durch diese Beziehung sind drei Problembereiche akut geworden:

1. Liebe und Gewalt,
2. Angst vor Schuldvorwürfen der Außenwelt und
3. durch eine Freundin benützt zu werden.

In der Familie des Patienten war Sexualität generell tabuisiert. Das ›Marienbild galt als Ersatz‹ für Sexualität. Nach Ansicht der Mutter ›schänden‹ ihre Söhne Mädchen, oder die Mädchen werfen sich an sie weg. – Seine langjährige Freundschaft zu Susanne wurde demnach von seiner gesamten Umwelt mißbilligt: von seinen und ihren Eltern sowie von ihren getrennten und gemeinsamen Freunden. – Daß Herr P. wegen der Beziehung zu einer Mitpatientin weder von den Therapeuten noch von den Verwandten und Freunden der Patientin Vorwürfe bekam, entlastete ihn sehr. Er konnte dadurch das Problem von Nähe und Distanz besser handhaben und versuchte, sich allmählich von der Beziehung zu lösen, da er merkte, daß sie für ihn gefährlich wurde.

Durch diese Beziehung kamen biographische Einzelheiten über seine Eltern zutage, die bis dahin noch unbekannt waren: Die Mutter, die aus einer armen Bauernfamilie stammte, wollte als Mädchen Kunst studieren. Sie wurde in einer Klosterschule erzogen und hat dort, um das Schulgeld zu bezahlen, das Kloster mit Wandmalereien ausgeschmückt. Es wurde ihr damals versprochen, daß ihr von dem Orden das Kunststudium bezahlt würde. Später wurde dieses Versprechen jedoch an die Auflage gebunden, daß sie ins Kloster eintrete. Da sie dies verweigerte, blieb ihre Ausbildung eine unerfüllte Sehnsucht« (KG).

Auch der Vater, der bis dahin nur als zurückgezogene, auf dem Sofa dösende Person beschrieben wurde, bekam plötzlich ein anderes Gesicht:

»Der Vater [muß] unbeherrscht gewalttätig gewesen sein. Er habe seine Söhne so brutal verprügelt, daß er sie dabei auch hätte töten können. Die drei Söhne hätten sich dabei in Reih und Glied aufstellen müssen und einer nach dem anderen sei verprügelt worden. Neben diesen systematischen Verprügelungen sei es jedoch auch zu Gewalttätigkeiten gekommen, bei denen der Vater jeden Überblick verloren haben muß. Als sich der Patient im Alter von 15 Jahren einmal diesen Prügeln widersetzte, muß ihn sein Vater ›auf ewige Zeiten verflucht‹ haben. Von da an sei er ausgestoßen gewesen, er habe nie mehr Prügel bekommen. Ein Jahr lang habe sein Vater nicht mehr mit ihm gesprochen. Erst vor kurzem habe er verstanden, daß er einen extremen Haß auf den Vater habe. Dieser Haß, bzw. diese Wut, habe sich in seinen zwei psychotischen Phasen ausgedrückt, in denen er Sachen zertrümmert habe. Schlimm sei jedoch während seiner zwei psychotischen Schübe gewesen, daß seine ihm entgleitende Wut mit Gewalt (Fixierung und Spritzen) beantwortet wurde. Ihm sei jetzt klar, daß die vielmonatige Depression nach dem zweiten Schub in diesem Zusammenhang gesehen werden müsse« (KG).

In diese Zeit fiel folgender Traum von Herrn P.:

»Ich war bei uns zu Hause und machte eine Plastik aus Stein – eine Figur –, sie gefiel mir sehr gut, sie war nur schwach behauen, eher angedeutet, aber erkennbar. Ich zeigte sie meinem Bruder A.

Ich wollte also zu meiner Plastik, um weiter an ihr zu arbeiten. Sie stand hinten am Apfelbaum hinter der Hütte in unserem Garten. Die Plastik stand zwischen allerlei Gerümpel. Aber um vom Haus aus zu ihr zu gelangen, mußte ich komischerweise, und erst jetzt erkennbar, an einem riesigen Gerät vorbei, das so eine Mischung war aus Förderband und Baukran, in ihm liefen viele Zahnräder und Ketten. An der vorderen Seite mußte ich durch die Maschine in eine Richtung durch und auf der hinteren Seite in die andere Richtung wieder hinaus, um zu meiner Plastik zu gelangen. Das Heikle an der ganzen Angelegenheit war nur, daß die Zwischenräume, um durch die Maschine durchzukommen, sehr klein waren und dort auch überall sich bewegende Zahnräder und Ketten befanden, so daß es lebensgefährlich war, durch sie hindurchzugehen. Die Maschine war teilweise in einem Gebäude, das an unsere Werkstatt erinnerte. Meinen Vater spürte ich irgendwo in der Nähe, und es war für mich verboten (das wußte ich), mich in die Nähe der Maschine zu begeben, geschweige denn, durch sie hindurchzugehen. Ich mußte also auch noch aufpassen, daß mich mein Vater nicht zu sehen bekam.

Ich ging also auf der einen Seite in die Maschine hinein, zwängte mich an all den gefährlichen Stellen vorbei, stieg eine Etage höher und stieß dabei auf zwei Arbeiter. Sie erinnerten mich daran, daß es doch verboten war, in die Maschine zu kommen, daß es so ziemlich aussichtslos sei, da lebend hindurchzukommen, ich täte ihnen ja leid, sie könnten die Maschine kurz anhalten, was leider sehr schwer ginge, bei einer gewissen Bezahlung wäre es aber möglich, aber sie wissen es nicht genau. Ich schaute mir die Durchlässe an, aber sie waren alle sehr eng, und überall liefen Ketten und Zahnräder, und ich bekam Angst um mein Leben, denn die Möglichkeit, nicht von den Ketten erfaßt zu werden und irgendwo reingequetscht zu werden, war nahezu Null. Ich schaute hier und dort, aber es schaute nirgends besser aus. Aber ganz plötzlich entdeckte ich einen Durchlaß, der vom oberen in das untere Geschoß führte. Ich war gerettet« (KG).

Dieser Traum spricht für sich; er bewirkte bei Herrn P. einen Durchbruch: Seine Verflochtenheit mit seinem Vater wurde ihm deutlich. Er erinnerte sich an all die Kämpfe mit dem Vater während seiner Adoleszenz. Die Auswirkungen der väterlichen Verfluchung wurden plötzlich faßbar.

In der Folge wurde er sozial freier, so als wäre eine schwere Last von seinen Schultern gefallen. Allerdings wurde er auch gleichzeitig tollkühner und somit gefährdeter: »In den darauffolgenden Wochen strahlte er eine ansteckende Begeisterung aus und ergriff nicht nur in der Tagesklinik, sondern auch außerhalb in seinem Privatleben eine Reihe von Initiativen« (KG).

Ausprobierphase

Da er innerlich immer noch davon überzeugt war, daß seine beiden psychotischen Episoden im Zusammenhang mit Beziehungen zu Freundinnen standen, wollte er nunmehr das Problem bei den Hörnern packen: »Er ›verliebte‹ sich in Marion, die seine Zuneigung leider nicht in demselben Maß zu erwidern schien. Diese unglückliche ›Liebesgeschichte‹ und die generellen Überforderungen, denen er sich aussetzte, brachten ihn an den Rand seiner Kräfte. Er mußte wegen eines psychotischen Schubes vollstationär aufgenommen werden. Nach drei Tagen konnte er allerdings die tagesklinische Behandlung weiterführen.« Hier nun seine eigene Beschreibung des sich zuspitzenden Zustands:

»Am nächsten Morgen wachte ich um ca. 8 Uhr auf, ich freute mich auf das Frühstück in der WG. Ich dachte an eine Fortsetzung des Vorabends, oder daß eine Klärung des Vorabends stattfinden würde. Ich nahm einen Laib Brot mit, da – wie sie sagten (die Leute der WG), sie keins mehr haben. Und wieder glaubte ich daran, daß es eine symbolische Bedeutung hat. Ein Brot, das geteilt wird, also ein Ganzes, von dem jeder ein Stück davon bekommt – als Zeichen der Verbindung.

Das Frühstück lief jedoch verhältnismäßig nüchtern ab, bis zu dem Moment, als Uwe mir das Rad zeigte. Er wollte eine technische Lösung von mir haben, aber für mich ging es gleich in einen philosophischen, mystischen Bereich. Und alles deutete für mich wieder darauf hin, daß sie und ich eine mystische Verbindung sind.

Dann wurde für mich der Gedanke an Marion wieder aktuell. Ich redete darüber und dann entschloß ich mich, sie aufzusuchen. Uwe unterstützte mich darin und begleitete mich. Es kam mir so vor, daß er als Art Zeuge dabeisein wollte, um dann den anderen die Begegnung zwischen Marion und mir berichten zu können. Ich glaubte, daß dies eine Art Schlüsselfunktion für die Gemeinschaft dieser neuen Bewegung sein würde, ein Signal, welches die Gruppe brauchte, um weitermachen zu können.

Uwe und ich fuhren los, ich hatte etwas Angst davor, Marion zu sehen. Deshalb fuhr ich zuerst zu Vera, die ich fragte, ob sie wisse, wo Marion ist. Vera amüsierte sich darüber, sie wußte auch nicht, wo sie ist, und gab mir ein großes Kastenbrot mit. Das empfand ich als symbolisches Geschenk, welches eine bestimmte Information für Marion beinhaltet.

Ich nahm's mit, und Uwe und ich fuhren zu Marion. Sie ließ uns rein, ich erzählte ihr irgendwas von zusammen Wein trinken usw., setzte mich an den Tisch und wollte es mir gemütlich machen. Sie war jedoch sehr schnell sauer und sagte mir, daß ich gehen soll. Ich konnte das nicht glauben und brachte ein paar witzige Bemerkungen an. Dann wurde sie zornig, Uwe auch, und beide befahlen mir, zu gehen. Mir kamen dann Tränen in die Augen, als sie mir auch noch die Mütze in die Hand drückte, die ich ihr geliehen habe. Das empfand ich als endgültige Absage.

Da glaubte ich, Abschied von allen nehmen zu müssen, und alles auszusprechen, was mir bei wichtigen Leuten notwendig erschien, alles zu klären, um mich dann loslösen zu können. Und diese Loslösung, glaubte ich, würde wie ein Wunder auf die anderen wirken, und auf das komme es an.

Dann beschlossen Uwe und ich spazierenzugehen. Es wurde alles sehr magisch. Ich glaubte immer daran, daß was Wichtiges passieren würde. Wir gingen in eine Kneipe, aber da war ich falsch. Das einzige war ein Christbaum. Also war bald Weihnachten. ›Ich‹ als Wunder habe bestimmt eine ähnliche Wirkung wie Weihnachten (so dachte ich). Wir gingen dann weiter, ich hatte das Gefühl, daß ich erwartet werde. Wir gingen in eine Kirche. Uwe wollte wieder raus, ich wollte immer weiter rein, bis wir auf eine Weihnachtskrippe stießen. Also doch Weihnachten. Ich wollte Kerzen anzünden – ein Licht weitergeben –, es kam Widerstand. Ich zündete sie trotzdem an. Damit sah ich meine Mission erfüllt.

Dann hatte ich plötzlich Aggressionen. Ich knallte alles auf den Boden, was ich in der Hand hatte. Ich wollte Uwe zeigen, wie unwichtig alles im Grunde ist.

Dann ging ich zu Jenny und Rainer, klingelte, wollte in die Wohnung. Sie ließen mich nicht rein. Ich fing zu toben an. Ich drohte, daß ich das Haus anzünden werde (dachte dabei aber, es mit Liebe anzuzünden). Es mußte eine Bedeutung haben, daß sie mich nicht reinließen. Mein Weg verlief anders. Sie riefen die Polizei, welche jedoch nichts unternahm. Aber es wurde beschlossen, daß ich in die Psychiatrie gehen müsse. Ich hatte nichts dagegen. Es mußte halt sein.

Auch dort kam mir wieder die Idee, daß ich eine bestimmte Mission erfüllen müsse. Mir kam es auch so vor, wie wenn einige des Personals schon eingeweiht wären. Andere müßten noch angesteckt werden von der neuen Welle, von dem neuen Wunder. Ich glaubte, daß das der Weg wäre, den ich gehen müßte. Dabei dachte ich an Jesus, der ja auch seinen Weg gegangen ist« (KG).

Das übergreifende Motiv dieser Wahnphantasien ist: Verbindungen schaffen, alle vereinen, dazugehören, sich loslösen und sich dafür sogar zu opfern. Aber weder das Loslösen noch das Verbindungen-Schaffen hatte er erreicht. Er hatte in seinen Augen versagt.

Der Rückfall hinterließ bei Herrn P. eine tiefe Depression:

»Hatte er zunächst geglaubt, seine Krankheit ›im Griff‹ zu haben, so hatte er nunmehr jede Hoffnung verloren, wieder ein sogenanntes normales Leben führen zu können. Einen Monat lang weigerte er sich, sich mit dem Zustandekommen des Rückfalls und mit den Wahninhalten auseinanderzusetzen. Da erinnerte er sich, daß eine Tante schon vor langer Zeit gesagt hatte: ›Der Franz (Vater) und der Uli (Herr P.) sind wie zwei Holzscheite; wenn eins umfällt, fällt auch das andere.‹ Diese Erinnerung öffnete ihm die Augen. Es gelang ihm nunmehr fast schlagartig den Kern seiner Probleme zu begreifen: der fehlende Segen des Vaters; Folgen der Verfluchung, nämlich Scham und Wut; die Hoffnung auf Erlösung« (KG).

Ablösungsphase

Die Bereitschaft von Herrn P., sich seiner inneren Problemlage zu stellen, »kam der tagesklinischen Behandlung sehr zugute. Mit dem Ziel einer baldigen Entlassung konnten nun Probleme behandelt werden, die sich am Erkennen und möglichen Bewältigen potentieller Streßsituationen orientierten« (KG).

Insgesamt handelte es sich um drei Problemkreise:

1. Die Welt der Vaterfiguren und der brüderlichen Rivalen;
2. die Beziehung zur Arbeit, zur Kreativität; und schließlich
3. die Beziehung zu Frauen.

Zu allen drei Bereichen wurden die dazugehörigen Lebensmuster erarbeitet. Die einzelnen Unterschritte werden hier nur summarisch zusammengefaßt; sie beschreiben die jeweiligen Teufelskreise, in denen Herr P. gefangen war. Werden die Zusammenhänge allerdings erkannt, so können neue Handlungsstrategien entworfen und verwirklicht werden.

1. Problemkreis: Auseinandersetzungen mit Männern

a. Ich bemühe mich, obwohl ich schlecht und ungenügend bin.
b. Die Väter helfen mir nicht, sie sind gegen mich.
c. Ich verbünde mich mit Gleichen.
d. Ich protestiere gegen Autoritäten.
e. Ich werde von Gleichen verraten.

f. Ich werde von Autoritäten fallengelassen.
g. Ich bin nichts wert, denn ich werde von Autoritäten gewogen und zu leicht befunden.

2. Problemkreis: Auseinandersetzungen mit der eigenen Kreativität

a. Was ich mache, muß perfekt sein.
b. Ich muß es alleine machen.
c. Es ist schwierig und harte Arbeit.
d. Daher kann ich mich nicht über die Arbeit freuen.
e. Was ich mache, kann nicht perfekt sein.
f. Daher ist es nichts wert, ich kann nicht stolz darauf sein.
g. Daher bin ich selbst nichts wert, ich kann nicht stolz auf mich sein.

3. Problemkreis: Auseinandersetzungen mit Frauen

a. Ich muß gut und liebevoll sein.
b. Sexualität ist schlecht und gewalttätig.
c. Obwohl Gewalttätigkeit schlecht ist, muß ich erobern, siegen.
d. Ich habe ein schlechtes Gewissen, daß ich sexuelles Interesse an anderen Frauen habe.
e. Ich brauche daher die Einwilligung meiner Partnerin.
f. Ich kann weder mit ihr, weil ich an anderen interessiert bin.
g. Noch kann ich mit anderen, weil ich ihre Einwilligung nicht bekomme.
h. Sie verläßt mich.
i. Ich bin nichts wert, denn ich werde von Frauen verlassen.

Zusammenfassung

Bis zu Beginn der Therapie war Herr P. davon überzeugt, daß sein wirkliches Problem im Leben die Frauen wären. Die regelmäßigen Konflikte mit männlichen Autoritäten, die immer wieder zu Beziehungsabbrüchen führten, sah er als fundamentale Beschaffenheit der Welt an: Die Welt, und insbesondere die Arbeitswelt, ist eben hart und unerbittlich; wenn man sich nicht alles gefallen läßt, wird man »niedergebügelt«. Die Sisyphuserfahrung seines Lebens gab ihm anscheinend recht.

Daß dahinter die frühe Idealisierung und die adoleszente Revolution gegen den Vater standen, von dem er als 15jähriger schließlich verflucht wurde, war seinem Bewußtsein bis dahin gänzlich fern. Erst als er merkte, daß es ihm einerseits um die Anerkennung, den Segen, männlicher Vaterfiguren ging, und andererseits um einen eigenen Weg auch gegen das explizite Verbot des Vaters (siehe Traum), konnte er sein Verhältnis zu Autoritäten in neuem Licht betrachten. Zwangsläufig verloren auch Probleme mit brüderlichen Rivalen um die väterliche Anerkennung an Brisanz.

Zudem erkannte er, wie nötig er weibliche Unterstützung hatte und wieviel er seiner künstlerisch begabten, aber vom Leben enttäuschten Mutter verdankte. Er begriff zudem, daß sein berufliches Streben viel mit den unerfüllten Sehnsüchten seiner Mutter zu tun hatte. In Frauen hatte er unbewußt stets ihre künstlerischen Fähigkeiten gesucht.

Eine Frau mit einer solchen Begabung hat er nun gefunden, eine Beziehung über bereits mehrere Jahre; und fast wie im Märchen, schaffte er auch beruflich den Durchbruch. Hinter allem stand jedoch sein nur selten nachlassendes Bemühen um ein Erkennen innerer Zusammenhänge und um neue, erfolgversprechendere Lebensstrategien.

Zwischenergebnis

Psychotherapie mit den schizophrenen Söhnen, die hier untersucht wurden, bedeutet ein Nachholen und ein Erlösen aus der Phase der Adoleszenz. Diesen Söhnen fehlte in dieser wichtigen Lebensepoche der Vater, an dem sie sich reiben konnten, mit dem sie um ihre Individualität ringen konnten, von dem sie sich ohne Schuldgefühle lösen durften; ein Vater, der wie ein guter Trainer das Talent seines Zöglings sieht, ihn fordert und fördert, aber sich nicht mit ihm mißt. Trainer und Nachwuchssportler sind zwei verschiedene Kategorien. Wird das übersehen, so ist beiden der Mißerfolg gewiß.

Das Be-Eltern schizophrener Patienten, die ihre Adoleszenz nachzuholen haben, ist für die meisten Therapeuten genauso schwierig wie ehedem für deren Väter. Nicht ohne Grund gilt es als leichter, mit jüngeren Kindern umzugehen; Heranwachsende stellen den Erwachsenen nicht nur regelmäßig fundamental in Frage, sie erspüren auch wie Seismographen seine verborgenen Schwächen. Halten Väter die

Auseinandersetzungen mit ihren adoleszenten Söhnen nicht aus oder stellen sie sich ihnen nicht, dann bleibt der Jugendliche in den Entwicklungsproblemen dieser Lebensphase gefangen. Als physisch Erwachsener, aber psychisch Adoleszenter zerbricht er an den Zerrissenheiten seiner Innenwelt und an den Gegebenheiten der Außenwelt. Er bedarf Therapeuten, die fähig und bereit sind, diese unvollendeten Konflikte durchzustehen und dadurch den Patienten das nachträgliche innere Wachsen zu ermöglichen, das er zum Erwachsenendasein braucht.

Ausklang Adoleszenz – junges Erwachsenendasein

Erste und zweite Chance zur Ablösung

»Mir kannst du zum Glück keine Angst mehr machen. Ich habe sie mit meinem Verstand überwunden. Du bist jetzt für mich nur noch ein Mann wie ich und viele andere, und allein als solcher respektiere ich dich.«
Gavino Ledda zu seinem Vater in seinem autobiographischen Roman ›Padre Padrone. Mein Vater, mein Herr‹ [1]

Was gehört nun zur gesunden Entwicklung eines männlichen Jugendlichen bzw. jungen Erwachsenen? In dem für den Ausklang gewählten Motto aus dem autobiographischen Roman von Gavino Ledda wird der wesentliche Punkt benannt: Der Vater kann dem Sohn keine Angst mehr einjagen! Von nun an respektiert der Sohn den Vater nur noch als Mann; die Ehrfurcht vor dem gottähnlichen Vater ist verschwunden und damit auch das Gefühl der eigenen Ohnmacht; der Sohn hat Vertrauen in die eigene Leistungsfähigkeit gewonnen, Selbstrespekt.

Den entscheidenden Schritt, den Widerstand gegen den Vater, hat Gavino Ledda allerdings erst mit 23 Jahren geschafft. Bei der Auseinandersetzung mit dem Vater »stand er seinen Mann«, obwohl der Vater brüllte: »Lieber sterbe ich, als dir unterlegen zu sein.« [2] Zähneknirschend mußte der Vater akzeptieren, daß er keine Macht mehr über den Sohn hatte. Die erste Rebellion des 15jährigen hatte er noch niedergezwungen; gegen den 23jährigen, der durch vier Jahre Militär eine innere Distanz gewonnen hatte, war er machtlos.

Wie bei Gavino Ledda können Söhne ihre *erste Chance* zur inneren Ablösung vom Vater häufig nicht wahrnehmen. Zu nachdrücklich besteht der Vater auf seinem Selbstverständnis: »Hier bin ich dein Herr. Ich bin dein Vater.«[3] Für Alice Miller verkümmert die explosive Phase der Pubertät häufig zu einer ungenützten Chance, da die mit der Auflehnung verbundenen Konsequenzen zu bedrohlich sind: »Würde ein Jugendlicher nüchtern seine wahren Gefühle äußern, so müßte er riskieren, als gefährlicher Terrorist im Gefängnis oder als Verrückter in einer Irrenanstalt eingesperrt zu werden. Für Shakespeares Hamlet oder Goethes Werther hätte unsere Gesellschaft zweifellos nur eine psychiatrische Klinik zur Verfügung, und Karl Moor wäre vielleicht in einer ähnlichen Gefahr.«[4] Hermann Hesse hat, wie wir in Kapitel VIII gesehen haben, als 15jähriger seine wahren Gefühle gezeigt; zwei Aufenthalte in der Heilanstalt waren die Folge. Denn »starke, intensive Gefühle zu erleben führt zum Verachtetwerden, zur Isolierung, Ausstoßung, Todesgefahr, d.h. zur Selbstzerstörung«.[5]

Kann der Jugendliche daher die erste Chance zur inneren Distanzierung nicht nutzen, so bleibt immer noch die zweite Chance des jungen Erwachsenen, und sei es mit psychotherapeutischer Hilfe. In seinem Buch *Der Gotteskomplex* beschreibt Horst-Eberhard Richter einen solchen Fall, der viele Parallelen zu den bis jetzt dargestellten Patientenschicksalen aufweist. Hier seine Analyse:

»Seitdem er (MK: der Sohn Martin) denken könne, sei er von seinem Vater ungeheuer fasziniert gewesen. Er habe alle Meinungen des Vaters automatisch übernommen. Der Vater sei für ihn wie ein Gott gewesen. Aber er sei gewiß, daß der Vater diese Wirkung auf ihn auch stets habe ausüben wollen. Der Vater glaube daran, besser als andere Menschen zu sein. Er habe von ihm nicht eine einzige Äußerung vernommen, daß der Vater je einen anderen Menschen als gleichwertig oder gar überlegen beurteilt habe.«[6]

Daß es sich dabei nicht nur um den Eindruck des Sohnes handelte, belegt ein von Richter zitierter Brief des Vaters an Martin:

»Dein Vater übt auf Dich eine merkwürdige, faszinierende, teils anziehende, teils abstoßende Wirkung aus. Du siehst ihn zeitweise als den Mann mit der starken Wirkung auf andere; die Schicksale seiner Mitarbeiter hängen zum Teil von ihm ab, er hat Abteilungsleiter, Assistenten, Referenten; er bringt das Geld, wovon wir alle leben; alles kommt von ihm, durch ihn; er kann alles; er donnert auf dem Klavier; er läuft Schlittschuh, geht auf Schi; hat in das Weltmeer getaucht; er kann hobeln und feilen; schießt mit dem Bogen; zieht sich den Frack an und geht zu großen Festen; er weiß alles; er kann und liebt Mathematik; er kennt Maschinen, weiß wie sie funktionieren; er kann auch selbst Apparate und Sachen machen, die ›wie gekauft‹ aussehen... etc., etc.« (...)

»Unter diesem Vater konnte ich nie potent werden!« wird Martin später in der Analyse erklären. Und: »Mein Vater gibt sich eine göttliche Stellung, so daß ich da nicht heran kann!«[7] Noch später beschloß Martin auszuwandern und im Ausland seine zukünftige Familie zu gründen; denn er fühlte sich um so sicherer, je weiter er vom Vater entfernt war.

Auf den Vater hatte die Loslösung des Sohnes allerdings eine fatale Wirkung:

»Noch vor Martins Auswanderung verschlechtert sich der Zustand des Vaters laufend. Der Vater wird depressiv und verwirrt. Man bringt ihn in eine Klinik. Dort setzt sich sein psychischer Verfall fort. Wie mir berichtet wird, verliert er zunehmend die Orientierung. Er demonstriert bis zuletzt ein selbstbewußtes und herrisches Auftreten, das in Widerspruch zu seinem fortschreitenden psychischen Abbau steht (...) Vieles spricht dafür, daß der Zusammenbruch des Vaters die notwendige Konsequenz aus der Veränderung Martins ist. Mehr als zwanzig Jahre hatte der Vater sein Selbstbild von Großartigkeit und Macht stabil halten können, weil er den Sohn als Repräsentanten seiner unterdrückten negativen Kehrseite zur Verfügung hatte (...) Martin war für ihn von zentraler Bedeutung. Diesen benötigte er als den Träger des Leidens, des Masochismus, der absoluten Abhängigkeit und der Impotenz, um sich selbst mit der Gegenseite identifizieren zu können, mit leidloser Selbstsicherheit, mit totaler Unabhängigkeit und omnipotenter Grandiosität.«[8]

Richter schließt seine Falldarstellung mit der Vermutung, daß der psychische Verfall des Vaters zu verhindern gewesen wäre, hätte er damals bereits über sein familientherapeutisches Wissen verfügt. Ich teile diesen Optimismus nicht. Martins Vater hätte sicherlich nicht kooperiert; denn häufig haben sich vergleichbare Väter schon zu lange abgeschottet, um sich durch irgend jemand oder irgend etwas in Frage stellen zu lassen.

Die Tragik dieser Väter beschreibt Rudolf Borchardt in seinen autobiographischen Aufzeichnungen:

»Das Schicksal meines Vaters und durch ihn hindurch derer die von ihm lebenslang abhingen, bestand (...) [darin, daß er] einen Menschen in sich abgetötet und einen neuen erzwungen hatte, – halb abgetötet und halb erzwungen, wie das zu gehen pflegt, und daß aus dieser gewaltsamen Selbstbehandlung eine disharmonische Natur hervorgegangen war, halb eine dramatische, aus der herrschenden und der erstickten Stimme gebildet, halb eine durchaus gewalttätige, da die Vergewaltigung des eigenen Ich naturgemäß nicht an der eigenen Grenze stehenbleibt.«[9]

Derjenige, der sich zu lange selbst vergewaltigt hat, will oder kann die Sprache der Psychotherapie nicht mehr verstehen, er begreift nur noch die Sprache der Macht. Dazu Gavino Ledda: »Meine Rebellion hatte ihn aufgerüttelt. Zum ersten Mal in seinem Leben hatte er eine unvermutete Lektion erhalten, und das in der einzigen Sprache, die er gut verstand. Dieses Unwetter hatte ihn gerüttelt wie einen Baum, dessen Blüten erst in der Knospe waren und der nun in diesem Jahr keine Früchte mehr trägt. Und weil das Unwetter ihm die Früchte genommen hatte, verstummte er und geriet zunächst in eine Krise.«[10]

Sowohl die Ablösung des Sohnes als auch die Krise des Vaters ermöglichen lebensstrategische Veränderungen. Wie diese bei einem Sohn aussehen können, zeigt Gavino Ledda: »Ich war ohne jeden Komplex, mich meinem Vater widersetzt zu haben. Ich fühlte mich frei. Nur hielt ich es nicht mehr für selbstverständlich, zu Hause zu bleiben (...) Wollte ich mir also Flügel wachsen lassen, die mich tragen konnten, mußte ich das wohl andernorts tun, und dies um so mehr, als die ganze Umwelt, mit der ich tagtäglich zu rechnen hatte, einstimmig als Wahnsinn bezeichnete, was für mich eine Wiedergeburt war. In mir gärte ein neues Leben, das ich nicht länger aufschieben wollte. So faßte ich den Entschluß, mich vom väterlichen Napf zu trennen.«[11]

Die Krise des Vaters wiederum mag dazu führen, daß er sich durchringt, auf die Macht über seinen Sohn zu verzichten, um dafür einen Preis zu gewinnen, der seiner jetzigen Lebensphase viel gerechter wird: eine gleichberechtigte Partnerschaft zwischen Vater und Sohn.

Anhang 1 Therapeutische Konzeption der Tagesklinik

Das Therapiekonzept ist in seinen wesentlichen Grundzügen auf die Behandlung schizophrener Psychosen ausgerichtet.[1] Bei tiefenpsychologischer Orientierung wird von einem integrierenden Genesungs- und Verarbeitungsstil ausgegangen, d.h., der Kranke soll bereit sein, das psychotische Erleben nachträglich zu verstehen und im Zusammenhang mit seiner eigenen Biographie sehen zu lernen. Dieser Ansatz ist jedoch nicht nur für Psychosen, sondern auch für Patienten mit Borderline-Störungen und schweren Neurosen fruchtbar.

Im Vordergrund des Behandlungskonzeptes steht die Einsicht, daß die therapeutische Arbeit bei jedem Patienten auf eine Gratwanderung zwischen Über- und Unterforderung hinausläuft. Dieser Grat ist nur unter der Voraussetzung begehbar, daß alle Mitarbeiter eng zusammenarbeiten und sich über jeden Patienten hinsichtlich des gegenwärtigen Stands und des weiteren Vorgehens eingehend abstimmen.[2] Die Grundprinzipien der tagesklinischen Behandlung sind:

1. *Aufnahmegespräch*: Die Aufnahme eines Patienten erfolgt durch ein Aufnahmegespräch, an dem das ganze, zu diesem Zeitpunkt vorhandene Personal teilnimmt.
2. *Therapieziele besprechen*: Die Therapieziele werden beim Aufnahmegespräch mit dem Patienten besprochen. Sie können sich im Laufe der Therapie ändern.
3. *Gruppentherapiesitzungen*: Die maximal 24 Patienten der Tagesklinik werden in vier Gruppen zu je sechs Patienten eingeteilt, die während der gesamten Therapiezeit alle Gruppensitzungen gemeinsam erleben. Die Gruppen sind allerdings offen, d.h., Patienten werden aufgenommen und entlassen entsprechend ihrem individuellen Therapieverlauf.

4. *Zeitliche und personelle Konstanz*: Um die zeitliche und personelle Konstanz von seiten der Patienten und der Therapeuten zu gewährleisten, gehört es zum Behandlungsvertrag,
   - daß der Patient verläßlich und pünktlich an der Therapie teilnimmt;
   - daß die Therapeuten nicht länger als drei Wochen an einem Stück in Urlaub gehen; und
   - daß kein Therapeutenwechsel stattfindet, d.h., jeder Patient wird nach bestimmten Gesichtspunkten einem Therapeuten zugeordnet, der für die gesamte Therapiezeit die Einzelgespräche (zweimal pro Woche) führt.
5. *Aufklärung und Eigenverantwortung*: Aufklärung und damit verbundene Eigenverantwortung der Patienten sind zentraler Bestandteil aller Therapieformen. Dies beginnt bei Psychopharmaka und reicht bis zur Förderung gegenseitiger Hilfsbereitschaft unter Patienten, auch im privaten Bereich.
6. *Therapieplan*: Der Ablauf eines Kliniktages ist genau strukturiert. Aus dem Therapieplan (siehe folgende Doppelseite) geht die Wochenstrukturierung hervor. Aus ihr wird ersichtlich, daß jede Therapiegruppe dasselbe Therapieangebot erhält. Zusätzliche Fördergruppen werden individuell zusammengestellt.
7. *Intensiver Informationsaustausch*: Gelegenheit für den intensiven Informationsaustausch zwischen allen Mitarbeitern ist die tägliche Teamsitzung. Dieser gemeinsame Informationspool erleichtert die Zusammenarbeit zwischen den verschiedenen Berufsgruppen und verhindert, daß Patienten einen Therapeuten gegen den anderen ausspielen.

Therapieplan

Uhrzeit	Montag	Dienstag
8.00 – 8.30	Einstimmung	Einstimmung
8.30 – 10.00 Gruppentherapie	A Kunsttherapie B Beschäftigungsth. C Gesprächsgruppe D Videogruppe	A Videogruppe B Gesprächsgruppe C Kunsttherapie D Beschäftigungsth.
10.00 – 11.45 Einzeltherapie	Trommeln / Spiele herstellen	Info-Stunde
11.45 – 12.45	Teambesprechung	Teambesprechung
12.45 – 14.30 Einzeltherapie	kognitives Training	Theater
14.30 – 16.00 Gruppentherapie	A Musiktherapie B Musiktherapie C Beschäftigungsth. D Kunsttherapie	A Beschäftigungsth. B Kunsttherapie C Musiktherapie D Musiktherapie
16.00 – 16.15	Abendmeeting	Abendmeeting

Mittwoch	Donnerstag	Freitag
Chefarztvisite	Einstimmung	Einstimmung
A Kunsttherapie, B Videogruppe, C Gesprächsgruppe, D Gesprächsgruppe	A Gesprächsgruppe, B Gesprächsgruppe, C Kunsttherapie, D Beschäftigungsth.	A soz. Fertigkeiten, B soz. Fertigkeiten, C Videogruppe, D Gesprächsgruppe
Schwimmen	Kochgruppe / Vorstellungsgespräch	Tongruppe / Gymnastik
Ärztekonferenz	Teambesprechung	Teambesprechung
kognitives Training	Psychiatrie-besprechung / Holz	Traumgruppe / Plenum
A Bewegungsth., B Beschäftigungsth., C Bewegungsth., D Kunsttherapie	A Beschäftigungsth., B Kunsttherapie, C soz. Fertigkeiten, D soz. Fertigkeiten	A Gesprächsgruppe, B Bewegungsth., C Beschäftigungsth., D Bewegungsth.
Abendmeeting	Abendmeeting	Abendmeeting

Anhang 2 Katamnestische Untersuchung

Die Behandlungsergebnisse der Nürnberger Tagesklinik wurden von Elisabeth Koch-Kneidl im Rahmen einer psychologischen Diplomarbeit durch eine postalisch durchgeführte Fragebogenstudie[1] überprüft. Angeschrieben wurden alle Patienten, die zwischen Beginn der Tagesklinik im Mai 1984 und dem Dezember 1988 behandelt wurden. Der Fragebogen umfaßte 17 detaillierte Fragen zur objektiven Lebenssituation (z. B. nachfolgende ambulante bzw. stationäre Behandlung, Berufstätigkeit, Familien- und Wohnsituation etc.) sowie zur subjektiven Befindlichkeit. Bei letzterem sollte der Befragte den Zustand vor der tagesklinischen Behandlung mit der gegenwärtigen Lage vergleichen. Die Rücklaufquote war mit 73,5 Prozent (bei rechnerisch mitberücksichtigten Ausfällen durch Unerreichbarkeit wegen Adressenveränderung wären es sogar 83,2 Prozent) ungewöhnlich hoch.

Für die katamnestische Studie wurden außerdem die Krankengeschichten aller Patienten ausgewertet. Dabei wurde u.a. die diagnostische Einordnung (Abb. 1) und der Schweregrad der Erkrankung – orientiert am DSM III – erfaßt (Abb. 2).

Hinsichtlich der Behandlungsergebnisse sind drei Indikatoren von ausschlaggebender Bedeutung:

- Rückfallquote (Abb. 3),
- berufliche Integration (Abb. 4),
- individuelle Einschätzung der subjektiven Befindlichkeit.

Rückfallquote

Bemerkenswert ist, daß nur 15,7 Prozent der untersuchten Patienten erneut vollstationär aufgenommen werden mußten. Daß insgesamt 56,6 Prozent der ehemaligen Patienten nicht auf eine ambulante Weiterbehandlung verzichteten, spricht für ihr verantwortungsvolles Umgehen mit ihrer psychischen Gefährdung.

Berufliche Integration

Vor Therapiebeginn waren lediglich 15,7 Prozent der Patienten in einem Beschäftigungsverhältnis. Zum Zeitpunkt der Befragung entsteht das in Abbildung 4 wiedergegebene Bild.

Individuelle Einschätzung der subjektiven Befindlichkeit

Unter Verwendung eines multiplen Erfolgsmaßes wurde ausgewertet, wie ehemalige Patienten ihre veränderte Bewältigungsfähigkeit des Alltags einschätzen. Es ergab sich folgendes Bild:
- deutliche Besserung 43,9 Prozent,
- mittlere Verbesserung 36,6 Prozent und
- geringe bis keine Verbesserung 19,5 Prozent.

Abb. 1: Diagnose

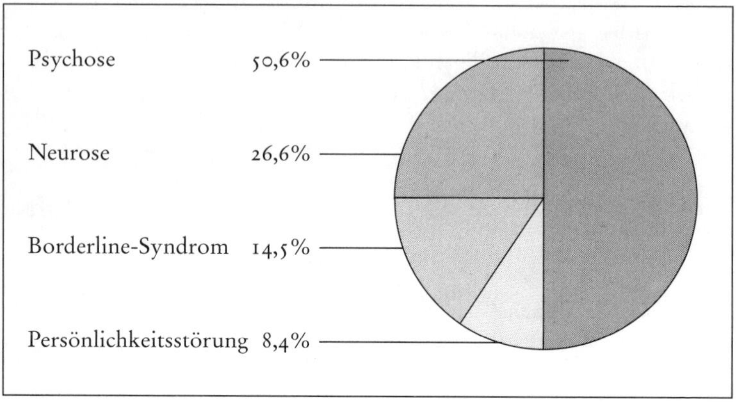

Abb. 2: Schwere Erkrankung

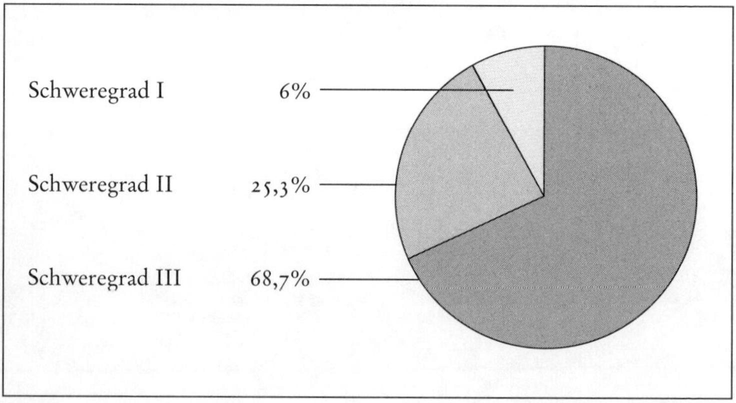

Abb. 3: Nachfolgende Behandlung

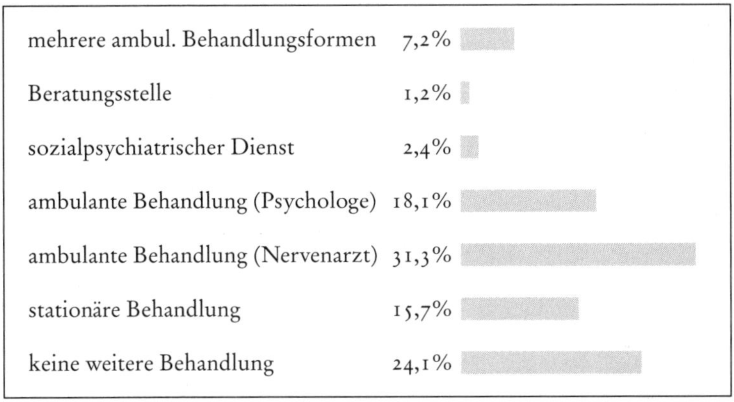

Abb. 4: Berufliche Situation zum Katamnesezeitpunkt

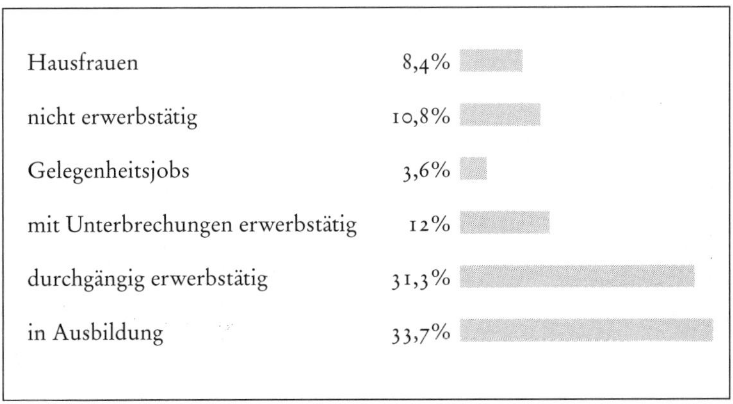

Anhang 3 Familiengespräche in der Tagesklinik *(Videoaufzeichnung)*

Die Familiengespräche in der Tagesklinik hatten keinen familientherapeutischen Anspruch. Sie dienten lediglich dazu, den biographischen und sozialen Hintergrund des Patienten besser kennenzulernen. Es war demnach mein explizites Anliegen, möglichst alle Familienmitglieder zu einem gemeinsamen Gespräch zu versammeln. Dies erfolgte stets mit dem Einverständnis der Patienten, die das Gespräch selbst organisierten und auch immer daran teilnahmen. Familiengespräche wurden – soweit möglich – bei allen Patienten durchgeführt. Sie waren durch mein Therapieinteresse motiviert, nicht durch mein Forschungsinteresse. Meist kam es nur zu einem Familiengespräch. Ganz selten fand ein zweites Gespräch in einer späteren Therapiephase statt, so z. B. um sich der Unterstützung der Eltern oder des Lebenspartners für bestimmte Zukunftspläne des Patienten zu versichern. Die Gespräche wurden, mit Zustimmung aller Beteiligten, mit einem Videogerät von mir selbst aufgezeichnet. Es waren also außer den Familienmitgliedern und mir, als Therapeutin, keine zusätzlichen Personen anwesend. Daß diese Gespräche aufgenommen wurden, wurde stets akzeptiert.

Diese Familiengespräche verliefen nach einem mehr oder weniger gleichbleibenden Muster: Den Eltern wurde typischerweise und wahrheitsgemäß (das letztere war sowieso die Grundkomponente aller Gespräche) gesagt, daß sich ein Patient selten an seine frühe Kindheit bzw. an zentrale Familiendaten erinnern kann. Es sei daher von Interesse, zusätzliche Informationen von den Familienmitgliedern selbst zu erhalten. Dann wurden die Anwesenden aufgefordert, bei ihren Erzählungen mit einem möglichst frühen Zeitpunkt anzufangen, bei Eltern z. B. spätestens mit dem Zeitpunkt, an dem sie sich kennengelernt haben. Von da an arbeitete man sich langsam bis zur Gegenwart vor.

Meine eigene Rolle war dabei, den Informationsfluß vorsichtig auf biographische Ereignisse im Leben der einzelnen, also nicht nur des Patienten, zu lenken. Ich versuchte, so wenig wie möglich zu intervenieren und betrachtete die Aufzeichnungen als Material für die weitere Einzeltherapie. D.h., die Videoaufzeichnungen sollten es dem Patienten in späteren Einzeltherapiesitzungen ermöglichen, Zeuge seines eigenen Verhaltens zu werden. Zudem eröffneten sie ihm die Chance,

- sich selbst zusammen mit seinen Eltern zu erleben;
- seine Eltern mit den Augen eines Erwachsenen und nicht mit denen eines Kindes sehen zu lernen; und
- vergrabene Erinnerungen aus der Kindheit und der Jugendzeit wiederzubeleben.

Die männlichen Patienten hatten dabei regelmäßig große Skrupel, speziell ihren Vater zu einem Familiengespräch zu bitten. Dies zeigte sich immer wieder vor und während des Gesprächs. Dieselben Skrupel hatten sie gegenüber Müttern in der Regel nicht. Hier eine typische Sequenz:

Sohn, an den Vater gerichtet:

»Ich find das (Therapeutin: Familiengespräch) auch für dich blöd. Ich muß ehrlich sagen, braucht's das überhaupt eigentlich?« (Und weiter, an mich gerichtet:)

»Ich erspar meinem Vater vieles nicht, aber ich weiß nicht, ob das jetzt wirklich notwendig ist.«

Vater:

»Stört mich überhaupt nicht. Ich bin gerade am drüber (Therapeutin: Lebensgeschichte) nachdenken. Wenn ich mir Mühe gebe, kann ich – so gut es geht – im Rahmen der Zeit, ein Bild vermitteln. Darum geht's mir eigentlich.«

Nun zu einem kurzen Ausschnitt aus einem Gespräch: Er zeigt eine in diesem Buch untersuchte Problematik, und zwar die des »Bruchs« zwischen Vater und Sohn eindrücklich auf. Um dem Leser das Verständnis für die zentralen Punkte dieses Gesprächs zu erleichtern, werde ich alle die Aussagen hervorheben, die ich als besonders typisch erachte. Ich werde auf sie im Anschluß näher eingehen.

Ausschnitt aus einem Familiengespräch

Anwesend waren Mutter, Vater, Sohn und ich.

Vater über Sohn F.:

»Ich habe eigentlich **immer das Gespräch mit ihm gesucht**, ich würde sagen, vielleicht zu oft, und **habe ihn vielleicht etwas abgeschreckt.**

Denn **F., überleg mal**, schon in der Schule, habe ich immer **das Gespräch gesucht**.

Aber F. war in einer zweischneidigen Position: Einerseits hatte er oft das Bedürfnis gehabt, sich auszusprechen, und andererseits hat er aber beinahe gleichzeitig einen Rückzieher gemacht. **F. überleg mal,** das war manchmal so, wir haben uns unterhalten und dann ist die Unterhaltung, ob das jetzt die Zeit war oder das Thema, dann hast du gesagt: Jetzt reicht's mir, mir reicht's. Also es waren Anfänge da, aber **dann ist es von ihm wieder zurückgenommen worden**.

Ich weiß nicht, **wie das meine Frau sieht?«**

Mutter:

»Ja ich, ich seh das **ganz anders**. Ich find, unter Gespräch stell ich mir was ganz **Unkompliziertes** vor. Wenn ich da bei mir daheim bin, das war bei mir zu Hause einfach nicht so. Ich hab das Gefühl, du warst immer **für den F. mehr wie ein Lehrer, aber nie wie ein Vater**, der sagt: ›Geh her‹ oder ›setz dich‹ oder ›mein Bub.‹«

Vater:

»**Laß mal den F. reden**, ob er's auch so sieht, das ist vielleicht wichtig.«

Sohn:

»Ja, das stimmt schon. Also so, so **Wärme und Zuneigung**, das **hat gefehlt**. Ich weiß, daß du **in meinem ganzen Leben mich bloß vier-**

mal so angefaßt hast. Und das hab ich halt bei anderen anders erlebt. **Bei uns war's halt eher so autoritär, so eher so bewundernd**, aber, ja aber...«

Vater:

»Ich mein in dem Sinn, daß man immer wieder **ein Gespräch anzubringen versucht hat.** Es ist ja so, und **der antwortet nicht, und der klappt vollkommen zu** oder steht auf und geht, was er sehr oft gemacht hat. Dann ist es ja wirklich schwer, zu einem Gespräch zu kommen. Und möglicherweise ist man **nach einiger Zeit nicht mehr dazu bereit, es jedes Mal wieder zu einem Fehlschlag kommen zu lassen**. Aber ich weiß nicht, das ist mir nie klargeworden, warum der F. immer so zugeknöpft hat, **das müßte er eigentlich mal sagen können.**«

Sohn schweigt.

Mutter:

»Der F. hat **viel, sehr, sehr viel von dir**, der kann sich nicht so äußern, ist **zu keinen Gefühlen fähig.** Da **kann jemand nichts dafür,** wenn er das nicht hat.

Oder sagen wir, wenn du beim Fernsehen was sitzt – es ist ja alles recht und schön, **du kannst nicht anders** –, und ich sag mal bloß ein Wort, **da wirst du fuxteufelswild.** Ja wenn ich woanders hinschau, da sagt die Frau auch mal was, da ist **der Mann auch nicht der liebe Gott**. Ich weiß nicht, **mir macht das heute nichts mehr aus.**«

Vater:

»Man muß natürlich **die ganze Sache**, oder ich jedenfalls sehe es so, mehr **längsschnittmäßig sehen.** Wenn wir mal von einer **Entfremdung** sprechen, oder einer **Kluft**, dann ist das natürlich nicht seit gestern, sonders **das begann in etwa mit seinem 13. Lebensjahr**. Wenn man die Bilder anschaut von damals, **wir haben alles das unternommen, was junge Eltern mit einem Kind unternehmen**, bis zum 13. Jahr alles unternommen, was junge Eltern unternehmen. Es war **nicht** so, daß das ein Kind war, das **vernachlässigt** worden ist. Das war eine eigentümliche Sache und **hing mit der beginnenden Pubertät zusammen und der Schule**.

Es war natürlich so, wenn wir beim Essen saßen, und das war fast typisch, **wenn über die Schule gesprochen worden ist, hat er plötzlich sämtliche Abwehrklappen hochgenommen**, und nun ist ja eigentlich für einen Jungen in der Schule und die **Eltern sind ehrgeizig in einem gewissen Umfang**, ist natürlich schon wichtig zu erfahren, was denn los ist. Wie geht's, wie sind die Noten, wie kommt er mit den Lehrern aus? Und danach fing es an, daß es jeden Tag beim Essen wegen der Unterhaltung zu einem Krach gekommen ist, zu einem Krach, den er dadurch, daß **er in Rage gekommen ist**, dadurch abgeschlossen hat, daß **er aufgestanden ist und ist gegangen.**«

Mutter:

»Aber ich denk doch eher, wenn **der F. gerade von der Schule gekommen ist** und ich sitz jetzt gerade am Tisch und sein **Vater fängt schon wieder mit der Schule an.**

Bei mir zu Hause hätt ich zu meinem Vater gesagt, laß mir jetzt meine Ruh! Das ist z. B., **was sich der F. nicht hat sagen trauen.** Und das find ich normal, ich hätt gesagt, frag mich später und ich zeig dir meine Aufgaben.

Aber so war jeden Mittag das mit der Schule, und so hat's **jeden Mittag n'Krach gegeben.**«

Vater:

»**Wenn ich jetzt versuche, das nochmals zu analysieren**, es war natürlich so, **er hat natürlich gewußt**, klar gewußt, daß er in vielen Dingen **hätte anders reagieren sollen**. Er hätte **netter sein können**, er hätte **verbindlicher sein können**, er hätte die **Dinge, die man ihm hingestellt hat**, in der Schule, im Sportverein, **hätte er mehr bieten können.**

Nehmen wir nun an, daß **er nicht konnte**, daß **er nichts bringen konnte** auf dem Gebiet. Er muß ja immer ein schlechtes Gewissen gehabt haben. Und das erklärt dann vielleicht seine Einstellung, seine Schwierigkeiten in ein Gespräch zu kommen. **Das wäre für mich eine plausible Erklärung.**

Ich glaube, daß es richtiger wäre, **wenn man die Sache mit dem 12./13. Lebensjahr beginnen sieht**. Damals ist ein **Bruch** eingetreten. Das ist kein Zweifel. Die **Möglichkeit zum Gespräch war immer gegeben, grundsätzlich.**

Es wäre jetzt wirklich interessant zu hören, warum es dazu nie gekommen ist, außer in ganz wenigen Fällen, wo der F. in ganz schwierigen Situationen war.

Es sind wirklich **in dich Erwartungen gesetzt worden, nicht nur wegen deines Vaters**, sondern an sich überhaupt. Vielleicht steckt da was drin. Ich würd sagen, daß **wir uns manchmal zu sehr auf ihn gestürzt haben** und dadurch **Erwartungen ausgelöst** haben, **denen er nicht entsprechen konnte.**«

Sohn:

»**Ich hab nicht das Vertrauen gehabt**, so ein **Grundvertrauen**, daß man so für einander da ist, auch **warmherzig**, auch **ohne Ironie und Zynismus, ohne daß es alles bespöttelt wird**, daß man den anderen mal auf die Schultern klopft und **lobt und umarmt**, eben Zuneigung und Wärme.

Ich war deshalb auch gar nicht fähig, so was mal anzunehmen, wenn's mal tatsächlich von anderen auf mich zugekommen ist.»

Vater:

»Viele Kinder waren gezwungen, weil ihnen **nicht alles in den Schoß geworfen wurde, sich beliebter zu machen**. Ich glaube, **daß das eine ganz große Rolle spielt.**«

Äußere Form des Familiengesprächs

Widmet man seine Aufmerksamkeit zunächst der **äußeren Form** dieses Familiengesprächs und bedient man sich eines so einfachen Merkmals wie der Zahl der Zeilen, die von jedem Familienmitglied gesprochen wurden, so ergibt sich:

1. Der Vater bestreitet ca. 70 %, die Mutter ca. 20 % und der Sohn ca. 10 % der Gesprächszeit. Der Vater nimmt also **überproportional viel der Gesprächszeit in Anspruch.**
2. Der Vater **dirigiert zudem das Gespräch mit Aufforderungen** an Frau und Sohn:
   »Ich weiß nicht, wie das meine Frau sieht?«
   »Laß mal den F. reden...«
   »Das müßte er eigentlich selbst sagen...« etc.

Auch diese Aufforderungen können gezählt werden: In dieser kurzen Passage fordert der Vater sechsmal andere zum Reden auf. Frau und Sohn antworten oder schweigen.

3. Obwohl der Vater das Gespräch steuert, geht **er nicht auf die Argumente von Frau und Sohn ein**. Er bremst sie geradezu aus, indem er immer wieder ganz neue Aspekte einbringt, anstatt auf die Gedanken der anderen einzugehen.
4. Der Vater beschreibt die Vergangenheit nicht, **er analysiert sie von einer höheren Warte:**
   »Man muß natürlich die ganze Sache... längsschnittmäßig sehen...«
   »Wenn ich jetzt versuche, das nochmals zu analysieren...«
5. Der **Vater erklärt, wie es möglicherweise zur Krankheit gekommen ist**. Bei diesen »Erklärungen« fällt jedoch auf, daß Ansätze zu einer möglichen Selbstreflexion kaum vorhanden sind:
   »Nehmen wir nun an, daß er nicht konnte...«
   »Erwartungen ausgelöst, denen er nicht entsprechen konnte...«
   »Er hat sich nicht beliebt gemacht...«

Sieht man sich zusammenfassend nur die oberflächlichen Merkmale des Verhaltens des Vaters an, so gleicht er einem »schlechten Lehrer« oder einem »schlechten Chef« und das, obwohl er sich situationsbedingt so positiv wie möglich darstellen wollte: Er steht über den anderen, steuert das Gespräch, beansprucht viel Zeit, fordert die anderen zu Meinungsäußerungen auf, auf die er nicht eingeht. Er erklärt die Sachlage und bringt als Entschuldigung sein zu intensives Bemühen.

Inhaltliche Analyse des Familiengesprächs

Betrachtet man zunächst nur die väterliche Seite, so läßt sich aus den zuvor wiedergegebenen (und im Text hervorgehobenen) Zitatstellen ein **typisches Verlaufsmuster des Bruchs zwischen Vater und Sohn** erkennen. Mit Hilfe dieses Gesprächsausschnitts wird nachvollziehbar, **wie** es zum Bruch kommen kann und **warum** bestimmte Väter mit ihren Söhnen brechen.

Die väterliche Position kann mit Hilfe der hervorgehobenen Passagen aus dem zuvor wiedergegebenen Text folgendermaßen systematisiert werden:

1) *Väterliche Angebote an den Sohn:*
»grundsätzlich Möglichkeit zum Gespräch«, »alles in den Schoß geworfen«, »Dinge, die man ihm hingestellt hat«.
2) *Selbstdarstellung des Vaters:*
»unternommen, was junge Eltern mit ihren Kindern unternehmen«, »nicht vernachlässigt«.
3) *Stolz des Vaters:*
»nach einiger Zeit nicht mehr dazu bereit, es jedes Mal wieder zu einem Fehlschlag kommen zu lassen«.
4) *Erwartungen des Vaters:*
»Erwartungen gesetzt, nicht nur wegen deines Vaters«, »Eltern ehrgeizig«, »Sohn hätte mehr bieten können«, »sich beliebter machen«.
5) *Entschuldigungen des Vaters:*
»vielleicht abgeschreckt«, »manchmal zu sehr auf ihn gestürzt«.
6) *Enttäuschung des Vaters über den Sohn:*
»Erwartungen ausgelöst, denen er nicht entsprechen konnte«, »daß er nicht konnte, daß er es nicht bringen konnte«.
7) *Bruch mit dem Sohn:*
»Entfremdung... Kluft..., das begann in etwa mit dem 13. Lebensjahr«, »wenn man die Sache mit dem 12./13. Lebensjahr beginnen sieht. Damals ist ein Bruch eingetreten.«

Interpretation

Wir haben hier einen Vater, der viel dafür getan hat, von Frau und Sohn bewundert zu werden. Die Ehefrau vergleicht ihren Mann – nicht von ungefähr – mit einem »Lehrer« und insgesamt mit dem »lieben Gott«. Daß sie persönlich seine Gebote und Verbote beachten muß, macht ihr »heute nichts mehr aus«.

Der Sohn »traute« sich – nach Aussage der Mutter – nicht, dem Vater standzuhalten. Auf die täglichen Befragungen über die Schule konnte er nur mit hilfloser Wut reagieren. Statt seine Meinung zu äußern, verließ er immer wieder in »Rage« den Raum.

Dennoch bewunderte er seinen Vater und bewundert immer noch seine Autorität. Immer noch wünscht er sich Wärme und Zuneigung von ihm.

Der Vater sieht das hilflose Aufbegehren seines Sohnes als direkten Angriff auf die eigene Person. Statt vorsichtiger und fördernder auf den Sohn einzugehen, fühlt er sich vom Sohn zurückgewiesen. Er kämpft – muß man annehmen – um sein eigenes labiles Gleichgewicht. Insgesamt befürchtet er, durch wiederholte »Fehlschläge« sein Gesicht als Familienoberhaupt zu verlieren. So schiebt er den Protestierenden beiseite. Er verwirft ihn: Dieser Sohn ist nicht sein würdiger Nachfolger; er macht sich nicht »beliebt« bei ihm. So bricht er mit dem Sohn.

Mit diesem Bruch stürzt für den Sohn eine ganze Welt zusammen: die männliche Welt, also die für ihn einzig mögliche Welt. Dem werdenden Mann wird nicht nur der Segen des Vaters versagt. Am Anfang seiner männlichen Entwicklung – in der Pubertät – wird er vom Herrn und Meister als »nicht der Mühe wert« aussortiert.

Um das Schicksal des Sohnes mit den Worten eines anderen Vaters über dessen Sohn auszudrücken: »Früher hätte man solche Söhne nach Amerika geschickt. Da wären sie entweder untergegangen, oder es wäre was aus ihnen geworden.« Heutzutage werden solche Söhne auf andere Weise abgeschoben, ausgestoßen, verstoßen: einsame Überlebenskämpfer in der Wildnis diesseits und jenseits des Ozeans.

Durch dieses Abgestoßenwerden bleibt der Sohn auf aggressive Weise auf den Vater *fixiert*: »Dem werde ich es noch zeigen! Dem werde ich noch beweisen, daß ich auch wer bin, sogar besser bin als er!« Dahinter steht jedoch die Sehnsucht, irgendwann vom Vater doch noch anerkannt zu werden; statt »Ironie und Zynismus« »Wärme und Zuneigung« zu bekommen. Bei dieser Grundkonstellation ist jetzt vielleicht verständlich, warum z. B. der unerwartete Tod des Vaters für den Sohn besonders gefährlich wird: Er hat damit jede Möglichkeit verloren, »es dem Vater noch einmal zeigen zu können«. Die Verstoßung wird unwiderruflich.

Anmerkungen

Einführung

[1] Hesse, H., 1974, Demian, S. 8.

[2] Die Begriffe Psychose im allgemeinen und Schizophrenie im besonderen werden in den Kapiteln VI und VII ausführlich diskutiert.

[3] Die Psychiatrische Tagesklinik am Städtischen Klinikum Nürnberg war speziell auf die psychotherapeutische Behandlung von Psychosen ausgerichtet (siehe dazu Anhang 1). Näheres über die Behandlungsergebnisse ist aus der katamnestischen Untersuchung von Elisabeth Koch-Kneidl ersichtlich (siehe dazu Koch-Kneidl, 1990, und Kreckel, 1991, sowie Anhang 2).

[4] »In den klassischen tiefenpsychologischen Richtungen wird dem Vater lediglich eine Rolle zuerkannt, die seiner Stellung im Patriarchat in keiner Weise entspricht. Die Gründer der Psychologie sind selbst Säulen der Vaterkultur. Ihre Lehren, ob Freuds Psychoanalyse, Adlers Individualpsychologie oder Jungs analytische Psychologie sind durch die Verleugnung der Bedeutung des Vaters eine Stütze des Vaterrechts. Sie decken die gesellschaftliche und individuelle Realität mit dem Mantel der Theorie zu.« Loll, U., 1992, James Joyce, Genie im Patriarchat, S. 9.

[5] Thomä und Kächele, 1989, »Lehrbuch der psychoanalytischen Therapie«. Einer der wenigen, die dem Einfluß des Vaters auf die Entwicklung des Kindes ein kurzes Kapitel gewidmet haben, ist Wolfgang Mertens, »Psychoanalyse«, 1989, S. 56–66. Allerdings beschränkt sich Mertens in seiner Wiedergabe der Literatur auf die Beziehung des Vaters zum Kleinkind, zum präödipalen Kind.

[6] Blos, P., 1990, Sohn und Vater.

[7] Miller, A. 1983, Du sollst nicht merken, S. 266.

[8] Z. B. Corneau, G., 1991, Abwesende Väter – Verlorene Söhne; Wieck, W., 1992, Söhne wollen Väter.

[9] In die Sachliteratur sind natürlich eine Reihe von »Bewältigungsversuchen« eingegangen, z. B. Sichrovsky, P., 1987, Schuldig geboren, und v. Westernhagen, D., 1988, Die Kinder der Täter. Auch in der belletristischen Literatur der Nachkriegszeit gibt es manche eindrucksvolle Beispiele. Man denke nur an Wolfgang Borchert, Heinrich Böll und Günter Grass.

[10] Ciompi, L., 1983, Affektlogik, S. 220.

[11] Eine Ausnahme bildet der seit einiger Zeit viel beschriebene und viel untersuchte sexuelle Mißbrauch des Vaters an seinen Kindern, speziell an seinen Töchtern.
[12] Siehe in diesem Zusammenhang Tellenbach, H. (Hg.), 1978, Das Vaterbild im Abendland, Bde. I und II.
[13] Siehe Anhang 3.
[14] Loll, U., 1992, a. a. O., S. 142.
[15] Loll, U., 1992, a. a. O., S. 10.

Kapitel I

[1] Westermann, C., 1977, Biblischer Kommentar, Altes Testament, 11, S. 2.
[2] Oeming, M., 1995, Altes Testament und Tiefenpsychologie, Theologische Literaturzeitung, 120. Jahrgang, Nr. 2, S. 114.
[3] Von Wedel, E., 1990, Als Jesus sich Gott ausdachte.
[4] Von Wedel, E., 1990, a. a. O., S. 28.
[5] Von Wedel, E., 1990, a. a. O., S. 27f.
[6] Eine Ausnahme bilden so manche Künstler, z. B. Francis Bacon und sein Tableau »Die Kreuzigung«.
[7] Die Identifizierung männlicher Patienten mit Jesus Christus ist so verbreitet, daß Sigmund Freud von einer »landläufigen Form der Erlöserphantasie (spricht). (...) Der Betreffende sei Gottes Sohn, dazu bestimmt, die Welt aus ihrem Elend oder vor dem ihr drohenden Untergang zu retten usw.« Freud, S., 1993, Zwei Falldarstellungen, ›Der Rattenmann‹, ›Der Fall Schreber‹, S. 97.
[8] Sowohl für den Laios-Ödipus-Mythos als auch für die Beziehung Sigmund Freuds zu seinem Vater ist Marianne Krülls Buch, Freud und sein Vater, 1979, sehr aufschlußreich. Es wird noch ausführlich diskutiert.
[9] Von Ranke-Graves, R., 1989, Griechische Mythologie, S. 337ff.
[10] Miller, A., 1983, a. a. O., S. 185.
[11] Blos, P., 1990, a. a. O., S. 49ff., diskutiert die Ödipus-Sage, um die väterliche Ambivalenz dem Sohn gegenüber darzustellen. Neben den positiven Empfindungen des Vaters bei der Geburt eines Sohnes existieren auch, meist unbewußt nach Blos, negative Gefühle wie Neid, Groll und Todeswünsche. Siehe auch den Laios-Komplex, Ross, J. M., 1982, Oedipus revisited: Laius und the ›Laius complex‹, in: Psychoanalytic Study of the Child, 37.
[12] »Devereux (1953) zitiert andere Autoren, die sich auf verschiedene griechische Quellen zu dieser Sage stützen. Danach galt Laios als ›Erfinder‹ der Päderastie, der homosexuellen Knabenliebe. Nach einigen Quellen ist Ödipus als Sühneopfer eingesetzt worden, um Heras Zorn über die Verführung des Chrysippos zu beschwichtigen, wobei dem Laios nicht die homosexuelle Beziehung zu dem Knaben zum Vorwurf gemacht wurde, sondern

die Tatsache, daß er die Gastfreundschaft des Pelops gebrochen hatte und daß es sich um eine gewaltsame Entführung handelte. Laios' Charakter wird überhaupt in wenig günstigen Farben geschildert, er war brutal, gewalttätig, jähzornig« (Krüll, M., 1979, a.a.O., S. 103).

13 Krüll, M., 1979, a.a.O.

14 Pilgrim, V. E., 1993, Vatersöhne.

15 Freud, S., 1986, Briefe an Wilhelm Fließ 1887–1904, Hg. von Michael Schröter, S. 213. Diese und andere Stellen wurden in früheren Veröffentlichungen unterdrückt.

16 Ich verweise in diesem Zusammenhang auf die exzellente Darstellung des Ödipuskomplexes von Peter Blos in seinem bereits erwähnten Buch »Sohn und Vater«, 1990.

17 Pilgrim, V. E., 1993, a.a.O., S. 102ff.

18 Freud, S., 1986, a.a.O., S. 245.

19 Pilgrim, V. E., 1993, a.a.O., S. 106.

20 Krüll, M., 1979, a.a.O., S. 263.

21 Krüll, M., 1979, a.a.O., S. 103 und sie führt auf derselben Seite aus: »Nach der Sage war Laios (...) ein ›Perverser‹, ein aktiver Homosexueller mit sadistischen Zügen, also der Typ von Vater, der nach Freuds Verführungstheorie als Urheber von Neurosen bei den eigenen Kindern betrachtet werden mußte. Ödipus war das unschuldige Opfer, das die Sünden des Vaters sühnen mußte.«

22 Freud, S., 1896c, a.a.O., S. 75.

23 Freud, S., 1896c, a.a.O., S. 75.

24 Freud, S., 1986, a.a.O., S. 267.

25 Das Erkennungsverbot, das sich Freud nach dem Tod seines Vaters selbst auferlegt, geht so weit, daß naheliegende Einsichten, die Väter belasten könnten, undenkbar werden. So analysiert er in einem seiner Lieblingsessays eine Kindheitserinnerung von Leonardo da Vinci, die zu seiner vermuteten Homosexualität beigetragen haben könnte. Es existiert ein Vermerk Leonardos, in dem er schreibt: »Es kommt mir als eine ganz frühe Erinnerung in den Sinn, als ich noch in der Wiege lag, ist ein Geier zu mir herabgekommen, hat mir den Mund mit seinem Schwanz geöffnet und viele Male mit diesem seinen Schwanz gegen meine Lippen gestoßen.« In einer abenteuerlichen Interpretation kommt Freud nun von dieser Erinnerung, die – wenn überhaupt – auf den sexuellen Mißbrauch des Vaters an seinem illegitimen Sohn Leonardo schließen läßt, auf die Behauptung, daß diese Erinnerung auf das Säugen und Küssen der Mutter zurückzuführen sei: »Die Geierphantasie Leonardos (...) welche nur allzu deutlich an die Beschreibung eines Sexualaktes (erinnert) [»und hat viele Male mit seinem Schwanz gegen meine Lippen gestoßen«], betont Leonardo die Intensität der erotischen Beziehung zwischen Mutter und Kind. Es fällt nicht schwer, aus dieser Verbindung der Aktivität der Mutter (des Geiers) mit der Hervorhebung der Mundzone einen zweiten Erinnerungsinhalt der Phantasie

zu erraten. Wir können übersetzen: Die Mutter hat mir ungezählte leidenschaftliche Küsse auf den Mund gedrückt. Die Phantasie ist zusammengesetzt aus der Erinnerung an das Gesäugtwerden und an das Geküßtwerden durch die Mutter. (...) Durch diese erotische Beziehung zur Mutter bin ich ein Homosexueller geworden.« (Freud, S., 1995, Eine Kindheitserinnerung des Leonardo da Vinci, S. 51, 63 und 66.)

[26] Daß Söhne nach dem Tod ihres Vates psychisch erkranken, ist ein immer wieder festzustellendes Muster. Auch die Falldarstellung am Ende dieses Kapitels gibt davon Zeugnis.

[27] Miller, A., 1983, a.a.O., S. 278.

[28] Freud, S., 1977, Totem und Tabu, S. 145.

[29] Loll, U., 1992, a.a.O., S. 63ff.

[30] Ciompi, L., 1983, a.a.O., S. 225f., führt diesen Punkt noch weiter aus.

[31] Siehe die soziologische Literatur über die autoritäre Gesellschaft und den Faschismus.

[32] Vor diesem Hintergrund wird erst deutlich, welche Tollkühnheit es für Studenten der 68er Jahre bedeutet haben muß, die Väter mit ihren Taten zu konfrontieren. Besonders heikle, da nicht im Kriegszusammenhang stehende, Tatsachen allerdings, wie das Euthanasieproblem in der Psychiatrie, wurden erst 40 Jahre nach Kriegsende zum Thema, zu einem Zeitpunkt also, wo auch der letzte beteiligte Psychiater-Vater aus dem aktiven Berufsleben ausgeschieden war.

[33] Nach Freud ist die Fähigkeit, zu lieben und zu arbeiten, das entscheidende Merkmal für psychische Gesundheit. Bei Adler kommt noch das Gemeinschaftsgefühl hinzu.

[34] Diese und andere Krankengeschichten sind natürlich aus Daten- und Persönlichkeitsschutzgründen anonymisiert. Die für die Argumentation notwendigen Zusammenhänge sind jedoch beibehalten worden.

[35] Alle wörtlichen Zitate von Patienten, seien es eigenhändige Aufzeichnungen oder transkribierte Aussagen von Videoaufnahmen, werden kursiv gedruckt und mit Quellenhinweisen versehen. Die Abkürzung KG steht für Krankengeschichte und die Abkürzung VB für Videoband.

[36] Blos, P., 1990, a.a.O., S. 50, beschreibt die Rolle des Sohnes als »Aufbegehren oder Unterwerfung, Vatermord oder Selbstmord«. Ich werde auf diese Problematik unter den Überschriften »Verwerfung/Unterwerfung« und »Fluch/Segen« noch detailliert eingehen.

Kapitel II

[1] Thomas Mann, 1992, *Joseph und seine Brüder*, Bd. 1, S. 69.

[2] Ich beziehe mich dabei auf die Analyse der französischen Philosophin und Soziologin Elisabeth Badinter in ihrem 1993 erschienenen Buch *XY – Die Identität des Mannes*.

[3] Badinter, E., 1993, a. a. O., S. 164.
[4] Von den 73 an einer Schizophrenie erkrankten männlichen Patienten dieser Studie ist nur ein einziger ohne Vater bzw. Vaterersatz aufgewachsen; vier haben ihren Vater zwischen dem 7. und 12. Lebensjahr durch Tod verloren; sechs hatten einen Stief- oder Adoptivvater.
[5] Eine Beschreibung der Familiengespräche, d. h. ihre Funktion, ihre Durchführung sowie ein ausführliches Beispiel, ist im Anhang 3 zu finden.
[6] Miller, A., 1983, a. a. O., S. 226.
[7] Miller, A., 1983, a. a. O., S. 226.
[8] Siehe die in Kapitel 1 diskutierte Laios-Ödipus-Thematik.
[9] Siehe dazu den gleichnamigen Nachkriegsroman von Wolfgang Borchert oder den eindrucksvollen Film »Rama dama« über die unmittelbare Nachkriegszeit im zerbombten München.
[10] Ciompi, L., 1981, a. a. O., S. 80.

Kapitel III

[1] Franz Kafka, 1965, Das Kafka-Buch, hg. von Heinz Politzer, S. 16ff.
[2] Ch. Bernard und E. Schlaffer, 1991, Sagt uns, wo die Väter sind, S. 7ff.
[3] Guy Corneau, 1993, Abwesende Väter – Verlorene Söhne, S. 25; siehe auch Wilfried Wieck, 1992, der in seinem Buch *Söhne wollen Väter* davon ausgeht, daß der Vater den Sohn auf Distanz hält, da er psychisch und physisch abwesend ist.
[4] Vergleiche dazu Alice Miller, 1983, a. a. O., S. 304ff.
[5] Peter Blos, 1990, a. a. O., S. 122.
[6] Hinsichtlich Unabhängigwerden und Loslösung vom Vater siehe Kapitel VIII.
[7] Franz Kafka, 1965, a. a. O., S. 17/18.
[8] Franz Kafka, 1965, a. a. O., S. 14f.
[9] Franz Kafka, a. a. O., S. 20.
[10] Franz Kafka, 1965, a. a. O., S. 20.
[11] Siehe dazu Peter Blos, 1991, a. a. O., S. 105ff.
[12] Siehe in diesem Zusammenhang die Erzählung »Das Urteil« von Franz Kafka.
[13] Franz Kafka, 1965, a. a. O., S. 19.
[14] Franz Kafka, 1965, a. a. O., S. 15.
[15] Siehe das gleichnamige Werk von Alice Miller, 1981.
[16] Franz Kafka, 1965, a. a. O., S. 15.
[17] Auf die Psychodynamik dieses Falles kann ich hier nicht eingehen. Ich verweise auf die Kapitel »Behandlung« und »Theorie«.
[18] Franz Kafka, 1965, a. a. O., S. 13 und 26.
[19] Die nun folgenden Bemerkungen stammen von zahlreichen Patienten. Die Reihe könnte beliebig ergänzt werden.

[20] Siehe die einschlägige historische und soziologische Literatur über geschlechtsspezifisches Verhalten.
[21] Siehe Peter Blos, 1992, a.a.O.
[22] Siehe Wolfgang Schmidbauer, 1985, Die Angst vor Nähe.
[23] Jean-Paul Sartre, 1965, Die Wörter, S. 23.
[24] Siehe dazu Luc Ciompi, 1982, a.a.O.
[25] Luc Ciompi, 1982, a.a.O., S. 227.
[26] Zitiert nach der Ausgabe der *Nürnberger Nachrichten* vom 28. Oktober, 1994, S. 26.
[27] E. von Wedel, 1990, Als Jesus sich Gott ausdachte. Die Unerwiderte Liebe zum Vater, S. 55.

Kapitel IV

[1] Hermann Hesse, 1970, Das Glasperlenspiel, in: Gesammelte Werke, Werkausgabe, Bd. 9, S. 357.
[2] Auf seine Töchter hat Schreber senior seine Erziehungsmethoden nicht angewandt. Siehe dazu A. Miller, 1983, a.a.O., S. 251.
[3] Zitiert nach Horst Herrmann, 1989, Vaterliebe, S. 115.
[4] Die *Denkwürdigkeiten eines Nervenkranken* von Daniel Paul Schreber sind zuerst 1928 erschienen. Eine von P. Heiligenthal und R. Volk herausgegebene und von Franz Baumayer kommentierte Ausgabe erschien 1972.
[5] Sigmund Freud, 1993, Zwei Falldarstellungen, Der Rattenmann, Der Fall Schreber (1911); siehe auch Th. Köhler, 1993, Das Werk Sigmund Freuds, Bd. 2, S. 234ff.
[6] Bedeutende Psychoanalytiker wie Melanie Klein und Maurits Katan haben sogar eine eigene Schreber-Forschung begründet.
[7] J. Lacan, 1991, Schriften II; er gründet auf diesem Fall bereits 1966 seine Theorie der Psychosen. Für ihn handelt es sich dabei »vor allem um eine Pathologie…, die die Funktion des Vaters in Frage stellt« (F. Sauvagnat, 1992, Bedeutungseffekte in Psychosen, in: Phänomen – Struktur – Psychose, hg. v. Wolfram Schmitt und Wolfgang Hofmann, S. 109). Bei der Kritik an Lacan, auf die ich hier nicht eingehen kann, schließe ich mich E. Badinter, 1992, a.a.O., S. 167ff. an.
[8] W. G. Niederland, 1969, »Schrebers ›angewunderte‹ Kindheitswelt« in: Psyche (23. Jg.), S. 196–223.
[9] P. Blos, 1990, a.a.O., S. 148.
[10] Vergleiche Alfred Adler, 1977, Studie über Minderwertigkeit von Organen (1907).
[11] Gerichtsärztliches Gutachten von Dr. Weber in »Denkwürdigkeiten«, 1972, a.a.O., S. 265.
[12] P. Blos, 1990, a.a.O., S. 156.
[13] H. Herrmann, 1989, a.a.O., S. 114.

[14] Siehe dazu Kapitel III.

[15] Der Begriff der Pseudosouveränität kommt wohl Adornos »manipulativem Typus« am nächsten. Adorno schreibt: »This syndrome, potentially the most dangerous one, is defined by stereotypy as an extreme: rigid notions become end rather than means, and the whole world is divided into empty, schematic, administrative fields. (...) The ›Manipulative‹ one has something schizophrenic. (...) Their sober intelligence, together with their almost complete absence of any affections makes them perhaps the most merciless of all.« in: The authoritarian personality, hg. von T. W. Adorno et al., 1982, S. 369.

[16] U. Loll, 1992, a.a.O., S. 63.

[17] U. Loll, 1992, a.a.O., S. 132.

[18] M. Schatzman, 1978, Die Angst vor dem Vater.

[19] Auf die Ab- bzw. Loslösung vom Vater wird in Kapitel VIII speziell eingegangen.

[20] Jean-Paul Sartre, 1965, Die Wörter, S. 14.

[21] Ich halte mich bei der biographischen Einschätzung an die ausführlichen Kommentare von Franz Baummayer zu den »Denkwürdigkeiten«, S. 339ff.

[22] D. P. Schreber, 1972, »Denkwürdigkeiten«, a.a.O., S. 29.

[23] D. P. Schreber, 1972, Denkwürdigkeiten, a.a.O., S. 47 und S. 43.

[24] S. Freud, 1993, a.a.O., S. 118.

[25] S. Freud, 1993, a.a.O., S. 121.

[26] S. Freud, 1993, a.a.O., S. 97.

[27] S. Freud, 1993, a.a.O., S. 135.

[28] Horst Hermann, 1989, a.a.O., S. 114ff.

[29] Zitiert nach Horst Herrmann, a.a.O., S. 114f.

[30] Franz Kafka, Das Urteil und andere Erzählungen, 1958, S. 75ff.

[31] Siehe die ausführliche Behandlung dieses »Briefes« in Kapitel III.

[32] Jakob Wassermann, 1993, Der Fall Maurizius, S. 27ff.

[33] Schon ein Zeitgenosse Freuds, Wilhelm Stekel, hat eine Theorie der Angst entwickelt, die dieses Phänomen als Grundlage jeder psychischen Erkrankung sieht. W. Stekel, 1921, Störungen des Trieb- und Affektlebens, Bd. 1.

[34] H. Stierlin, 1980, Eltern und Kinder, S. 143ff.

[35] P. Blos, 1990, a.a.O., S. 62f.

[36] Ich möchte in diesem Zusammenhang an das Beispiel in Kapitel II erinnern, in dem die Ehefrau nach fünf Jahren es endlich wagte, ihren Mann mit dem Vornamen anzusprechen. Vorausgegangen war ein Traum, in dem sie ihren Mann zwar als goldene Statue, aber voller Spinnweben, gesehen hatte. Auch bei dieser zur Bewunderung disponierten Ehefrau gab es den Augenblick des Erwachens.

[37] H. Stierlin, 1980, a.a.O., S. 149f.

[38] H. Stierlin, 1980, a.a.O., S. 154. Auf die Position Stierlins wird im Theoriekapitel noch ausführlich eingegangen.

[1] J. Klepper, 1993, Der Vater, Roman eines Königs, S. 649. Zentraler Bestandteil dieses Buches ist der Konflikt zwischen Vater und Sohn. Jochen Klepper versucht mit diesem Werk zwar beide Seiten zu beleuchten, die Zentralperspektive ist jedoch die des Vaters.
[2] J. Klepper, 1993, a. a. O., S. 648 f.
[3] J. Klepper, 1993, a. a. O., S. 634.
[4] J. Klepper, 1993, a. a. O., S. 632.
[5] J. Klepper, 1993, a. a. O., S. 657.
[6] J. Klepper, 1993, a. a. O., S. 669 f.
[7] J. Klepper, 1993, a. a. O., S. 686.
[8] J. Klepper, 1993, a. a. O., S. 705 f.
[9] J. Klepper, 1993, a. a. O., S. 707.
[10] v. Krockow, Ch., 1993, Friedrich der Große. Ein Lebensbild, S. 11.
[11] v. Krockow, Ch., 1993, a. a. O., S. 38.
[12] C. Westermann, 1979, Biblischer Kommentar, Altes Testament, S. 648.
[13] C. Westermann, 1979, a. a. O., S. 661.
[14] Karl Philipp Moritz, 1993, Anton Reiser. Ein psychologischer Roman.
[15] H. Herrmann, 1989, a. a. O., S. 120f.
[16] P. Blos, 1990, a. a. O., S. 25.
[17] Franz Kafka, 1960, Der Prozeß, S. 7.
[18] Franz Kafka, 1960, a. a. O., S. 84.
[19] Franz Kafka, 1960, a. a. O., S. 163 f.
[20] Franz Kafka, 1960, a. a. O., S. 165.
[21] P. Blos, 1990, a. a. O., S. 53.
[22] P. Matussek, 1976, Psychotherapie schizophrener Psychosen, S. 106.
[23] P. Matussek, a. a. O., S. 106.
[24] U. Loll, 1992, a. a. O., S. 103.
[25] U. Loll, 1992, a. a. O., S. 66.
[26] Buchankündigung von Alfred Hoentzsch, in »Das Urteil«, a. a. O.
[27] In diesem Zusammenhang ist wichtig zu betonen, daß bei dieser Studie selbstverständlich nur die Vater-Sohn-Beziehungen der 73 an Schizophrenie erkrankten Söhne analysiert werden konnten. Der Leser mag aus seiner persönlichen Erfahrung selbst urteilen, inwieweit es sich hier um die Spitze eines Eisberges oder um ein isoliertes Phänomen handelt.
[28] H. Stierlin, 1982, Delegation und Familie, S. 110.
[29] H. Stierlin, 1982, a. a. O., S. 126.
[30] H. Stierlin, 1982, a. a. O., S. 115.

Kapitel VI

[1] J. Wassermann, 1993, a.a.O., S. 540.
[2] J. Wassermann, 1993, a.a.O., S. 9.
[3] Stierlin, H., 1980, a.a.O., S. 154.
[4] Siehe dazu den französischen Film »Der Ruhm meines Vaters« von Yves Robert.
[5] Mehr zur Adoleszenz in Kapitel VIII.
[6] Vgl. dazu die Darstellung in P. Matussek, 1976, a.a.O., S. 133 ff., der auch die folgenden Zitate entnommen sind.
[7] Ebda.
[8] A. Miller, 1994, a.a.O.
[9] U. Loll, 1992, a.a.O., S. 140.
[10] Ich beziehe mich dabei auf Forschungen an der Bonner Psychiatrischen Universitätsklinik unter G. Huber, G. Gross und J. Klosterkötter et al., a.a.O., zum Konzept substratnaher Basissymptome.
[11] G. Gross und J. Klosterkötter, 1988, in: Aktuelle Kernfragen in der Psychiatrie, Hg.: F. Böcker und W. Weig, S. 120.
[12] Fromm-Reichmann, F. 1948, Notes on the development of schizophrenia by psychoanalytic psychotherapy. Psychiatry, S. 263–273.
[13] Sechehaye, M. A., 1992, Eine Psychotherapie der Schizophrenen.
[14] Ciompi, L., 1982, a.a.O., S. 328.
[15] Siehe u.a. Zubin, U, 1988, Chronicity versus vulnerability. In: Nasrallah, H. A. (Hg.), Handbook of Schizophrenia, Vol. 3: Nosology, Epidemiology und Genetics of Schizophrenie.
[16] Böcker F., in: Aktuelle Kernfragen in der Psychiatrie, 1988, Hg.: F. Böcker und W. Weig, S. 94.
[17] Mehr dazu in Kapitel VIII.
[18] Schneider K., 1950, Klinische Psychopathologie, 3. Auflage.
[19] Was dies für die erkrankte Person konkret bedeutet, werde ich mit Hilfe der ausführlichen Darstellung von Wahninhalten in Kapitel VII verdeutlichen.
[20] Nimmt man die Resultate der verschiedenen Langzeituntersuchungen Bleuler, 1972; Huber et al., 1979; Ciompi et al., 1976; ernst, so muß die Schizophrenie nicht mehr als Lebensschicksal angesehen werden.
[21] Wing, J. K., Clinical concepts of schizophrenia. In: Wing, J. K., Hg., 1978, Schizophrenia. Toward a new synthesis.
[22] Conrad, K. 1958, Die beginnende Schizophrenie. Versuch einer Gestaltanalyse des Wahns.
[23] Siehe dazu auch Freuds Einschätzung zum Fall Schreber in Kapitel IV.
[24] Ciompi, L., 1982, a.a.O., S. 275.
[25] Tress, W., Zur Ätiologie psychogener Erkrankungen, in: Aktuelle Kernfragen in der Psychiatrie, Hg. F. Böcker und W. Weig, 1988, S. 172.
[26] Tress, W., 1988, a.a.O., S. 172.

[1] Nietzsche, F., in: Nietzsches frühe Schriften, Bd. 5, Hg. von C. Koch und K. Schlechta, 1994, Letzte Leipziger Zeit, Herbst 1868/Frühjahr 1869.
[2] Alice Miller, 1991, hat in ihrem Essay »Das ungelebte Leben und das Werk eines Lebensphilosophen (Friedrich Nietzsche)« in: Der gemiedene Schlüssel, S. 9–78, einen bemerkenswerten Versuch unternommen, Nietzsches Erkrankungen mit seiner Biographie in Verbindung zu setzen. Im Rahmen dieser Diskussion kann ich jedoch nicht näher darauf eingehen.
[3] Zitiert nach Freisleder, Franz Josef, 1990, in: psycho, 16/8, Zur Medienkritik an der Psychiatrie. Gratwanderung zwischen Restriktion und Freizügigkeit, S. 566.
[4] Freisleder, F. J., 1990, a. a. O., S. 566.
[5] Böker, W., Häfner, H., Gewalttaten Geistesgestörter, 1973.
[6] Häfner, H., 1990, Gewalttaten psychisch Kranker, in: psycho, 16/8, S. 564.
[7] Nürnberger Nachrichten, Freitag, 18. November 1994, S. 24.
[8] Siehe dazu »Psychiatrische Aspekte suizidalen Verhaltens«, in: Das ärztliche Gespräch, 37, 1985, Hg. von W. Pöldinger und Ch. Reimer.
[9] Häfner, H., 1990, Gewalttaten psychisch Kranker, in: psycho, 16/8, S. 564 f.
[10] Finzen, A., 1993, Schizophrenie, S. 181 ff.
[11] Angermeyer, M. C., Siare, Ch. S.: Auswirkungen der Attentate auf Lafontaine und Schäuble auf die Einstellung der Bevölkerung zu psychisch Kranken, 1992. Teil 1: Die Entwicklung im Jahr 1990. Zitiert nach A. Finzen, a. a. O.
[12] Siehe dazu Scharfetter, Ch., 1990, Schizophrene Menschen, S. 99 ff.
[13] Stenz, K., »Am schlimmsten ist die seelische Obdachlosigkeit«, in: Frankfurter Rundschau, Nr. 188, vom 15. August 1990, S. 14.
[14] Ebda.
[15] Siehe Diskussion des Krankheitsbegriffs in Kapitel VI.
[16] Siehe dazu Huber, G. und Gross, G., 1977, Wahn sowie Scharfetter, Ch., 1990, a. a. O.
[17] Bei James Joyce wird dies folgendermaßen ausgedrückt: *»Vater, Wort und heiliger Odem. Allvater, der himmlische Mensch. Hiesos Kristos, Magier des Schönen, der Logos, der jeglichen Augenblick in uns leidet. Dies wahrscheinlich ist jenes. Ich bin das Feuer auf dem Altar. Ich bin die Opferbutter.«* (Ul, 261)
[18] Böcker, F., 1988, a. a. O., S. 97, meine Hervorhebung.
[19] Ciompi, L., 1982, a. a. O., S. 275
[20] Conrad, K., 1958, a. a. O.
[21] In der Nürnberger Tagesklinik wurde zum Beispiel bei der Behandlung Schizophrener – über einen Zeitraum von fast neun Jahren – bei auftreten-

den Rückfällen niemals Zwang angewendet. Allerdings half dabei die schon länger aufgebaute Vertrauensbasis zwischen Patienten und Therapeuten.

Kapitel VIII

1 Hermann Hesse, Kindheit und Jugend vor Neunzehnhundert, Hg. von Ninon Hesse, 1984, S. 248.

2 Kommentar zu Hermann Hesse, 1984, a.a.O., von Rolf Michaelis, FAZ, Textklappe.

3 Hermann Hesse, 1984, a.a.O., S. 517.

4 Hermann Hesse, 1984, a.a.O., S. 251–284.

5 Hermann Hesse, 1919, G. S. III, Klingsors letzter Sommer, S. 429ff.

6 Siehe dazu Jean Piaget und Bärbel Inhelder, 1972, Die Psychologie des Kindes, S. 131ff.

7 Piaget, J. und Inhelder, B., 1972, a.a.O., S. 133ff. Diese beiden Phasen können nach dem Münchner Psychologen und Psychoanalytiker Wolfgang Mertens (1994) noch weiter ausdifferenziert werden. In seinem vor kurzem erschienenen Band *Entwicklung der Psychosexualität und der Geschlechtsreife* unterscheidet er zwischen Präadoleszenz, früher, mittlerer Adoleszenz sowie Spät- und Postadoleszenz. Er stützt sich dabei vor allem auf den Psychoanalytiker Peter Blos, dessen bahnbrechende Arbeiten ich bereits ausführlich kommentiert habe.

8 Piaget, J. und Inhelder, B., 1972, a.a.O., S. 149f. Auch Peter Blos zweifelt in seinen späteren Veröffentlichungen, ob das biologische Ereignis der Pubertät zu einer Wiederbelebung der kindlichen Sexualität und der damit verbundenen Beziehungskonstellation führt. Er schreibt: »Entsprechend der klassischen Wiederholungstheorie repräsentieren Wiederbelebung und neuerliche Auflösung oder Umwandlung des Ödipuskomplexes einen, wenn nicht den zentralen Aspekt des Adoleszenzprozesses.« (P. Blos, 1990, a.a.O., S. 203)

9 Blos, P., 1990, a.a.O., S. 215f.

10 Blos, P., 1990, a.a.O., S. 216.

11 Ross, J. M., 1982, Oedipus revisited. Laius and the ›laius complex‹. Psychoanalytic Study of the Child. 37: S. 169–200.

12 Kutter, P., 1986, Vater und Sohn, eine konfliktreiche Beziehung, in: Das Vaterbild in Kontinuität und Wandlung, Hg., J. Stork, S. 35.

13 Kutter, P., 1986, a.a.O., S. 36.

14 Siehe dazu die Diskussion in Kapitel II.

15 Kafka, Franz, 1965, Brief an den Vater, a.a.O., S. 47.

16 Siehe dazu Motto von Kapitel III.

17 Vergleiche dazu John Bowlby, Attachment and Loss, 2 Bd., 1978.

18 Wurmser, L., 1990, Die Maske der Scham, S. 382.

[19] Dieses Konfliktpotential wird auch von Helm Stierlin betont, der bereits in seinem Buch *Eltern und Kinder* auf den Zusammenhang zwischen Loyalitätskonflikten und schizophrener Gefährdung hinwies. Siehe dazu auch das bereits erwähnte Buch 1980, a. a. O., S. 148 ff. sowie seine 1994 erschienene Aufsatzsammlung, *Individuation und Familie*.

[20] Wurmser, L., 1990, a. a. O., S. 387.

[21] Jacobson, E., 1971, Depression: comparative studies of normal, neurotic und psychotic conditions.

[22] Siehe Kapitel VIII.

[23] Mertens, W., 1994, a. a. O., S. 157.

[24] Scharfetter, Ch., 1990, a. a. O., S. 180.

[25] Abelin, E. L., 1971, The role of the father in the separation-individuation process. In: McDevitt J. B. und Settlage, C. F. (Hg.): Separation – Individuation, S. 229–252.

[26] Vergleiche dazu die Forschung von René Spitz.

[27] Mertens, W., 1994, a. a. O., S. 158.

[28] Böcker, F., 1988, a. a. O., S. 94.

[29] Böcker, F., 1988, a. a. O., S. 94.

[30] Koch-Kneidl, E., 1990, a. a. O.

[31] Eine Zusammenfassung der wesentlichen Ergebnisse ist im Anhang zu finden.

[32] Auf die offensichtliche ödipale Interpretationsmöglichkeit möchte ich hier nicht eingehen, da die Akzentsetzung von Peter Blos hinsichtlich der ersten Individuationsphase meines Erachtens höchst überzeugend ist.

[33] Erikson, E. H., 1965, Childhood and Society, S. 264.

Kapitel IX

[1] Scharfetter, Ch., 1990, a. a. O., S. 209. Da sich die systematisch erfaßten Erfahrungen auf klinisch behandelte Patienten beschränken, weiß man wenig über Spontanverläufe.

[2] Zubin, J. et al., 1985, Schizophrenia at the crossroads: a blueprint for the 80's. Comprehensive Psychiatry 26, S. 217–240.

[3] Siehe dazu speziell Wing, J. K. & Brown, J., 1970, Institutionalism and schizophrenia.

[4] Sullivan, H. S., 1952, Schizophrenia as a human process.

[5] Siehe speziell Kapitel IV.

[6] Diese »Lehrmeinung« ist so verbreitet, daß sie in das »Consilium CEPID, Handbuch für Diagnose und Therapie«, 1993, eingeht.

[7] Siehe Scharfetter, Ch., 1990, a. a. O., S. 215 ff.

[8] Siehe dazu Kreckel, M., 1991, a.a.O. und Koch-Kneidl, F., 1990, a. a. O.

[9] Freud, S., 1937, a. a. O., S. 55.

[10] Scharfretter, Ch., 1990, a. a. O., S. 215 ff.

[11] Zu den notwendigen Voraussetzungen jedes Therapeuten siehe Christian Scharfetter, 1990, a. a. O., S. 217 f.

[12] Matussek, P., 1976, a. a. O., S. 38.

[13] Siehe dazu das Vorwort von Manfred Bleuler in Scharfetter, Ch., a. a. O., 1992.

[14] Ciompi, L., 1982, a. a. O., S. 335.

[15] Matussek, P., 1976, a. a. O., S. 45.

[16] Siehe Anhang.

[17] Ciompi, L., 1982, a. a. O., S. 344.

[18] Buchkremer, G. und Windgassen, K., 1987, Leitlinien des psychotherapeutischen Umgangs mit schizophrenen Patienten, in: Psychother. med. Psychol. 37, S. 407–412.

[19] Die Krankengeschichte von Herrn P. ist dem Typus III meiner Unterteilung zuzurechnen.

Ausklang

[1] Gavino Ledda, 1984, Padre Padrone, Mein Vater, mein Herr, S. 214.

[2] G. Ledda, 1984, a. a. O., S. 212.

[3] G. Ledda, 1984, a. a. O., S. 214.

[4] A. Miller, 1983, a. a. O., S. 130.

[5] A. Miller, 1983, a. a. O., S. 131.

[6] H.-E. Richter, 1992, Der Gotteskomplex, S. 284.

[7] H.-E. Richter, 1992, a. a. O., S. 284.

[8] H.-E. Richter, 1992, a. a. O., S. 328 ff. Siehe auch das bereits erwähnte Schicksal von Herrn von Andergast, der nach der Auflehnung seines Sohnes Etzel psychisch zusammenbrach und in eine Heilanstalt gebracht werden mußte.

[9] R. Borchardt, 1990, Prosa VI, S. 93.

[10] G. Ledda, 1984, a. a. O., S. 215.

[11] G. Ledda, 1984, a. a. O., S. 214 ff.

Anhang 1

[1] Wie am Städtischen Klinikum Nürnberg üblich wurden die Diagnosen nach ICD 9 klassifiziert. Dies bedeutet u. a., daß die Differentialdiagnose »schizoaffektive Psychose« unter schizophrene Psychosen eingeordnet wird. Siehe dazu A. Marneros et al., 1991, Affektive, schizoaffektive und schizophrene Psychosen, S. 5.

[2] In Deutschland werden nur an wenigen Kliniken, meist Universitäts-Nervenkliniken und Max-Planck-Instituten, schizophrene Patienten psycho-

therapeutisch behandelt. Der Erfahrungsschatz über die Langzeitwirkung einer schwerpunktmäßig psychotherapeutischen Behandlung bei Schizophrenien ist daher gering.

Anhang 2

[1] Koch-Kneidl E., 1990, Katamnestische Untersuchungen zur Behandlungsevaluation einer psychiatrischen Tagesklinik, S. 109–127.

Literaturverzeichnis

Abelin, E., *1978*, The role of the father in core gender identity and in psychosexual differentiation. In: J. Amer. Acad. Psycho-anal. Assn., 26.

Adler, A., *1977*, Studie über Minderwertigkeit von Organen (1907). Frankfurt/M.: Fischer.

Adler, A., *1984*, Lebenskenntnis. Frankfurt/M.: Fischer.

Adorno, T. W., *et al.*, *1982*, The authoritarian personality. New York: Harper and Brothers.

Badinter, E., *1993*, X Y – Die Identität des Mannes. München: Piper.

Benedetti, G., *1980*, Klinische Psychotherapie. Einführung in die Psychotherapie der Psychosen. Bern: Huber.

Benett, D. H., *1969*, The Day Hospital. In: Petrilowitsch, N. and Flegel, H. (ed.): Social Psychiatry 9.

Benard, Ch., u. Schlaffer, E., *1990*, Laßt endlich die Männer in Ruhe. Hamburg: Rowohlt.

Benard, Ch., u. Schlaffer, E., *1991*, Sagt uns, wo die Väter sind. Von der Arbeitssucht und Fahnenflucht des zweiten Elternteils. Hamburg: Rowohlt.

Blanck, G., u. Blanck, R., *1980*, Ich-Psychologie II. Psychoanalytische Entwicklungspsychologie. Stuttgart: Klett-Cotta.

Blanck, G., u. Blanck, R., *1981*, Angewandte Ich-Psychologie. Stuttgart: Klett-Cotta.

Blanck, R., u. Blanck, G., *1989*, Jenseits der Ich-Psychologie. Stuttgart: Klett-Cotta.

Bleuler, M., *1980*, Realistische und unrealistische Zielsetzungen in der Psychiatrie. In: Psychiatrika, clin. 13.

Blos, P., *1990*, Sohn und Vater. Diesseits und jenseits des Ödipuskomplexes. Stuttgart: Klett-Cotta.

Blos, P., *1992*, Adoleszenz. Eine psychoanalytische Interpretation. Stuttgart: Klett-Cotta.

Böcker, F., *1988*, Schizophrenie, eine seelisch-leibliche Antwort. In: Aktuelle Kernfragen in der Psychiatrie, F. Böcker und W. Weig (Hg.). Berlin–Heidelberg: Springer.

Böker, W., u. Brenner, H. D., *1983*, Selbstheilungsversuche Schizophrener. Nervenarzt, 54.

Böker, W., u. Häfner, H., *1973*, Gewalttaten Geistesgestörter. Berlin–Heidelberg: Springer.
Borchardt, R., *1990*, Prosa VI. Stuttgart: Klett-Cotta.
Bowlby, J., *1978*, Attachment and loss, 2 Bde. Harmondsworth: Penguin.
Brasch, Th., *1990*, Vor den Vätern sterben die Söhne. Berlin: Rotbuch Verlag.
Buchkremer, G., u. Windgassen, K., *1987*, Leitlinien des psychotherapeutischen Umgangs mit schizophrenen Patienten. In: Psychother. med. Psycholog., 37.
Butollo, W., *1993*, Die Suche nach dem verlorenen Sohn. München: Piper.
Ciompi, L., *1981*, Wie können wir die Schizophrenen besser behandeln? In: Nervenarzt, 52.
Ciompi, L., *1983*, Affektlogik. Stuttgart: Klett-Cotta.
Ciompi, L., u. Müller, C., *1976*, Lebensweg und Alter der Schizophrenen. Berlin–New York: Springer.
Conrad, K., *1958*, Die beginnende Schizophrenie. Versuch einer Gestaltanalyse des Wahns. Stuttgart: Thieme.
Corneau, G., *1991*, Abwesende Väter – Verlorene Söhne. Die Suche nach der männlichen Identität. Solothurn u. Düsseldorf: Walter-Verlag.
Devereux, G., *1953*, Why Oedipus killed Laius. In: International Journal of Psychoanalysis, 34.
Erikson, E. H., *1974*, Childhood and Society. Harmondsworth: Penguin.
Finzen, A., *1986*, Die Tagesklinik. Psychiatrie als Lebensschule. München: Piper.
Finzen, A., *1993*, Schizophrenie – die Krankheit verstehen. Bonn: Psychiatrie-Verlag.
Freisleder, F. J., *1990*, Zur Medienkritik an der Psychiatrie. Gratwanderung zwischen Restriktion und Freizügigkeit. In: Psycho, 16/8.
Freud, S., *1970*, Der Mann Moses. Frankfurt/M.: Suhrkamp.
Freud, S., *1977*, Totem und Tabu. Frankfurt/M.: Fischer.
Freud, S., *1986*, Briefe an Wilhelm Fließ 1887–1904, M. Schröter (Hg.). Frankfurt/M.: Fischer.
Freud, S., *1993*, Zwei Falldarstellungen. Der Rattenmann. Der Fall Schreber. Frankfurt/M.: Fischer.
Freud, S., *1995*, Eine Kindheitserinnerung des Leonardo da Vinci. Frankfurt/M.: Fischer.
Fromm-Reichmann, F., *1948*, Notes on the development of schizophrenia by psychoanalytic psychotherapy. In: Psychiatry, 11.
Fthenakis, W. E., *1988*, Väter, Bd. 1 u. 2. München: Deutscher Taschenbuch Verlag.
Gilmore, D. D., *1991*, Mythos Mann. Rollen, Rituale, Leitbilder. München–Zürich: Artemis & Winkler.
Greenacre, P., *1963*, The quest for the father. New York: Intern. University Press.
Gross, G., u. Klosterkötter, J., *1988*, Wahrnehmungs- und Handlungsstörun-

gen bei Schizophrenien und Somatohypothese. In: F. Böcker und W. Weig (Hg.), Aktuelle Kernfragen in der Psychiatrie. Berlin–Heidelberg: Springer.
Häfner, H., *1990*, Gewalttaten psychisch Kranker. In: Psycho, 16/8.
Heigl, F., *1970*, Indikation und Prognose in Psychoanalyse und Psychotherapie. Göttingen: Verlag für mediz. Psychologie.
Heigl-Evers, A., Heigl, F., u. Ott, J., *1993*, Lehrbuch der Psychotherapie. Stuttgart–Jena: Gustav Fischer Verlag.
Heilveil, I., *1984*, Video in der Psychotherapie. München–Wien–Baltimore: Urban & Schwarzenberg.
Herrmann, H., *1989*, Vaterliebe. Ich will ja nur dein Bestes. Hamburg: Rowohlt.
Hesse, H., *1919*, Klingsors letzter Sommer, G. S. III. Frankfurt/M.: Suhrkamp.
Hesse, H., *1974*, Demian. Die Geschichte von Emil Sinclairs Jugend. Frankfurt/M.: Suhrkamp.
Hesse, H., *1984*, Kindheit und Jugend vor Neunzehnhundert. Frankfurt/M.: Suhrkamp.
Honnefelder, G., (Hg.), *1976*, Lieber Vater. Frankfurt/M.: Insel.
Huber, G. u. Gross, G., *1977*, Wahn. Stuttgart: Enke.
Jacobson, E., *1971*, Depression: comparative studies of normal, neurotic und psychotic conditions. New York: International University Press.
Kafka, F., *1958*, Das Urteil. Frankfurt/M.: Fischer.
Kafka, F., *1960*, Der Prozeß. Frankfurt/M.: Fischer.
Kaplan, L. J., *1991*, Abschied von der Kindheit. Eine Studie über die Adoleszenz. Stuttgart: Klett-Cotta.
Kernberg, O. F., *1981*, Objektbeziehungen und Praxis der Psychoanalyse. Stuttgart: Klett-Cotta.
Klepper, J., *1977*, Der Vater. Roman eines Königs. München: Deutscher Taschenbuch Verlag.
Koch-Kneidl, E., *1990*, Katamnestische Untersuchungen zur Behandlungsevaluation einer psychiatrischen Tagesklinik, unveröffentl. Diplomarbeit, Universität Erlangen-Nürnberg.
Köhler, Th., *1993*, Das Werk Sigmund Freuds, Bd. 2. Heidelberg: Asanger.
Kreckel, M., *1978a*, Communicative acts: A semiological approach to the empirical analysis of filmed interaction. In: Semiotica 24: 1/2.
Kreckel, M., *1978b*, Private versus public code: A conceptual analysis of the phenomenon of code-switching. In: Researchfilm, vol. 9/5.
Kreckel, M., *1981*, Communicative acts and shared knowledge in natural discourse. London–New York: Academic Press.
Kreckel, M., *1991a*, Psychotherapeutische Tagesklinik: Die bestmögliche Behandlung für jeden Patienten. In: Psycho, 7/91.
Kreckel, M., *1991b*, Psychotherapie Schizophrener: Lernen, mit der Krankheit umzugehen. In: Psycho, 7/91.

Krockow, Ch., Graf v., *1993*, Friedrich der Große. Ein Lebensbild. München: Deutscher Taschenbuch Verlag.
Krüll, M., *1992*, Freud und sein Vater. Die Entstehung der Psychoanalyse und Freuds ungelöste Vaterbindung. Frankfurt/M.: Fischer.
Kutter, P., *1986*, Vater und Sohn, eine konfliktreiche Beziehung. In: J. Stork (Hg.), Das Vaterbild in Kontinuität und Wandlung. Stuttgart-Bad Cannstatt: Frommann-Holzboog.
Lacan, J., *1991*, Schriften II. Weinheim–Berlin: Quadriga.
Ledda, G., *1984*, Padre Padrone. Mein Vater, mein Herr. Frankfurt/M.: Fischer.
Lenzen, D., *1991*, Vaterschaft. Vom Patriarchat zur Alimentation. Hamburg: Rowohlt.
Lidz, R., u. Lidz, T., *1976*, Loslösung aus symbiotischer Elternbeziehung. In: Matussek, P. (Hg.), Psychotherapie schizophrener Psychosen. Hamburg: Hoffmann und Campe.
Loll, U., *1992*, James Joyce, Genie im Patriarchat. Stuttgart–Weimar: J. B. Metzler.
Mahler, M. S., *1983*, Symbiose und Individuation. Bd. 1: Psychosen im frühen Kindesalter. Stuttgart: Klett-Cotta.
Mann, Th., *1991*, Joseph und seine Brüder. Die Geschichten Jaakobs. Frankfurt/M.: Fischer Taschenbuch Verlag, Bd. 9435.
Marneros, A., Deister, A., Rohde, A., *1991*, Affektive, schizoaffektive und schizophrene Psychosen. Eine vergleichende Langzeitstudie. Berlin–Heidelberg: Springer.
Martin, M., *1991*, Verlauf der Schizophrenie im Jugendalter unter Rehabilitationsbedingungen. Stuttgart: Enke.
Matussek, P., (Hg.), *1976*, Psychotherapie schizophrener Psychosen. Hamburg: Hoffmann und Campe.
Matussek, P., *1993*, Analytische Psychosentherapie. Berlin–Heidelberg: Springer.
Mertens, W., *1989*, Psychoanalyse. Stuttgart–Berlin–Köln: Kohlhammer.
Mertens, W., *1994*, Entwicklung der Psychosexualität und der Geschlechtsidentität, Bd. 1 u. 2. Stuttgart–Berlin–Köln: Kohlhammer.
Miller, A., *1979*, Das Drama des begabten Kindes und die Suche nach dem wahren Selbst. Frankfurt/M.: Suhrkamp.
Miller, A., *1983 a*, Am Anfang war Erziehung. Frankfurt/M.: Suhrkamp.
Miller, A., *1983 b*, Du sollst nicht merken. Frankfurt/M.: Suhrkamp.
Miller, A., *1991*, Der gemiedene Schlüssel. Frankfurt/M.: Suhrkamp.
Miller, A., *1994*, Das Drama des begabten Kindes und die Suche nach dem wahren Selbst. Eine Um- und Fortschreibung. Frankfurt/M.: Suhrkamp.
Mitscherlich, A., *1973*, Auf dem Weg zur vaterlosen Gesellschaft. München–Zürich: Piper.
Monick, E., *1990*, Die Wurzeln der Männlichkeit. München: Kösel.
Moritz, K. P., *1993*, Anton Reiser. Ein psychol. Roman. München: Swan.

Mundt, Ch. u. Kasper, S., *1988*, Sind negative und Basissymptome spezifisch für Schizophrenie? In: F. Böcker und W. Weig (Hg.), Aktuelle Kernfragen in der Psychiatrie. Berlin–Heidelberg: Springer.

Niederland, W. G., *1969*, Schrebers »angewunderte« Kindheitswelt. In: Psyche 23.

Niederland, W. G., *1974*, The Schreber Case. New York: Quadrangle Books.

Nietzsche, F., *1994*, Letzte Leipziger Zeit, Herbst 1868/Frühjahr 1869. In: C. Koch und K. Schlechta (Hg.), Nietzsches frühe Schriften, Bd. 5.

Oeming, M., *1995*, Altes Testament und Tiefenpsychologie. In: Theologische Literaturzeitung, 120. Jg., Nr. 2.

Overbeck, A., *1994*, Der Vater stinkt! Von der kulturellen Entwertung der Vaterrolle und dem Verlust der väterlichen Dimension in der Erziehung. In: Analytische Kinder- und Jugendlichen-Psychotherapie, 84, XXV. Jg., 4.

Piaget, J., u. Inhelder, B., *1972*, Die Psychologie des Kindes. Freiburg: Walter.

Pilgrim, V. E., *1993*, Vätersöhne. Hamburg: Rowohlt.

Pittman, F., *1994*, Warum Söhne ihre Väter brauchen. Der schwierige Weg zur Männlichkeit. Bergisch Gladbach: Lübbe.

Pöldinger, W., u. Reimer, Ch., *1985*, (Hg.) Psychiatrische Aspekte suizidalen Verhaltens. In: Das ärztliche Gespräch, 37.

Politzer, H., *1965*, (Hg.), Das Kafka-Buch. Eine innere Biographie in Selbstzeugnissen. Frankfurt/M.: Fischer.

Ranke-Graves, R. v., *1989*, Griechische Mythologie. Quellen und Deutung. Hamburg: Rowohlt.

Richter, H.-E., *1992*, Der Gotteskomplex. Die Geburt und die Krise des Glaubens an die Allmacht des Menschen. Hamburg: Rowohlt.

Rohrmann, T., *1994*, Junge, Junge – Mann, o Mann. Die Entwicklung zur Männlichkeit. Hamburg: Rowohlt.

Ross, J. M., *1982*, Oedipus revisited: Laius and the »Laius complex«. In: Psychoanalytic Study of the Child, 37. New Haven Conn.: Yale University Press.

Sartre, J.-P., *1965*, Die Wörter. Hamburg: Rowohlt.

Sauvagnat, F., *1992*, Bedeutungseffekte in Psychosen. In: W. Schmitt u. W. Hofmann (Hg.), Phänomen – Struktur – Psychose. Regensburg: Roderer.

Scharfetter, Ch., *1990*, Schizophrene Menschen. München: Urban & Schwarzenberg.

Schatzman, M., *1971*, Paranoia or persecution: The case of Schreber. In: Family Process 10.

Schatzman, M., *1974*, Die Angst vor dem Vater. Langzeitwirkungen einer Erziehungsmethode. Eine Analyse am Fall Schreber. Hamburg: Rowohlt.

Schmidbauer, W., *1985*, Die Angst vor Nähe. Hamburg: Rowohlt.

Schnack, D., u. Neutzling, R., *1991*, Kleine Helden in Not. Jungen auf der Suche nach Männlichkeit. Hamburg: Rowohlt.

Schneider, K., *1950*, Klinische Psychopathologie. Stuttgart: Thieme.
Schreber, D. P., *1973*, Denkwürdigkeiten eines Nervenkranken. Bürgerliche Wahnwelt um Neunzehnhundert, hg. v. P. Heiligenthal und R. Volk. Wiesbaden: Focus-Verlag.
Schwarz, F., *1980*, Einzel- und Familientherapie bei schizophrenen Psychosen. In: Nervenarzt 51.
Sechehaye, M. A., *1992*, Eine Psychotherapie der Schizophrenen. Die Methode der symbolischen Wunscherfüllung. Stuttgart: Klett-Cotta.
Seiffge-Krenke, I., *1986*, Psychoanalytische Therapie Jugendlicher. Stuttgart–Berlin–Köln–Mainz: Kohlhammer.
Sichrovsky, P., *1987*, Schuldig geboren. Kinder aus Nazifamilien. Köln: Kiepenheuer & Witsch.
Stekel, W., *1921*, Störungen des Trieb- und Affektlebens, Bd. 1. Wiesbaden.
Stierlin, H., *1967*, Die Gestaltung und Übermittlung des Wahns in der Familie. In: Studium generale (Berlin), 20.
Stierlin, H., *1974*, Psychoanalytische Ansätze zum Schizophrenieverständnis im Lichte eines Familienmodells. In: Psyche 28.
Stierlin, H., *1975*, Von der Psychoanalyse zur Familientherapie. Stuttgart: Klett-Cotta.
Stierlin, H., *1980*, Eltern und Kinder. Das Drama von Trennung und Versöhnung im Jugendalter. Frankfurt/M.: Suhrkamp.
Stierlin, H., *1982*, Delegation und Familie. Beiträge zum Heidelberger familiendynamischen Konzept. Frankfurt/M.: Suhrkamp.
Stierlin, H., *1994*, Individuation und Familie. Studien zur Theorie und therapeutischen Praxis. Frankfurt/M.: Suhrkamp.
Stierlin, H., u. Lang, H., *1978*, Überlegungen zur Entstehung schizophrener Störungen. In: Nervenarzt, 49.
Sullivan, H. S., *1952*, Schizophrenia as a human process. Washington: University Press.
Tellenbach, H., (Hg.), *1978*, Das Vaterbild im Abendland, Bd. I u. II. Stuttgart: Kohlhammer.
Tellenbach, H., *1981*, Diachronische Stufen der Dekomposition des Vaters und die Bedeutung seines Versagens für die Pathogenese schizophrener, insbesondere hebephrener Psychosen. In: Nervenarzt, 52.
Tellenbach, H., *1987*, Die Stufen der Dekomposition des Vaters: Ihre Bedeutung für die Pathogenese der Hebephrenie. In: H. Tellenbach, Psychiatrie als geistige Medizin. München: Verlag für angewandte Wissenschaften.
Thomä, H., u. Kächele, H., *1989*, Lehrbuch der psychoanalytischen Therapie, Bd. 1, Grundlagen. Berlin–Heidelberg–New York–Paris–London–Tokyo: Springer.
Thomä, H., u. Kächele, H., *1992*, Lehrbuch der psychoanalytischen Therapie, Bd. 2, Praxis. Berlin–Heidelberg–New York–Paris–London–Tokyo: Springer.
Tress, W., *1988*, Zur Ätiologie psychogener Erkrankungen. In: F. Böcker und

W. Weig (Hg.), Aktuelle Kernfragen in der Psychiatrie. Berlin–Heidelberg: Springer.

Wassermann, J., *1993*, Der Fall Maurizius. München: Deutscher Taschenbuch Verlag.

Wedel, E., v., *1990*, Als Jesus sich Gott ausdachte. Die unerwiderte Liebe zum Vater. Stuttgart: Kreuz.

Westermann, C., *1977–1979*, Biblischer Kommentar, Altes Testament.

Westernhagen, D. v., *1988*, Die Kinder der Täter. Das Dritte Reich und die Generation danach. München: Kösel.

Wieck, W., *1992*, Söhne wollen Väter. Wider die weibliche Umklammerung. Hamburg: Hoffmann und Campe.

Wing, J. K., *1978*, Clinical concepts of schizophrenia. In: J. K. Wing (Hg.) Schizophrenia. Toward a new synthesis. London: Academic Press.

Wing, J. K., *1982*, Sozialpsychiatrie. Berlin–Heidelberg–New York: Springer.

Wing, J. K., u. Brown, J., *1970*, Institutionalism and schizophrenia. Cambridge: University Press.

Wurmser, L., *1981*, Die Maske der Scham. Die Psychoanalyse von Schamaffekten und Schamkonflikten. Berlin–Heidelberg: Springer.

Zielen, V., *1987*, Psychose und Individuationsweg. Fellbach-Oeffingen: Bonz.

Zubin, J., et al., *1985*, Schizophrenia at the crossroads: A blueprint for the 80's. In: Comprehensive Psychiatry 26.

Zubin, U., *1988*, Chronicity versus vulnerability. In: H. A. Nasrallah (Hg.), Handbook of Schizophrenia, Vol. 3. Amsterdam: Elsevier.